Discobiografia MUTANTE

Álbuns que revolucionaram a música brasileira

Albums that revolutionized Brazilian music

Garota FM BOOKS

Garota FM Books · Chris Fuscaldo
contato@garotafm.com.br · contato@chrisfuscaldo.com.br
www.garotafm.com.br · www.chrisfuscaldo.com.br

Projeto gráfico / Design: Leonardo Miranda
Revisão dos textos em português / Portuguese text proofreading: Alessandra de Paula e Carla Peixoto
Tradução para o inglês / Translation to English: Bárbara Alves
Revisão dos textos em inglês / English text proofreading: Debora Albu
Pesquisa e revisão geral / Research and general proofreading: Sergio Farias
Imagens / Images: Reprodução das capas dos discos da coleção particular da autora, de seus colaboradores e das gravadoras Universal Music, Sony Music e Polysom / Record cover reproduction from the author's private collection, her collaborators, and Universal Music, Sony Music, and Polysom Records

A primeira edição deste livro foi viabilizada através de financiamento coletivo pelo Catarse, em junho de 2018. A campanha foi coordenada por Chris Fuscaldo e Igor Lage. A segunda edição traz uma nova revisão da autora e vem à luz após o esgotamento da primeira tiragem, distribuída no Brasil e nos Estados Unidos, e com livros vendidos em alguns países da América do Sul, da Ásia e da Europa. / The first edition of this book was made possible through crowdfunding at Catarse, in June 2018. The campaign was coordinated by Chris Fuscaldo and Igor Lage. The second edition brings a new revision by the author and comes to light after the first print runs out, distributed in Brazil and the United States, and with books sold in some countries in South America, Asia and Europe.

Dados Internacionais de Catalogação na Publicação (CIP)
(Câmara Brasileira do Livro, SP, Brasil)

Fuscaldo, Chris
Discobiografia Mutante : álbuns que revolucionaram a música brasileira = albums that revolutionized Brazilian music / Chris Fuscaldo ; [tradução para o inglês/translation to English Bárbara Alves, Debora Albu]. -- 2. ed. -- Rio de Janeiro : Garota FM Books, 2020.

Edição bilíngue: português/inglês
ISBN 978-65-991539-0-7

1. Mutantes (Conjunto musical) 2. Mutantes (Conjunto musical) 3. Mutantes (Conjunto musical) - História I. Título. II. Título: Discobiografia Mutante : albums that revolutionized Brazilian music.

20-39052 CDD-781.660981

Índices para catálogo sistemático:

1. Mutantes : Brasil : Música : História 781.660981

Cibele Maria Dias - Bibliotecária - CRB-8/9427

Chris Fuscaldo

Discobiografia MUTANTE

Álbuns que revolucionaram a música brasileira
Albums that revolutionized Brazilian music

2ª edição

Rio de Janeiro
Garota FM Books
2020

Apoiadores / *Donors*

0-Drix Adda Di Guimarães Adriano Tardoque Alberto Xavier Pedro Aldir Cony Aldo Edson Portes de França Alexandre Citvaras Alexandre Franz Alexandre Libero Baroni Allan Caldas Allan Vinícius Santos Caldas Aloysio Benedetti Ana Cohen Ana Cristina Perin Ana Gawryszewski Ana Lonardi Ana Paula Marques Braz André Luiz Queiroz Ramos André Mansur Andre Marques da Silva Souza André Melo André Ricardo Viana Freire Andre S. Serio André V. Antunes Andrea Pessoa Andrei Cechin Annita Saldanha Marques Carlos de Pinho Antonio C. Lima Antonio Serra Pinto Neto Ariel Sanches Garcia Aroldo Antonio Glomb Junior Astriba Auxiliadora Lamego Bárbara Alves Beatriz Amaral da Silveira Beatriz Zilberman Bento Araujo Bernadete Konopacki Bernardo Clarkson Bernardo Prado Lopes Palmeiro Bia Mendes Bruno Ascari Bruno Cesar Ananias Bruno Gaudêncio Bruno Lucoveic Bruno Mota Quadros Bruno Rego Bruno Vaz de Melo Bruno Viana Camila Barbosa Blyth Camilla Mota Carla Gomes Carla Milioni Carlos Augusto Campos (Troglô) Carlos Augusto de Oliveira Carlos Costa Carlos Eduardo Barbosa Corrêa Carlos Fernando Rodrigues dos Santos Carlos Henrique Wiehe Carlos Okimoto Carlos Vinicius Marins Carol Abreu Carol Naine Carolina de Souza Leal Cássio Felipe Immig Ceci Alves Centro Cultural Visconde de Mauá Cerize Maria Barbosa Blyth Cesar Augusto C. de V. Maia Cesar Baima Christina Campos Clarisse Ivo Cláudio José da Rocha Cláudio L. M. Borges Cleverson Winston de Liz Medeiros Constantino Almeida Cornélio de Souza Melo Neto Cristian Fernandes Cristiano Pretto Cristina Maria Fuscaldo Dana Oliveira Daniel Baliu Fiamenghi Daniel da Graça Griggio Daniel Luiz Duarte Ribeiro Daniel Molina Recco Daniel Paiva Danielle Pinto Danielli Espinoso David Pokorski Delzio Marques Soares Dennis Martins Diana Diego Canto Macedo Diego Tadeu Pinto Dudu Oliveira (Dudv) Edilton Ernani Karas Edson Elnei Lehr Edson Luiz Lauffer Edson Pessoa Santiago Edu Araujo Eduardo Debs Sayar Eduardo Dias de Andrade Eduardo Khoury Bernardes Eduardo Spanó Junqueira de Paiva Eduardo Tavares de Carvalho Eduardo Vianna Egeu Laus Elisa Pereira Eisenlohr Elton Carlos Loureiro Emerson Dias do Prado Eric Freitas Eric Ross Erick Miranda Gomes Érico Massoli Erika Azevedo Fabiano Ferfoglia Ribeiro Fábio Borges Fábio Sabbath Fabro Boaz Steibel Fatima Matos Feito Café Felipe Bigliazzi Dominguez Felipe Borges Felipe Cotta Felipe Gianni Fernando Bertolla Fernando Issa Fernando Sergio Pereira Martins Flavio Fernandes Bahiana Flávio Guimarães Fernandes Flávio Ojidos Francieli Tramontini Francisco Almeida Francisco das Chagas Pinto Francisco Figueiredo Francisco Henrique Ribeiro Frederico Spada Silva Freakbeat Records Gabriel Buchmann Freire Gabriel Rached Gabriela R. Amorim Gabrielle Daré George Caminada George Patiño Geraldo Aleandro Geraldo Nunes da Silva Neto Gigi Magno Gildson Góes Alencar de Oliveira Giselle Carolina Ferreira Zart Giuliano Finetti Guilherme Almeida de Araújo Guilherme Gravina Guilherme Manhães Guilherme Scarpa Guss Seixas Gustavo Alonso Gustavo Marcondes Gustavo Palma Hélio Yazbek Henrique Kurtz Hérica Marmo Hugo Lévano Iriana Custodia Koch Tonin Isabela Marinho Ivo F. Almada James Learmonth Jarbas Mariz Jessica Motta Guimarães Joana da Fonseca Sauer Zambão Joana Passi de Moraes João Carlos Correia João Paulo Mehl e Rachel Bragatto Jorge Darci da Silva Brando

José André Ribeiro José Campos Gonçalves Teixeira José Damiano José Emilio Rondeau José Manuel Amorim José Roberto Claro José Teles Joseph Moutran Junior Ju e Fê Juliana Ferreira Mancin Juliana Heizer Negreiros Juliana Stott Julien Moretto Julio Cesar Stella Júlio Diniz Kamille Viola Laura Zandonadi Leandro Bueno Magalhães Leandro Souto Maior Legião Jovem Fã-Clube Léo Costa Monteiro Leonardo Aversa Leonardo Ayres Leonardo Guerra Leonardo José Melo Brandão Letícia Persiles Leucio Guerra Liana Pinho Foerstnow Lismar Santos Liszt & Giu Lorena Sabino Guedes Lucas Kalil Lucas Newman Luciano Branco Siqueira Luciano Pires Filho Luciano Prado Aguiar Lucindo Vacilotto Filho Lufe Steffen Luís André Bezerra de Araújo Luis Otavio Ribeiro Luisa Valle Luiz Alberto Benevides Luiz Aleixo Fonseca Luiz André Alzer Luiz Carlos Bezerra Luiz Clarkson Lebreiro Luiz Claudio de Castro Luiz Ricardo Viana Melo M. Beatriz Vidigal Marcelo Amendoeira Marcelo Bortoloti Marcelo Chilvarquer Marcelo Froes Marcelo Lopes Vieira Marcelo Spindola Bacha Marcelo Toledo Marcio Vilela Abbes Marco Antonio Gonçalves Marco Antonio Maneira Zaccaro Marco Konopacki Marco Wilka Marcos Antonio dos Reis Marcos Hermes Marcos Tolotti Salazar Mari Dantas Maria Cristina Tardin Costa Maria do Rosário Cavalcante Maria Luiza Valois Maria Valéria Bethonico Mariana Bezerra Lyra Mario Antonio Tuji Fontenelle Marlon Magno Martha Cristina Nascimento Martins Matheus Barbosa Magalhães Matheus Carneiro Matheus de Giacomo Maurício Pio Ruella Mauro Cestarolli Mauro Nicola Póvoas Mauro Paim Nunes Max Krichanã Mayrton Bahia Mestre Cidão do Expresso do Rock Natalia Carcione Nelio Rodrigues Nicácio Dieger Silva Nícolas Souza Nuno Manna Om Sa Orlane José Rocha de Sousa Osvaldo Americano Salomão Patrícia Bastos Rocha Patrícia de Matos Sá Rêgo Patricia Matias Paul Hurtado de Mendoza Acurio Paulo Cesar de Araújo Paulo Duarte Filho Paulo Girão Paulo Potiguara Torino dos Santos Pedro Angulo Palmeiro Pedro Aujor Furtado Junior Pedro de Luna Pedro Santana Peter Tuil Pierre Søjdrug Plástico Bolha Ponte Plural Professor Pedrão!!! Rachel Almeida Rafa Aragão Rafael Bez Claumann Rafael da Rocha Pereira Rafael Pissurno Raimunda Sousa Rainer Tankred Pappon Ramon Boechat Raunheitti Duccini Raôni Bins Pereira Raphael Fernandes dos Santos Raquel Gracie Carrijo Raul Azurduy Renata e Ygor Renato Affonso Sant'Anna de Sá Renato da Costa Teixeira Renato Gusmão Renato Stafford Renato Vieira Rene Sandoli Ricardo Caserta Ricardo Gomes Ricardo Nunes Ricardo Quiroga Ricardo Schott Ricardo Valente Richard Barros Rilmar da Rocha Moreira Roberta Pennafort Roberto Panarotto Rodrigo El-Hayck Ferreira Rodrigo G. Brasil Rodrigo Gastal Rodrigo Juste Duarte Rodrigo Pillotto Rodrigo Pugliesi Leitão Rodrigo Rossito Lobo Ronald Miklos Vogel Ronaldo Area Leão Ronaldo Preteli Rubens Mendes de Lucena Rui Anísio do Nascimento Sabrina Gesser Sabrina S G Crespo Samantha & Mario Caldato Sandro Fortes Sebastião Nascimento Sergio Farias Sergio Martins Sergio Vieira Branco Junior Simoni Bampi Sonia Maria Martins Nunes Suzana Deslandes Taís Salles Tatiana da Motta Tatynne Lauria Teresa Cristina Tavares Pereira Thais Chimenti Leão Thiago Lucena de Paula Afonso Thiago Maia Thiago Romio Aljonas de Moraes Thomás Giollo Rivelli Thomaz Albornoz Tiago Agostini Tiago Bolzan Tiago de Souza Cachoni Tiago Lisboa Tellini Tina Tobias Queiroz Valéria Quiroga Vinhas Vanderlei Santos Ricobom Vicente Seda Victor Borges Vinicius Padilla Vitor Diniz (Popmix) Viviane Ribeiro (Vica) Vladimir Sampaio Soares de Lima Wagner Yukio Mekaru Willians Cesar Wilson Cruz Xanda Lemos Yimy Villanueva Zanarth Zinhow Rafael

Apoio Cultural / *Sponsorship*

Locomotiva Discos
Discos e livros musicais

www.locomotivadiscos.com.br
R. Sete de Abril 154 / Loja 8
Gal. Nova Barão – São Paulo/SP
Telefone: (11) 3255 4963

Baratos da Ribeiro
Livros e discos antigos

www.baratosdaribeiro.com.br
R. Paulino Fernandes 15,
Botafogo – Rio de Janeiro/RJ
(21) 3547 2220
baratosdaribeiro@gmail.com

Canal Brasil
Televisão por assinatura

www.canalbrasil.com.br
contato@canalbrasil.com.br

Psico BR
Discos & Posters da Psicodelia Brasileira

www.psicobr.com.br
Campinas/SP
(19) 99113 7032
psicobrdiscos@gmail.com

Na Imprensa / *In the Press*

"Os textos sobre os discos, assim como a introdução sobre os primórdios dos Mutantes, soam fluentes. Embora a história básica dos Mutantes já tenha sido contada e recontada, a autora consegue adicionar temperos extras a essa saga, tornando a leitura agradável." / *"The texts about the albums, as well as the introduction to the early days of Mutantes, sound fluent. Although the basic story of Mutantes has already been told and retold, the author manages to add extra spices to this saga, making the reading enjoyable."*
– **Mauro Ferreira,** website **G1**

"Viabilizado por uma campanha de financiamento coletivo que contou com colaboradores daqui e de lugares como Escócia, Espanha, França, Peru e Los Angeles, o livro conta, por exemplo, como foram escolhidas as imagens das capas." / *"Made possible by a crowdfunding campaign that counted on collaborators from here and from places like Scotland, Spain, France, Peru and Los Angeles, the book tells, for example, how the cover images were chosen."*
– **Roberta Pennafort**, jornal/*newspaper* **O Estado de S. Paulo**

"Os cultos temporãos atingem a realidade presente de muitas maneiras. No caso da banda Os Mutantes, alicerce do pop nacional, uma publicação que vem tirar a parte da névoa que encobre o mito é 'Discobiografia Mutante – Álbuns que Revolucionaram a Música Brasileira', uma bela empreitada independente da jornalista, cantora e compositora Chris Fuscaldo." / *"Early cults reach present reality in many ways. In the case of the band Os Mutantes, that founded national pop, a publication that removes part of the fog that covers the myth is 'Discobiografia Mutante – Albums that Revolutionized Brazilian Music,' a beautiful independent venture by journalist, singer and songwriter Chris Fuscaldo."*
– **Jotabê Medeiros**, revista/*magazine* **CartaCapital**

"Ao examinar os discos, Chris vai reunindo elementos sobre as personalidades de Arnaldo, Sérgio e Rita (eram muito diferentes), sobre os processos da criação, as relações com o mercado musical, as loucuras da época etc. Eles viveram o lema sexo, drogas e rock'n'roll. A atenção clínica da autora para os detalhes é impressionante." / *"While reviewing the albums, Chris gathers elements about the personalities of Arnaldo, Sérgio and Rita (they were very different), about the processes of creation, the relations with the music market, the madness of that time, etc. They lived the motto sex, drugs and rock'n'roll. The author's clinical attention to the details is impressive."*
– **Juarez Fonseca**, jornal/*newspaper* **Zero Hora**

"A preservação da memória da música brasileira é uma das maiores preocupações de Chris Fuscaldo. Mais uma prova disso é a indicação de seu livro mais recente ao Prêmio Profissionais da Música 2019." / *"The preservation of the memory of Brazilian music is one of the main concerns of Chris Fuscaldo. Further proof of this is the nomination of her most recent book for the 2019 Music Professionals Award."*
– **Anna Ramalho**, website **Anna Ramalho**

"Uma mudança básica que mostra o quanto livros de música são importantes é que uma premiação lá de Brasília, o Prêmio Profissionais da Música, criou neste ano uma categoria de Livros Musicais. Foram quatro inscritos e a lista uniu livros didáticos a biografias. A vencedora foi Chris Fuscaldo com a Discobiografia Mutante, sobre o discos dos Mutantes." / *"A basic change that shows how important music books are is that an award there in Brasília, the Music Professionals Award created this year a category for Music Books. There were four nominees, and the list combined textbooks with biographies. The winner was Chris Fuscaldo with the Discobiografia Mutante, about the Mutantes albums."*
– **Ricardo Schott**, website **Pop Fantasma**

Sumário / *Contents*

“Com persistência rara, para o Brasil, 68 ainda povoa o nosso imaginário coletivo, mas não como objeto de reflexão. É uma vaga lembrança que se apresenta, ora como totem, ora como tabu: ou é a mitológica viagem de uma geração de heróis, ou a proeza irresponsável de um ‘bando de porralocas,’ como se dizia então.

Na verdade, a grande aventura dessa geração não é um folhetim de capa-e-espada, mas um romance sem ficção. O melhor do seu legado não está no gesto – muitas vezes desesperado; outras autoritário – mas na paixão com que foi à luta, dando a impressão de que estava disposta a entregar a vida para não morrer de tédio. Poucas – certamente nenhuma depois dela – lutaram tão radicalmente por seu projeto, ou por sua utopia. Ela experimentou os limites de todos os horizontes: políticos, sexuais, comportamentais, existenciais, sonhando em aproximá-los todos.

Sem dúvida, há muito o que rejeitar dessa romântica geração de Aquário – o messianismo revolucionário, a onipotência, o maniqueísmo – mas há também muito o que recuperar de sua experiência.”

Zuenir Ventura em “1968, O Ano que Não Terminou”, livro publicado originalmente em 1989 pela editora Nova Fronteira.

“With a rare persistence for Brazil, 1968 is still present in our collective imagination, but not as an object for reflection. It is a vague memory which presents itself sometimes as a totem, other times as taboo: either the mythological trip of a generation of heroes or the irresponsible feat of a ‘bunch of crazies’ as they used to say back then.

Actually, the great adventure of that generation is not a swashbuckler series, but a novel with no fiction. The best part of its legacy is not in the gesture – at many times desperate; other times, authoritarian – but in the passion with which it went into battle, giving the impression that its members were willing to give up their lives in order not to die of boredom. Few, certainly none afterwards, fought so radically for their project, or for their utopia. They experimented the limits of every horizon: political, sexual, behavioral, existential, dreaming of bringing them all together.

Undoubtedly, there is much to reject in this romantic Aquarius generation – the revolutionary messianism, the omnipotence, the manichaeistic dualism – but there is also much to reclaim from their experience.”

Zuenir Ventura in “1968, The Year that Did not End,” book originally published in 1989 by Nova Fronteira publisher.

Introdução / *Introduction*

O ano de 1967 já tinha sido especial para Arnaldo Dias Baptista, Sérgio Dias Baptista e Rita Lee Jones. A banda inovou a música popular brasileira ao introduzir seus instrumentos elétricos nos festivais da canção, eventos musicais que marcaram época e tinham apelo similar ao de uma final de campeonato de futebol. Junto a Caetano Veloso, Gilberto Gil, Tom Zé, Torquato Neto, Gal Costa e outros expoentes da arte nacional, os três jovens deram vida ao movimento tropicalista. E viveram intensamente muitos acontecimentos que foram tomando seus dias e noites, na velocidade da luz. Em 1968, enquanto Gil e Caetano tentavam driblar a Censura Federal e o risco de serem presos a qualquer momento – e acabaram sendo – os meninos ainda curtiam uma juventude que, pode-se dizer, fazia sua transição de transviada para contracultural. Naquele mesmo ano, os irmãos e a namorada de Arnaldo gravaram seu primeiro álbum como Mutantes para nunca mais serem esquecidos.

The year of 1967 was special for Arnaldo Dias Baptista, Sérgio Dias Baptista and Rita Lee Jones. The band innovated Brazilian popular music by introducing electric instruments to music festivals, which were musical events that marked the era and had the same appeal as football championship finals. Along with Caetano Veloso, Gilberto Gil, Tom Zé, Torquato Neto, Gal Costa, among others artists, the three youngsters breathed life into the Tropicalia movement. They lived intensely through the many of the events that took up their days and nights in the speed of light. In 1968, while Gil and Caetano tried to avoid the censorship from the military dictatorship in power at the time and the risk of being arrested at any moment – which ended up happening in the end of the year – the "kids" were still able to enjoy their youth and they went from rebellious teenage years to counter-culture. That same year, the brothers and Arnaldo's girlfriend recorded their first album as Os Mutantes, never to be forgotten.

Arnaldo, Sérgio e Rita se divertiam nos ensaios, quando tocavam ou produziam algum novo trabalho. Criatividade era o que não faltava quando os três estavam juntos, tanto nas composições das letras quanto nas ideias de arranjos (e nas traquinagens que cometiam nos shows ou nas ruas). Os conselhos, críticas e sugestões de Cláudio César, o irmão mais velho dos Dias Baptista, eram essenciais para a evolução musical do grupo. Ele passou a ser considerado "o quarto Mutante" por ser o responsável pela criação de diversos instrumentos usados pela banda nos estúdios e nos palcos. Eles tinham empresário, produtor, arranjador, mas só faziam o que queriam. Grande parte das sugestões, ideias e inovações eram mesmo propostas pelo grupo. E a entrada de integrantes como o baterista Ronaldo Leme (Dinho) e o baixista Arnolpho Lima (Liminha) aceleraram o amadurecimento do trio e incrementaram a sonoridade da banda.

As capas dos discos dos Mutantes podem render especulações, debates e, como Rita mesmo brinca, "até tese de doutorado". Porém, muitas vezes, o trio abusava tanto de brincadeiras e de deboches que as capas parecem ser simples resumos do que eles eram de verdade. A ironia é evidente na maioria delas. Para o disco *A Divina Comédia ou Ando Meio Desligado*, por exemplo, Arnaldo, Sérgio e Cláudio César cavaram um buraco de quase um metro no quintal de casa. Nele, Cláudio improvisou uma lápide de isopor para a "sepultura" de onde saía Arnaldo com o peito nu. No fundo do buraco, foi acesa uma fogueira, que deixou Arnaldo todo chamuscado no fim da sessão de fotos. Rita e Sérgio vestiram mantos feitos de colchas de

Arnaldo, Sérgio and Rita had fun at rehearsals and when they played or produced something new. They were never short of creativity when they were together, neither in the songs nor in the arrangement of their ideas (and the playful antics onstage and on the street). The advice, criticism, and suggestions of Claudio César, Dias Baptista's older brother, were essential for the musical evolution of the group. He became known as "the fourth Mutante" for being responsible for creating many instruments used by the band in the studio and onstage. They had a manager, a producer, an arranger, but even with all these resources, they would decide everything on their own. The band's members came up with a huge part of the suggestions, ideas, and innovation themselves. The entrance of drummer Ronaldo Leme (Dinho) and bassist Arnolpho Lima (Liminha) speeded up the trio's maturing process and stepped up the band's sound.

Mutantes' album covers leave ample room for speculation, debate, and, as even Rita Lee muses playfully, "even a doctoral thesis". However, the trio was so often used to horsing around, that all the buffoonery on the covers seems merely a sum of who they really were. Irony is evident in most of them; For the album *A Divina Comédia ou Ando Meio Desligado* ("The Divine Comedy or I am a Bit Disconnected"), for instance, Arnaldo, Sérgio, and Cláudio César dug a hole almost one meter deep in their backyard. In it, Cláudio improvised a styrofoam gravestone for the "grave" where a bare-chested Arnaldo came out of. They had lit a fire at the bottom of the hole, which left Arnaldo completely singed at the end of the photo shoot. Rita

chenille da casa dos Dias Baptista e usaram folhas de louro na cabeça para simular o lamento pelo enterro do Mutante. A ideia era reproduzir a gravura do francês Gustavo Doré que ilustrava a capa do clássico da literatura italiana "A Divina Comédia", livro escrito por Dante Alighieri.

Com essa irreverência, como publicou o jornal The New York Times, a banda conquistou até artistas estrangeiros, de David Byrne e Kurt Cobain a Devendra Banhart e Nelly Furtado. O líder do Nirvana chegou a escrever uma carta para Arnaldo Baptista e disse, em uma entrevista concedida à MTV em 1993, quando a banda veio ao Brasil para tocar no festival Hollywood Rock: "Sei que eles foram muito revolucionários, que criaram seus próprios efeitos. E provocaram muita polêmica, tinham coragem para fazer o que faziam durante o regime militar". Filho de John Lennon e músico, Sean Lennon, que convidou Arnaldo a tocar com ele na edição de 2000 do Free Jazz Festival, vive exaltando a produção dos Mutantes. Ele deu uma declaração bombástica para um documentário sobre a vida e a obra de Arnaldo Baptista: "Eu não sabia que existia uma banda como os Mutantes no mundo. Foi uma das melhores gravações que ouvi na vida. Parecia que eles notaram a psicodelia britânica, mas tinham uma sonoridade completamente particular. Mas, ainda assim, psicodélica. Os arranjos de metal são mais particulares nos Mutantes do que numa gravação dos Beatles ou dos Stones. São orquestrados". Ambas as entrevistas estão em "Loki", longa-metragem dirigido por Paulo Henrique Fontenelle e lançado em 2008 pelo Canal Brasil.

and Sérgio wore cloaks made of chenille bedspreads from Dias Baptista's household and used bay leaves on their heads in order to simulate the mourning of the Mutante member's burial. The idea was to recreate the classic Gustavo Doré print from the cover of Dante Alighieri's book "The Divine Comedy".

With this sort of irreverence, as published by the New York Times, the band conquered even foreign artists, from David Byrne and Kurt Cobain, to Devendra Banhart and Nelly Furtado. The leader of Nirvana even wrote a letter to Arnaldo and said, in an MTV interview from 1993, when the band came to Brazil to play at the Hollywood Rock Festival: "I know they were very revolutionary, they created their own effects. And they provoked a lot of controversy. They had the guts to do what they did during a military dictatorship." The musician Sean Lennon, John Lennon' son, who invited Arnaldo to play with him at the 2000 edition of the Free Jazz Festival, constantly praises the Mutantes' production quality. "I did not know there was a band like Mutantes in the world. It was one of the best sounding records I'd ever heard in my life. It was as if they noticed the British psychedelia, but had their own sound. But it is psychedelic, because those horn arrangements are much more unique on Mutantes' records than on Beatles' or on Stones'. The arrangements on Mutantes' records were very, very mysterious, and very interesting." Both interviews are in "Loki," feature-length film directed by Paulo Henrique Fontenelle and released in 2008 by Canal Brasil.

"Mutantes are far out," recited Caetano Veloso at the end of the song "Eles" ("They"), in his first solo

"Os Mutantes são demais", recitou Caetano Veloso no fim da canção "Eles", presente em seu primeiro álbum solo, de 1968, e publicou a revista Realidade de junho de 1969 como título de uma matéria. E os fãs já previam, naquela época, que a banda nunca deixaria de ser atual. O tempo passa, outros movimentos musicais vão e voltam, e os Mutantes nunca deixam de ser os Mutantes. A banda não vendeu milhões de discos, mas quem tem uma cópia de um dos LPs originais, não dá nem vende.

Da autora

Tudo começou em 1980, quando eu nasci. Ainda criança, comecei a ouvir Rita Lee e seu "Lança Perfume". Passei a infância e a pré-adolescência ao som da tão celebrada parceria de Rita com Roberto de Carvalho. Em casa, nas rádios, nos programas de televisão e nas festinhas infantis, lá estavam os grandes hits daquela cantora de cabelos vermelhos que passei a amar. Até que, adolescente, ouvi uma das bandas do meu irmão ou talvez de algum de nossos amigos – cresci rodeada delas – tocando "Ando Meio Desligado". Fiquei totalmente ligada naquele som, mas ainda levei um tempo para descobrir que ele estava diretamente relacionado a outros que eu já curtia e não sabia de onde vinha. Um deles era "Panis et Circenses". O outro, "Balada do Louco". E, no meu aniversário de 19 anos, finalmente algum amigo do circuito musical me deu de presente uma coletânea de sucessos dos Mutantes. Achei curioso o fato de ela ter

album, in 1968, and published a 1969 edition of the magazine Realidade with this sentence as the title of an article. The fans predicted that the band would never get old. As time passes, other movements come and go, and Mutantes never stopped being Mutantes. The band didn't sell millions of records, but whoever has an original LP would never give it away.

From the author

It all started in 1980, when I was born, and used to hear Rita Lee and her song "Lança Perfume" (a drug inhaled through a high pressure tube, made of ethyl chloride and scent, something like "Ether Spray"). I spent my childhood and pre-teen years listening to her and Roberto de Carvalho's highly celebrated partnership. At home, on the radio, TV, and parties, there were the greatest hits of that red-haired singer I came to love. Up until when I was a teenager, I heard one of my brother's bands, or maybe one of our friend's – I grew up surrounded by them – playing "Ando Meio Desligado" ("I Feel a Little Spaced Out"). I was completely drawn into that sound, but it still took me a while to discover it was directly connected to other sounds I was already into, but did not know where they had come from. One of them was "Panis et Circenses". And on my 19th birthday, somebody gave me a Mutantes' greatest hits CD. It was a CD signed by David Byrne for the collection *World Psychedelic Classics 1: Brazil. The best of Os Mutantes* had the subtitle "Everything is Possible!".

sido produzida no exterior. Tratava-se de um CD assinado por David Byrne para a coleção *World Psychedelic Classics 1: Brazil. The Best of Os Mutantes* tinha ainda como subtítulo "Everything Is Possible!"

Ouvi aquela coletânea de cabo a rabo, repetidas vezes, até decorar cada uma daquelas letras. E saí correndo atrás dos álbuns dos Mutantes. Entre 1999 e 2002, tive muita dificuldade de encontrar os LPs originais. Paguei caro por alguns deles. Consegui algumas reedições em vinil, mas até os CDs estavam em falta no mercado. Enquanto garimpava, Jamari França, meu tutor no site do jornal O Globo, onde eu, estudante de Jornalismo, trabalhava como estagiária, me emprestava os que tinha em casa. Além de reproduzir seus CDs, com direito a fotocópias dos encartes, consegui registrar os LPs em um aparelho que comprei para passar o som do toca-discos para um CD. Até com o repertório dos festivais da canção eu fiquei. E, menos ansiosa por já ter como escutar e conhecer melhor a carreira dos meus novos e definitivos ídolos, fui montando a minha coleção. Hoje, ela conta com os originais e com as reedições em vinil e em CD.

Em 2002, já no último ano da faculdade, li o livro "A Divina Comédia dos Mutantes", uma biografia de Carlos Calado, e fiquei mais impressionada ainda com o potencial musical e criativo de Arnaldo, Sérgio, Rita e todos os outros músicos que fizeram parte desta história. Decidi, então, escrever a monografia de fim de curso sobre as capas dos álbuns dos Mutantes. Comecei a entrevistar pessoas que fizeram parte dessa história, a ler outros livros sobre a Tropicália e a capturar curiosidades em matérias de jornais e

I listened to that album repeatedly until I had memorized every one of those lyrics. And I went after Mutantes' albums. From 1999–2002, I experienced a lot of difficulty finding the original LPs and paid a lot of money for some of them. I was able to find some re-releases in vinyl, but even the CDs were hard to find. While I "hunted," Jamari França, my tutor at O Globo website – where I was an intern – would lend me what he had at home. Besides recording the CDs and photocopying the inserts, I managed to record the LPs in a device that I bought to transfer the sound from the LP to a CD. I even got the repertoire of what they played in the song festivals. And, as I became less anxious about how to listen to them and got to know more about the career of my new and definitive idols, little by little I put together my collection. Today, it comprises both the originals and re-releases in CD and vinyl.

In 2002, already in my last year as a journalism undergrad, I read the book "A Divina Comédia dos Mutantes" ("The Divine Comedy of Mutantes"), a biography written by Carlos Calado, and became even more impressed with the creative and musical capacities of Arnaldo, Sérgio, Rita, and other musicians who took part in this story. I decided then to write my final research paper about Mutantes' album covers. I started to interview people who participated, read other books about the Tropicalia movement and captured curiosities in newspaper reports and magazines. After graduating, the project was put aside, but I never stopped listening to the band's albums and the albums the members released after they broke up. I also never hesitated to "steal" a quote from any of the other characters from

revistas. Depois de formada, o projeto ficou arquivado, mas nunca deixei de ouvir os álbuns da banda e os que seus integrantes lançaram após o rompimento. Também nunca deixei de "roubar" uma declaração ou outra dos personagens dessa história: além de Sérgio e Rita, com quem falava durante minha pesquisa inicial, alcancei Arnaldo e vários outros músicos, técnicos de som e parceiros que trabalharam com o trio. Pensando em celebrar o cinquentenário do álbum *Os Mutantes* em 2018, decidi tornar o "Discobiografia Mutante" um presente para os fãs dos Mutantes, de Rita, Arnaldo, Sérgio e de todos os integrantes ou parceiros que participaram dessa trajetória. E para mim, pois sempre quis aprofundar um pouco mais meus conhecimentos sobre a banda.

No formato discobiografia, em que conto histórias sobre os álbuns dos Mutantes, este livro é uma forma de preservar a memória dessa banda tão querida e transgressora. Produzir o livro por meio de financiamento coletivo foi uma escolha coerente com o espírito da banda e de minha própria pesquisa. Os Mutantes sempre preferiram construir o próprio caminho e eu quis, pela primeira vez, experimentar essa liberdade para criar e para chegar mais perto de meus leitores. Peço desculpas desde já pelas imprecisões que possa não ter resolvido. Infelizmente, muitos personagens dessa história já faleceram, alguns não estão mais em condições de dar entrevistas e outros, simplesmente, não conseguem se lembrar de detalhes que não estão em outros livros. No entanto, não seria isso que me faria desistir de realizar o sonho de escrever sobre minha banda brasileira favorita.

this story: besides Sérgio and Rita, with whom I was speaking to during my initial research, I was able to reach Arnaldo and many other musicians, sound technicians, and partners that worked with the trio. Having in mind the 50th anniversary of *Os Mutantes* album in 2018, I decided to write "Discobiografia Mutante" ("Mutant Album Biography") as a gift to the fans of Mutantes, Rita Lee, Arnaldo Baptista, and Sérgio Dias, as well as of all of the members and partners who participated in this journey. And, especially for me, as I have always wanted to deepen my knowledge of the band a little more.

Written in this "album biography" format ("discbiography"), which I tell stories about Mutantes' albums, this book is a way to preserve the memory of this transgressive band. By producing this book through crowdfunding, I had an alternative way to raise funds for the project and be in tune with the spirit of the band and my own research. Mutantes always preferred to make their own path and I wanted to, for the first time, experiment that freedom to create and be closer to my readers. I apologize in advance for any imprecisions that may not be solved throughout the research. Unfortunately, many characters in this story have passed away, some are not in conditions to give interviews, and others simply cannot remember the details that are not in other books. Nevertheless, none of those obstacles would ever stop me from making my dream of writing something about my favorite Brazilian band come true.

Tropicália

A canção-manifesto "Tropicália" começou a ser gravada sem título, já que Caetano Veloso relutou em aceitar o nome da música. A ideia foi de Luiz Carlos Barreto, na época fotógrafo dos filmes "Vidas Secas", de Nelson Pereira dos Santos, e "Terra em Transe", de Glauber Rocha. Ele identificou uma familiaridade entre a canção e a instalação de Hélio Oiticica, exposta no Museu de Arte Moderna do Rio de Janeiro (MAM). Caetano achou semelhante a imagem de um labirinto cheio de plantas e pássaros que desembocava numa televisão com a letra de sua música, mas não gostou da sugestão pela sonoridade da palavra. A ideia era escolher outro nome, mas "Tropicália" acabou escrito no rótulo da fita com a gravação da música lançada no álbum *Caetano Veloso*, no início de 1968.

A Tropicália procurou dar conta da participação do Brasil na linguagem urbana internacional, incorporando elementos da arte e da música pop à cultura e à música brasileira, universalizando-as. O movimento eletrificou a música nacional, promovendo a polêmica introdução da guitarra nos arranjos. Os Beatles se tornaram a principal referência musical estrangeira, sobretudo por seu álbum mais experimental, o *Sgt. Pepper's Lonely Hearts Club Band.* O movimento também se beneficiou e foi associado a outras áreas artísticas que tinham importantes trabalhos de vanguarda: como exemplos, os filmes citados anteriormente; a peça "O Rei da Vela", uma adaptação montada por José Celso Martinez Corrêa da poesia e da filosofia antropofágica do modernista

Tropicalia

The song-manifesto "Tropicália" started to be recorded without a title, as initially, Caetano Veloso was reluctant accept the name of the song. It was Luiz Carlos Barreto's idea, who at the time had been the cinematographer of films as "Vidas Secas" ("Barren Lifes"), from Nelson Pereira dos Santos, and "Terra em Transe" ("Entranced Earth"), from Glauber Rocha. He identified a familiarity between the song and the installation by Hélio Oiticica, which was being exhibited in the Museum of Modern Art of Rio de Janeiro (MAM) at that moment. Caetano also found similarities between the image of a labyrinth full of plants and birds which flowed into a television with the lyrics of his song, but at first he did not like the suggestion due to the sound of the word. The idea was to choose another name, but "Tropicália" ended up being written on the label of the tape with the song featured on the album *Caetano Veloso*, released in the beginning of 1968.

Tropicalia sought to put Brazil on the map of international urban language by incorporating art and pop elements into Brazilian culture and music. The movement promoted a controversial introduction of the electrical guitar in the arrangements. The Beatles became the main foreign musical reference, especially their more experimental album, *Sgt Pepper's Lonely Hearts Club Band*. Tropicalia also benefited from and became associated with other artistic areas that had developed important avant-garde work, such as the above-mentioned films; the play "O Rei da Vela" ("The Candle King"), adapted by José Celso Martinez Corrêa

Oswald de Andrade; e a instalação "Tropicália", do artista plástico neoconcretista Hélio Oiticica.

A palavra "Tropicalismo" apareceu na imprensa pela primeira vez em um texto de Nelson Motta para o jornal carioca Última Hora, publicado às vésperas do carnaval de 1968, sob o título "A cruzada tropicalista". Em seguida, surgiu de novo em outro, de Torquato Neto. Intitulado "Tropicalismo para principiantes", o manifesto do poeta e compositor piauiense dava nomes aos responsáveis pelo movimento:

> "Bem por dentro dessa história e à procura de um movimento pop autenticamente brasileiro, um grupo de intelectuais reunidos no Rio – cineastas, jornalistas, compositores, poetas e artistas plásticos – resolveu lançar o Tropicalismo. O que é?
>
> Assumir completamente tudo o que a vida dos trópicos pode dar, sem preconceitos de ordem estética, sem cogitar de cafonice ou mau gosto, apenas vivendo a tropicalidade e o novo universo que ela encerra, ainda desconhecido. Eis o que é.
>
> Porta-voz do Tropicalismo, por enquanto é o jornalista e compositor Nelson Motta, que divulgou essa semana, num vespertino carioca, o primeiro manifesto do movimento. E fazem parte dele, entre outros: Caetano Veloso, Rogério Duarte, Gilberto Gil, Nara Leão, Glauber

from the poetry and philosophy of modernist Oswald de Andrade; and the installation "Tropicália," by artist Hélio Oiticica.

The word "Tropicalismo" ("Tropicalism") appeared in the press for the first time in a text by Nelson Motta for Última Hora newspaper from Rio de Janeiro, published on the eve of Carnival 1968, with the title "A cruzada tropicalista" ("The Tropicalista Crusade"). The term re-appeared soon after that, in Torquato Neto's "Tropicalismo para principiantes" ("Tropicalismo for Beginners"), a manifesto in which the poet and composer from Piauí named the ones responsible for the movement.

> "Well within this story and in search for an authentic Brazilian pop movement, a group of intellectuals gathered in Rio – filmmakers, journalists, composers, poets, and artists – decided to launch Tropicalism. What is it?
>
> To completely take on what life in the tropics may give, without aesthetic prejudice, without considering cheesiness or bad taste, simply living tropicality and the new universe that it wraps up, still unknown. That is what it is.
>
> The spokesperson for Tropicalism, at this moment, is journalist and songwriter Nelson Motta, who published the first manifesto of the movement in an afternoon paper from Rio de Janeiro. And the following take

Rocha, Carlos Diegues, Gustavo Dahl, Antônio Dias, Chico Buarque, Walter Lima Jr. e José Carlos Capinam. Muitas adesões estão sendo esperadas de São Paulo e é possível que Rogério Duprat, Júlio Medaglia e muita gente mais (os irmãos Haroldo e Augusto, Renato Borghi etc.) tenham suas inscrições efetuadas imediatamente. O papa do Tropicalismo – e não poderia faltar um – pode ser José Celso Martinez Corrêa. Um deus do movimento: Nelson Rodrigues. Uma musa: Vicente Celestino. Outra musa: Gilda de Abreu".

Para Caetano Veloso, o termo "Tropicália" parecia uma coisa viva, em movimento, como explicou anos depois em entrevista a Ana de Oliveira, publicada no site Tropicália.com.br: "Tropicalismo parecia uma escola, um movimento num sentido mais convencional". Gilberto Gil achava "Tropicália" mais instigante, porque dava ideia de lugar. Também em entrevista a Ana, ele declarou que "Tropicalismo era mais parecido com teoria. Achava difícil entender o que era". Em 1968, o jornalista Augusto de Campos escreveu, em um de seus textos, que priorizava o termo Tropicália por preferir "falar em poesia concreta em lugar de concretismo". Segundo ele, "'ismo' é um sufixo preferentemente usado pelos adversários dos movimentos de renovação, para tentar historicizá-los e confiná-los". E os baianos, de quem o jornalista falava em seu artigo, estavam usando uma linguagem musical, por meio da qual revisitavam tudo o

part in the movement, among others: Caetano Veloso, Rogério Duarte, Gilberto Gil, Nara Leão, Glauber Rocha, Carlos Diegues, Gustavo Dahl, Antônio Dias, Chico Buarque, Walter Lima, Jr. e José Carlos Capinam. A lot of support from São Paulo is expected and it is likely that Rogério Duprat, Júlio Medaglia, and many more (the brothers Haroldo and Augusto, Renato Borghi etc.) will sign up immediately. The pope of Tropicalism – and there has to be one – can be José Celso Martinez Corrêa. A god of the movement: Nelson Rodrigues. A muse: Vicente Celestino. Another muse: Gilda de Abreu".

To Caetano Veloso, the term "Tropicalia" seemed like a living, moving thing, he explained years later in an interview to Ana de Oliveira fo the website Tropicália.com.br. "Tropicalism seemed like a school, a movement in the more conventional sense". Gilberto Gil, however, thought "Tropicalia" was more instigating, because it gave the idea of place. In an interview with Ana, he declared that "Tropicalism was more similar to theory. I used to find it difficult to understand what it was". In 1968, the journalist Augusto de Campos wrote, in an article, that he prioritized the term Tropicália because he preferred "to talk about concrete poetry instead of concretism". According to him, "ism" is a suffix used preferably by the adversaries of renovation movements, in order to try to historicize and confine them". And the people from Bahia, the *baianos*,

que se produziu musicalmente no Brasil e no mundo. O intuito era criar, conscientemente, o novo.

Na época, Caetano achou tanto o texto de Nelson quanto o de Torquato simpáticos, porém equivocados e ingênuos. Ele não se sentia atraído pelo termo, porque tinha receio de acabar rotulando e enquadrando o som que estava fazendo em uma estética tropical. O maior objetivo dos músicos era tornar sua produção internacional, universal. Tanto ele quanto Gil, Tom Zé, os Mutantes e o próprio Torquato estavam encantados pelo rock'n'roll, pelos instrumentos elétricos, pelas conquistas espaciais divulgadas na época, enfim, pela vanguarda. Os Mutantes não são citados no manifesto de Torquato, pois ainda estavam se ambientando nas reuniões do grupo, mas logo entrariam para a trupe como parte integrante e tão responsável quanto os outros pelo movimento tropicalista. O nome, por fim, virou sinônimo de criatividade, inovação e universalização da cultura brasileira.

A origem do movimento

Antes de ser um movimento musical, "Jovem Guarda" foi o nome do programa que estreou em 1965, na TV Record de São Paulo e era apresentado pelos artistas da chamada "geração iê-iê-iê" Roberto Carlos, Erasmo Carlos e Wanderléa. Ela surgiu no momento em que a música brasileira se debatia entre a Bossa Nova e as canções de protesto. A primeira gravação de um rock nacional aconteceu em 24 de outubro de 1955 pela cantora Nora Ney, nos estúdios

of whom the journalist spoke, were using a musical language, through which they revisited everything that was produced musically in Brazil and in the world. The intention was to create, consciously, the new.

At the time, Caetano found both Nelson Motta's and Torquato's texts nice, although misleading and naive. He was not attracted to the term because he was afraid of ending up labeling and framing the sound he was producing into a tropical aesthetic. The main objective of the musicians, in particular, was to make their production international, universal. As well as him and Gil, Tom Zé, Mutantes, and Torquato himself were enchanted by rock'n'roll, electrical instruments, space travel, and the avant-garde movement. Mutantes are not mentioned in Torquato's manifesto, as they were still settling into the group and its meetings, but soon they would enter the troupe as an integral part of it and as responsible as the others for the *tropicalista* movement. The name, finally, became synonymous with creativity, innovation and universalization of Brazilian culture.

The origins of the movement

Before being a musical movement, "Jovem Guarda" ("New Generation") was the name of the TV show that premiered in 1965 in Record TV from São Paulo and was hosted by the artists from the so-called "geração iê-iê-iê" ("Yeah Yeah Yeah generation") Roberto Carlos, Erasmo Carlos, and Wanderléa. It appeared at the moment when Brazilian music was

da Continental Music. "Rondas das Horas" era uma versão para "Rock Around the Clock", sucesso de Max C. Freedman e Jimmy Knight eternizado por Bill Haley & The Comets. Poucos anos depois, fazer versões de rocks estrangeiros virou febre nacional e foi muito rentável para a indústria fonográfica. Alheia aos problemas sociais, políticos e qualquer outra coisa que não fosse relacionada a palavras como "amor", "beijo", "arromba" e "brasa", a Jovem Guarda atuou como tradutora nacional do rock e se consagrou como o primeiro fenômeno de massa da cultura pop no Brasil. As guitarras elétricas usadas por expoentes do movimento nos palcos e discos despertaram a atenção dos tropicalistas.

Gil, Caetano e a maioria dos outros tropicalistas eram admiradores declarados da Bossa Nova e, principalmente, da voz e do violão de João Gilberto. Mas, com o aparecimento, em plena época de ditadura militar, de artistas capazes de misturar influências e referências sem preconceito tanto em sua arte quanto em seus trajes, linguagens e discursos, iniciou-se uma nova era na música brasileira. Depois da Tropicália, encabeçada pelos baianos e adotada, na música, por Gal Costa, Tom Zé, Jorge Mautner, Jorge Ben, José Carlos Capinan, Torquato Neto, os maestros Rogério Duprat e Júlio Medaglia e até a musa da Bossa Nova Nara Leão, passou a ser proibido proibir e outros artistas criaram coragem para arriscar. O movimento incorporou elementos da arte e da música pop à música brasileira, tornando-a mais universal e ditando novas regras comportamentais para uma geração que ansiava por mudanças.

struggling between Bossa Nova and protest music. The first national rock song was recorded on October, 1955 by Nora Ney, in Continental Music studios. "Ronda das Horas" was a version of "Rock Around the Clock," a hit by Max C. Freeman and Jimmy Knight eternalized by Bill Haley & The Comets. The idea of recording versions of foreign rock songs became a national fever and it was very profitable for the record industry. Completely alienated from social and political problems, or anything else not related to words like "love," "kiss," and "blast," Jovem Guarda was a sort of national translator of rock and established itself as the first mass pop culture phenomenon in Brazil. The electric guitar called the attention of the *tropicalistas*.

Gil, Caetano, and most of the other *tropicalistas* were professed admirers of Bossa Nova and, especially of the voice and guitar of João Gilberto. Nonetheless, with the appearance of artists, in the midst of a dictatorship, who were capable of mixing influences and references without prejudice in their clothes, art, language, and discourse, a new era in Brazilian music was born. After Tropicalia, which was led by the *baianos* and adopted, in music, by Gal Costa, Tom Zé, Jorge Mautner, Jorge Ben, José Carlos Capinan, Torquato Neto, the regents Rogério Duprat and Júlio Medaglia, and even the Bossa Nova muse Nara Leão, "prohibiting became prohibited," and other artists gathered the courage to follow and take the risk. The movement incorporated art and pop music elements in the Brazilian music style, making it more universal and, consequently, dictating new rules of behaviour for a troubled generation that was anxious for change.

Em 1966, Caetano Veloso e Gilberto Gil se mudaram para o Sudeste (Caetano passou pelo Rio de Janeiro antes de ir para São Paulo) e deram início ao processo de profissionalização de sua carreira musical, iniciada em palcos de Salvador. Gil já havia gravado compactos na Bahia e ganhava algum dinheiro compondo jingles, mas em São Paulo, planejou com Caetano uma "retomada da linha evolutiva" da música brasileira, que iria resultar na Tropicália. A terceira edição do Festival da Música Popular Brasileira da TV Record, em 6 de outubro de 1967, foi decisiva para a afirmação do movimento tropicalista. Após muitos debates, Gil e Caetano, cada um com uma música inscrita, resolveram se apresentar acompanhados de bandas que usassem instrumentos elétricos. A atitude foi considerada uma aberração numa época em que a música brasileira se baseava no violão, nas letras e nas vozes. Guitarra era coisa da turminha alienada do "iê-iê-iê". Enquanto Caetano apareceu no Teatro Paramount de São Paulo com "Alegria, Alegria", acompanhado pelos argentinos da banda Beat Boys, Gil defendeu "Domingo no Parque" com Os Mutantes.

Os dois números receberam vaias: os instrumentos elétricos em um festival de MPB eram um insulto à cultura nacional, para os mais conservadores. Mas não foram só a guitarra e o baixo os alvos das vaias. Os rapazes do Beat Boys usavam cabelos compridos e Caetano, um paletó de tweed marrom com uma camisa de gola rolê laranja. Os roqueiros do Mutantes entraram no palco sem os costumeiros smokings e longos. Rita Lee apareceu num vestidinho azul e, na sua bochecha esquerda, havia um pequeno

In 1966, Caetano Veloso and Gilberto Gil moved to the Southeast (Caetano passed through Rio de Janeiro before going to São Paulo) and began the process of professionalizing their musical career, which started in Salvador. Gil had already recorded compacts in Bahia and earned some money composing jingles, but in São Paulo, planned with Caetano "recapturing the evolutionary line" of Brazilian music, which would then result in Tropicalia. The third edition of Record TV's Festival of Brazilian Popular Music, held on October 6, 1967, was crucial for the establishment of the *tropicalista* movement. After much debate, Gil and Caetano, each with a song signed up, decided to perform accompanied by bands using electronic instruments. This was considered a heresy in an era in which Brazilian music was based on the guitar, the lyrics and vocals. A guitar was a thing of the alienated "yeah-yeah-yeah" crowd. While Caetano appeared on stage at São Paulo's Paramount Theater with "Alegria, Alegria" ("Joy, Joy"), accompanied by the Argentinian musicians of the band Beat Boys, Gil performed "Domingo no Parque" ("Sunday in the Park") with the São Paulo band Os Mutantes.

The two numbers were booed: it was the first time electric guitars entered the stage of an MPB festival and this was an insult to national culture. But it was not just the electric guitar and bass that were the targets of boos. The boys of the Beat Boys wore long hair and Caetano, a brown tweed jacket with an orange turtleneck. The rockers of the Mutantes entered the stage without the usual tuxedos and long dresses. Rita appeared in a blue dress and, on her left cheek, there

coração desenhado (moda hippie). Arnaldo Baptista usou uma capa por cima de sua roupa e Sérgio Dias, terno e gravata ao estilo dos *mods* (tendência inglesa de se vestir, com ternos estilizados, adotada pelos Beatles). Gil foi menos vaiado já que aplicou mais de "brasilidade" em sua apresentação: a orquestra tinha um berimbau, instrumento típico da capoeira. Gil conquistou o segundo lugar, atrás de Edu Lobo, que levou o prêmio com "Ponteio".

Os Mutantes

Rita Lee Jones nasceu em 31 de dezembro de 1947, numa casa da Vila Mariana, bairro da zona sul de São Paulo. Filha de Romilda Padula, descendente de italianos que cresceu em Rio Claro, interior de São Paulo, e de Charley Fenley Jones, bisneto de uma índia Cherokee e descendente de americanos, Rita tinha duas irmãs, Mary Lee e Virgínia Lee. Todas tinham o "Lee" em uma homenagem do pai ao líder das tropas sulistas na Guerra da Secessão, que provocou a migração da família Jones para o Brasil. Rita chegou a fazer aulas de piano, mas começou a despontar no meio musical com a voz: aos 15 anos, montou o quarteto vocal de rhythm n' blues Teenage Singers.

Arnaldo Dias Baptista nasceu em 6 de julho de 1948 e Sérgio Dias Baptista, em 1° de dezembro de 1950. Eram filhos do poeta César Dias Baptista e da pianista Clarisse Leite, e moradores da Pompéia, em São Paulo. Cláudio César nasceu em 6 de maio de 1945 e, anos depois, ficou conhecido como o "quarto Mutante".

was a little heart drawn (hippie style). Arnaldo wore a cloak over his clothes and Sérgio, a mod suit and tie (an English tendency to dress adopted by the Beatles). Gil was not booed as much since his presentation was a bit more "Brazilian": the orchestra had a berimbau, a typical capoeira instrument. Gil won second place, behind Edu Lobo, who won the prize with the song "Ponteio".

Os Mutantes

Rita Lee Jones was born on December 31, 1947, in a house in Vila Mariana, a neighborhood in the south of São Paulo. Daughter of Romilda Padula, an Italian descendant who grew up in Rio Claro, in the countryside of São Paulo, and Charley Fenley Jones, the great-grandson of a Cherokee Indian and an American descendant. Rita had two sisters, Mary Lee and Virginia Lee. They all had the name "Lee" as their father's tribute to the leader of the southern troops in the American Civil War, which caused the migration of the Jones family to Brazil. Rita had piano lessons, but began to emerge in the musical scene with her voice: at 15 she set up the rhythm n' blues vocal quartet Teenage Singers with school friends.

Arnaldo Dias Baptista was born on July 6, 1948 and Sérgio Dias Baptista, on December 1, 1950. They were the children of poet César Dias Baptista and pianist Clarisse Leite, and residents of Pompeia, in São Paulo. Arnaldo and Sergio were the brothers of Cláudio César, who was born on May 6, 1945 and, years later,

Ele não aparecia muito e, raramente, dava entrevistas. Mas foi grande a importância do primogênito da família na banda. Cláudio construiu muitos dos instrumentos elétricos usados pelos Mutantes, além de ter inventado alguns bem excêntricos, que por anos chamaram a atenção de outros músicos brasileiros.

Rita e Arnaldo se conheceram em 1964, quando ela era vocalista do Teenage Singers e ele, baixista da The Wooden Faces. A banda, que fazia cover dos Beatles em uma época em que o quarteto britânico era uma febre no mundo, chegou a ter como integrantes, além de Arnaldo, seu irmão Cláudio César Dias Baptista, os guitarristas Raphael Vilardi e Roberto Loyola, o baterista Robertinho e o pianista Sérgio Orlando. O encontro de Arnaldo com Rita aconteceu no Teatro João Caetano, no bairro de Vila Clementino, onde se reuniam bandas de colégios da zona sul de São Paulo. Os dois combinaram de trocar aulas de baixo por técnica vocal e isso acabou dando à luz uma nova banda de rock. Da Six Sided Rockers, faziam parte também Serginho, o irmão caçula de Arnaldo, que já chamava a atenção pelo virtuosismo na guitarra, a vocalista Suely Chagas (vinda da Teenage Singers) e o guitarrista Raphael Vilardi (do Wooden Faces). A formação chegou a se apresentar com músicas covers na TV Record, em programas como o Jovem Guarda.

Alguns integrantes saíram e, em 1966, a banda foi rebatizada pela gravadora Continental como O'Seis – um trocadilho para "Ocêis" – e gravou um compacto. Foi nessa época que Arnaldo e Rita começaram a namorar. O empresário era Antonio Peticov, o Toninho, um artista plástico metido a agitador cul-

became the "fourth Mutante". He did not appear much and rarely gave interviews. But the importance of the eldest of the family in the band was huge. Cláudio built many of the electric instruments used by Mutantes, as well as invented some very eccentric ones, which used to attract the attention of other Brazilian musicians.

Rita and Arnaldo met in 1964, when she was a singer for Teenage Singers and he, the bass player for The Wooden Faces. The band, who sang covers of the Beatles at a time when the British quartet was a fever in the world, came to have as members, in addition to Arnaldo, his brother Cláudio César Dias Baptista, guitarists Raphael Vilardi and Roberto Loyola, drummer Robertinho and the pianist Sérgio Orlando. Arnaldo and Rita met for the first time at João Caetano Theater, in the neighborhood of Vila Clementino, where bands from schools from the south side of São Paulo used to meet. The two decided to exchange bass lessons for vocal technique lessons and this ended up giving birth to a new rock band. The Six Sided Rockers also consisted of Arnaldo's younger brother, Sérgio, who was already drawing attention for his virtuosity with the guitar, the singer Suely Chagas (from Teenage Singers) and the guitarist Raphael Vilardi (of The Wooden Faces). The group started to perform song covers on Record TV, in shows like Jovem Guarda.

Some members left and, in 1966, the band was renamed by Continental Records as O'Seis – a pun on "Ocêis" (an assimilation of the rural dialect from the towns in the countryside of São Paulo) – and recorded a compact record. It was at this time that Arnaldo and Rita started dating. The manager was Antonio Peticov,

tural que foi responsável pela produção de vários festivais, inclusive o PrimaVera 69. Programado para se realizar em 1969 no Parque Ibirapuera, com line-up encabeçado pelos Mutantes e a musa Gal Costa, o festival gratuito nunca aconteceu, pois foi cancelado pela Prefeitura de São Paulo, provavelmente devido ao potencial transgressor do evento (em tempos de ditadura). Na capa do compacto do O'Seis, que tenta imitar a do LP *With the Beatles*, além de Arnaldo, Sérgio, Raphael e Rita, estão o baterista Pastura e a cantora Mogguy (Maria Olga Malheiros), substituindo Suely, que se mudara para os Estados Unidos. As vendas foram um fracasso. O disco, raro, tem "Suicida" no lado A e "Apocalipse" no lado B.

Dissolvido o grupo, o trio ficou para tentar a vida como Os Bruxos. Sua primeira apresentação com o nome de Os Mutantes foi no programa "O Pequeno Mundo de Ronnie Von", na TV Record, em 15 de outubro de 1966. Voltado para crianças e adolescentes, o programa era comandado pelo músico, apelidado pela apresentadora Hebe Camargo de "Pequeno Príncipe". Os três viraram atração fixa ao lado de Ronnie Von. Dias antes, no apartamento de Ronnie, no bairro paulistano de Santo Amaro, o músico sugeriu ao trio o nome Os Mutantes. Ele estava lendo o livro de ficção científica "O Império dos Mutantes", do francês Stefan Wul. Fãs de ficção, todos aprovaram a ideia. E ali ficaram até 1967, quando sua participação começou a ser reduzida pela direção do programa. Ainda neste último ano de parceria com Ronnie, os Mutantes fizeram o vocal na faixa "O Homem da Bicicleta", que o Príncipe gravou para seu álbum *Ronnie Von nº 3*.

an artist/cultural agitator who was responsible for producing of several festivals, including the PrimaVera 69. Scheduled to take place in 1969 at Ibirapuera Park, with a lineup headed by the Mutantes and the muse Gal Costa, the free festival never happened, because it was canceled by the São Paulo City Hall, probably due to the transgressive potential of the event – the hard times of the dictatorship. On the cover of the O'Seis compact, which tries to imitate the classic LP *With the Beatles*, besides Arnaldo, Sérgio, Raphael and Rita, are drummer Pastura and singer Mogguy (Maria Olga Malheiros), replacing Suely, who had moved to the United States. The sales were a failure. The album, rare nowadays, has the song "Suicida" ("Suicidal") on side A and "Apocalipse" ("Apocalypse") on side B.

Once the group was dissolved, the trio stayed on to try their luck as Os Bruxos ("The Wizards"). Their first performance as Os Mutantes ("The Mutants"), was on the Record TV show "O Pequeno Mundo de Ronnie Von" ("The Little World of Ronnie Von"), on October 15, 1966. Aimed at children and teenagers, the program was directed by the musician, nicknamed "Little Prince" by the hostess Hebe Camargo. The Mutantes became a fix attraction alongside Ronnie Von. Days before, at Ronnie's apartment in the district of Santo Amaro, the musician suggested the name Os Mutantes. He was reading the science fiction book "The Empire of the Mutants", by Frenchman Stefan Wul. Beings fans of fiction, everyone approved the idea. They stayed there until 1967, when their participation began to be reduced by the direction of the program. Still in this last year of partnership with Ronnie, the Mutantes

No início do ano, os Mutantes deixaram a Record e se apresentaram algumas vezes na Rede Bandeirantes, no programa "Quadrado e Redondo", comandado por Sérgio Galvão. Lá, esbarraram com Tim Maia pela primeira vez. Foi nessa época também que conheceram o maestro Rogério Duprat, que teria papel fundamental na história do trio. Duprat foi quem apresentou os três a Gilberto Gil, que buscava uma banda mais moderna para acompanhá-lo em estúdio. A primeira reação dos irmãos Dias Baptista quanto à música do baiano não foi muito boa, afinal, o negócio deles era rock. Só Rita gostou da ideia de tocar "Domingo no Parque". No entanto, como provocar era o que eles mais gostavam de fazer, ao saber que iriam invadir um festival de MPB com seus instrumentos elétricos – e que isso poderia causar uma baita confusão por causa das esperadas vaias do público – a resposta ao convite foi positiva.

Em 1968, os Mutantes lançaram seu primeiro álbum, *Os Mutantes*. Também neste ano, no terceiro Festival Internacional da Canção Popular, além de apresentarem "Caminhante Noturno", composição de Arnaldo e Rita, eles acompanharam Caetano na polêmica apresentação da música "É Proibido Proibir". No palco do Teatro da Universidade Católica de São Paulo, o baiano ensaiou um *happening* com a presença do hippie norte-americano Johnny Dandurand, fugido do serviço militar de seu país. Johnny entrou no meio do número berrando palavras incompreensíveis enquanto o autor da obra narrava um trecho de poesia de Fernando Pessoa, extraído do livro "Mensagem". Caetano, Rita, Arnaldo, Sérgio e Rogério Duprat

performed vocals in the track "The Man of The Bicycle", that the "Prince" recorded for his album *Ronnie Von nº 3*.

At the beginning of that year, the Mutantes left Record and performed several times at Bandeirantes TV, in "Quadrado e Redondo" program. There, they ran into Tim Maia for the first time. It was also at this time that they met the maestro Rogério Duprat, who would play a fundamental role in the history of the trio. Duprat was the one who introduced the three boys to Gilberto Gil, who was looking for a more modern band to accompany him in the recording one of his songs. The first reaction of the Dias Baptista brothers to the music from the *baianos* was not very good, after all, rock was their thing. Only Rita liked the idea of playing "Domingo no Parque". However, since they enjoyed being provocative the most, knowing that they would invade a Brazilian music festival with their electric instruments – and that this could cause a lot of confusion because of the expected boos of the public – the answer to the invitation was a yes.

In 1968, Mutantes released their first album. Also in that year, in the third International Popular Song Festival, besides presenting "Caminhante Noturno" ("Night Walker"), written by Arnaldo and Rita, the Mutantes accompanied Caetano in the song "É Proibido Proibir" ("Prohibiting is Prohibited"). The Bahia native performed a stunt with the presence of the American hippie Johnny Dandurand, who had fled his country's military service. Johnny entered the middle of the number shouting incomprehensible words while the author of the work narrated a passage Fernando Pessoa's poetry, extracted from the book "Mensagem"

usavam roupas espaciais feitas em plástico brilhante: o baiano de verde limão e prateado, Rita de vestidinho rosa e os irmãos de capas laranjas. O público atirou tomates no palco quando foi divulgada a classificação de "É Proibido Proibir" para a final do festival, que também teria a apresentação de "Caminhante Noturno", dos Mutantes.

No dia da disputa final, Rita entrou com um vestido de noiva usado por Leila Diniz em uma novela da TV Globo, Sérgio foi de toureiro e Arnaldo, de arlequim. A canção levou o sexto lugar e virou faixa do terceiro álbum dos Mutantes, que teve como capa a foto do trio nesse festival. Em "É Proibido Proibir", os Mutantes viraram de costas para as pessoas, em resposta às costas dadas por elas a Caetano, que cantava e dançava com movimentos eróticos para frente e para trás. A revolta do baiano foi tanta que, antes de encerrar a música, ele fez um discurso. Naquele mesmo ano, os Mutantes ainda participaram de outros dois festivais: em julho, no Festival Nacional da Música Popular Brasileira, organizado pela TV Excelsior, com "Mágica", primeira composição do trio; e, em novembro, no quarto Festival da Música Popular Brasileira da Record, com "2001" (Rita Lee e Tom Zé) e "Dom Quixote" (Arnaldo e Rita). A parceria de Rita com Tom levou o quarto lugar. Em setembro de 1969, os Mutantes foram atração do Festival Internacional, com "Ando meio desligado", quando Rita entrou no palco com o mesmo vestido de noiva do festival anterior, só que cultivando uma barriga falsa de grávida. O grupo ficou em décimo lugar no ranking.

("Message"). Caetano, Rita, Arnaldo, Sérgio and maestro Rogério Duprat wore space clothes made of bright plastic: the *Bahiano* in lime green and silver, the only girl in a little pink dress and the *paulista* brothers with orange cloaks. The audience threw tomatoes on stage when the classification of "É Proibido Proibir" was announced at the end of the festival, which would also feature Mutantes' "Caminhante Noturno".

On the day of the final dispute, Rita entered the stage in a wedding dress worn by Leila Diniz in a Globo TV soap opera, Sérgio was a bullfighter and Arnaldo, as a harlequin. The song got sixth place and became a track of the third album of the Mutantes, which had the photo of the trio in this festival as the cover. In "É Proibido Proibir" the Mutantes turned their backs on the people, in response to the audience having turned their backs on Caetano, who sang and danced with erotic movements back and forth. The Bahian artist was so angry that, before closing the song, he made a speech. That same year, the Mutantes also participated in two other festivals: in July, at the National Brazilian Popular Music Festival, organized by Excelsior TV, with "Mágica" ("Magic"), the trio's first composition; and in November, in Record's fourth Brazilian Popular Music Festival, with "2.001" (Rita Lee and Tom Zé) and "Dom Quixote" ("Don Quixote", from Arnaldo and Rita). Rita's partnership with Tom got fourth place. In September of 1969, Mutantes were an attraction at the International Festival, with "Ando Meio Desligado" ("I feel a Little Spaced Out") when Rita entered the stage in the same wedding dress of the previous festival, but with a false pregnant belly. The group were tenth in the ranking.

O exílio dos baianos e a independência dos Mutantes

Poucos dias antes da virada do ano, Caetano e Gil foram detidos, cada um em seu apartamento, no centro de São Paulo. O dia 27 de dezembro de 1968 ficou marcado para os dois, que já esperavam a reação da Censura Federal do governo militar vigente na época. Em 13 de dezembro, o Ato Institucional nº 5 havia deflagrado as primeiras prisões de intelectuais e ativistas, cassações políticas, atos de censura e o fechamento do Congresso Nacional. Ao ser levado pelos oficiais do 2° Exército, Gil estava tranquilo, pois já esperava a possibilidade de ser preso. Caetano entrou em estado de choque ao desconfiar que passaria a noite na cela. Os dois ficaram uma semana em solitárias minúsculas do quartel da Polícia do Exército, no bairro carioca da Tijuca. De noite, uma escuridão total. De dia, um feixe de luz permitia a Caetano ler livros emprestados pelo vizinho de solitária, o editor Ênio Silveira, para matar o tempo.

Gil conheceu o poeta Ferreira Gullar, os jornalistas Antonio Callado e Paulo Francis na cela coletiva em que ficou quando foi transferido para outro quartel da Polícia do Exército, em Deodoro, também no Rio. Caetano ficou com presos mais jovens, como o ator Perfeito Fortuna. Ainda em janeiro, eles foram separados de vez; agora estavam em diferentes quartéis do Regimento de Paraquedistas, na mesma Vila Militar, em Deodoro: Gil na unidade de Infantaria e Caetano na de Aviação. Um sargento conseguiu permissão do comandante para emprestar seu violão

The *Bahianos*' exile and Mutantes' independence

A few days before New Year's Eve, Caetano and Gil were detained, each arrested from their apartments in downtown São Paulo. December 27, 1968 deeply marked the two *Bahianos* (someone from the state of Bahia), who were already expecting a reaction of the censorship in place at the time – a pressure from the current military government – due to the recent events at the song festivals. On December 13, Institutional Act No. 5 had triggered the first arrests of intellectuals and activists, opposing politicians' mandate repeals, censorship, and the closing of National Congress. Luckily for Caetano and Gil, news of torture and murder in prisons had not yet been circulating throughout the country... When Gil was taken by the 2nd Army of officers, he was calm, since he was already expecting the possibility of being arrested. Caetano was shocked when he suspected that he would spend the night in a cell. Not only one night. The two spent a week in tiny solitary cells in Army Police headquarters in Rio's neighborhood of Tijuca. At night, total darkness. During the day, a single beam of light allowed Caetano to read books borrowed from his neighbor in the solitary, editor Ênio Silveira, in order to kill time.

Gil met poet Ferreira Gullar, the journalists Antonio Callado and Paulo Francis in the collective cell where he was transferred to another army police headquarters in Deodoro, also in Rio. Caetano was detained with younger prisoners, such as actor Perfeito Fortuna. In January, Gil and Caetano were separated from each

para Gil, que ficou mais relaxado e até compôs músicas, entre elas "Cérebro Eletrônico" e "Futurível". O cantor conseguiu alimentação especial e direito a visitas. Caetano não conseguiu nada além de direito à alimentação especial – e só porque sua esposa, Dedé, pediu ao comandante, alegando que o marido tinha uma cicatriz no pulmão, em consequência de uma tuberculose na adolescência.

Logo após o Carnaval, em fevereiro de 1969, Gil e Caetano embarcaram para Salvador, onde ainda ficaram sob vigilância da polícia. Quase cinco meses depois, e logo após apresentarem o show de despedida – que ficaria conhecido como *Barra 69* com o lançamento de um álbum com seu registro, em 1972, sob a produção de Nelson Motta – os baianos estavam no aeroporto do Rio de Janeiro para embarcar para Londres, sem data para voltar. Realizado no teatro Castro Alves da capital baiana, o concerto tinha como objetivo arrecadar dinheiro para a viagem, que ambos fariam acompanhados de suas mulheres, Sandra Gadelha (de Gil) e Dedé Gadelha (de Caetano). Em janeiro de 1972, os baianos finalmente voltaram do exílio e chegaram em tempo de ver a dissolução da formação original dos Mutantes. Foi o ano em que Rita abandonou a sociedade com Arnaldo e Sérgio, além dos demais integrantes da banda.

other; placed in different quarters of the Parachute Regiment, in the same Military Village: Gil in the Infantry unit and Caetano in the Aviation. A sergeant got permission from the commander to lend his guitar to Gil, who became more relaxed in prison and even wrote a few songs, among them "Cérebro Eletrônico" ("Electronic Brain") and "Futurível" ("Futurable"). The singer was also able to get special meals and visitation rights. Caetano did not get anything other than the right to special meals as well – and only because his wife, Dedé, pleaded with the captain, claiming that her husband had a scar in his lung, as a result of suffering from tuberculosis in his teens.

Shortly after Carnival, in February 1969, Gil and Caetano went to Salvador, where they were still under police surveillance. Almost five months later, and shortly after presenting the farewell concert – which would become known as *Barra 69* with the release of an album with the show in 1972 produced by Nelson Motta – the *Bahianos* were at the airport in Rio de Janeiro boarding to London, with no return date. Held at the Castro Alves theater in the capital of Bahia, the concert aimed to raise money for the trip, which they would go on together with their wives, Sandra Gadelha (Gil) and Dedé Gadelha (Caetano). In January of 1972, the Bahians finally returned from exile and arrived in time to see the break-up of the original Mutantes. It was the year that Rita left the partnership with Arnaldo and Sérgio, as well as the other members of the band.

O disco coletivo dos tropicalistas

Em 5 de fevereiro de 1968, o jornalista Nelson Motta publicou, em sua coluna do jornal Última Hora, um artigo intitulado "A cruzada tropicalista". O texto deixava clara a sua intenção de lançar o movimento liderado por Caetano, Gil e, a essa altura, pelos Mutantes, Tom Zé, Gal Costa, entre outros. Torquato Neto ajustou o foco, reforçando a tese de que a moda estava pegando. E pegou. A Rhodia, indústria têxtil que produzia shows-desfiles para promover seus produtos, batizou sua coleção de "Tropicália". O selo Philips, da Companhia Brasileira de Discos (CBD), correu e fechou contrato para a produção de um álbum com todos os expoentes do movimento tropi-

The collective disc of the *tropicalistas*

On February 5, 1968, journalist Nelson Motta published in his column in the newspaper Última Hora an article with the title "The tropicalistic crusade". The text had a focused: to launch the movement led by Caetano, Gil. Torquato Neto adjusted the focus, reinforcing the theory that a new style was catching on. And it did. The textile industry giant, Rhodia, which produced fashion parade-musical to promote its products, named its collection "Tropicalia". Philips, the record company, rushed to sign a record deal with all of the members of the Tropicalia movement. The artists became so popular that they guaranteed their presence in the iconic "Discoteca do Chacrinha", a Brazilian

calista. Os artistas ficaram tão populares que passaram a ser presença garantida no icônico programa de variedades "Discoteca do Chacrinha", exibido pela TV Globo às quintas-feiras. A essa altura, Hélio Oiticica já não parecia muito feliz em ver o nome de sua instalação associado ao modismo e Nelson Motta já estava se irritando com a banalização do movimento, o que rendeu outro artigo, dessa vez com o título "Abaixo o Tropicalismo". E os tropicalistas estavam aproveitando o circo armado pela mídia.

Caetano queria que Maria Bethânia participasse do disco-manifesto, gravado ao longo do mês de maio de 1968 no estúdio RGE, em São Paulo. Para ele, a irmã foi a responsável por essa sua fase musical. Se não fosse Bethânia, Caetano não teria saído da pequena Santo Amaro da Purificação, cidade do Recôncavo baiano onde nasceu. Mas ela recusou o convite por ter decidido não participar de grupos ou movimentos artísticos. Então restou a ele, Gil, Mutantes, Nara Leão e Gal Costa darem conta do recado, com arranjos de Rogério Duprat. Caetano coordenou o projeto e escolheu o repertório, que não contou com a música que deu nome ao álbum. "Tropicália" (Caetano Veloso) não foi parar no disco coletivo dos tropicalistas, intitulado *Tropicália ou Panis et Circencis*, afinal, já tinha saído em seu LP de estreia, mas "Panis et Circencis" (Caetano e Gil) apareceu, interpretada pelos Mutantes. Tanto o nome da canção quanto o do disco foram grafados erroneamente: o certo seria "circenses", que significa "circo" em latim.

O repertório de *Tropicália ou Panis et Circencis* traz ainda "Miserere Nóbis" (Gilberto Gil), que

variety show that ran on Globo TV. At this point, Hélio Oiticica no longer seemed happy to see the name of his installation associated to the trend and Motta was already annoyed at the banalization of the movement, which inspired another article entitled: "Down with Tropicalism". In the midst of these happenings, *tropicalistas* were taking advantage of the media circus.

Caetano wanted Maria Bethânia to participate in the record-manifesto, recorded in May 1968 at the RGE studios, in São Paulo. To him, his sister was the one responsible for this musical phase of him. If it was not for her, Caetano would not have left his native Santo Amaro da Purificação, a small town in the state of Bahia. But she turned down the invitation because she decided not to take part in artistic movements. That left him, Gil, the Mutantes, Nara Leão, and Gal Costa to do the job, with arrangements from Rogério Duprat. Caetano coordinated the project and chose the repertoire, which did not include the song that gave the album its name. "Tropicália" did not end up in the *tropicalistas'* collective album named *Tropicália ou Panis et Circenses*, after all, it had already been released in Caetano's debut album, but "Panis et Circensis" (from Caetano and Gil), sung by Mutantes, was featured in it. Both the name of the song and the record were misspelled: the correct form would be "circenses", which means "circus" in Latin.

The repertoire of *Tropicália or Panis et Circencis* also brings "Miserere Nóbis" (Gilberto Gil), played by the author himself. "Coração Materno" ("Mother's Heart", from Vicente Celestino) was sung by Caetano, while "Lindonéia" (Caetano and Gil) was performed by Nara

foi tocada pelo próprio autor. "Coração Materno" (Vicente Celestino) foi interpretada por Caetano, enquanto "Lindonéia" (Caetano e Gil) ficou a cargo de Nara Leão, uma bossa-novista conquistada pela novidade tropicalista. "Parque Industrial" (Tom Zé) ficou com Caetano, Gil e Mutantes e "Geléia Geral" (Gil e Torquato Neto), na voz de Gil mesmo. "Baby" (Caetano) virou uma bela parceria do autor da música com Gal Costa e "Três Caravelas" (versão de João de Barro para a música de A. Algueró Jr. E G. Moreu) ficou com Caetano e Gil. "Enquanto Seu Lobo Não Vem" (Caetano) foi tocada pelo próprio autor e "Mamãe Coragem" (Caetano e Torquato) sobrou para Gal. "Bat Macumba" (Caetano e Gil) foi registrada por Gil e "Hino ao Senhor do Bonfim" (João Antonio Wanderley), por Caetano, Gil, Gal e Mutantes.

A foto da capa de *Tropicália ou Panis et Circencis* foi tirada pelo fotógrafo da Editora Abril Olivier Perroy, em sua casa, na Praça Buritama, próxima à Avenida Brigadeiro Faria Lima, em São Paulo. Um vitral de estilo colonial, localizado no jardim, serviu de cenário. Nara Leão e Capinan não chegaram em tempo de entrar na foto, mas Gil segurou um quadro com a foto do parceiro e Caetano, outro, com a cantora emoldurada. Tom Zé pegou uma maleta para parecer que acabara de chegar do Nordeste. Duprat segurou, como se fosse uma xícara de chá, um urinol – uma espécie de penico antigo – que achara na casa de uma tia. Gal e Torquato se mantiveram sentados um do lado do outro. Diferente dos demais, Caetano se sentou no encosto do banco branco e Gil, vestindo uma toga de cores tropicais, foi fotografado no chão.

Leão. "Parque Industrial" ("Industrial Park," Tom Zé) was played by Caetano, Gil and Mutantes and "Geléia Geral" ("Melting Pot," from Gil and Torquato Neto), in the voice of Gil himself. "Baby" (Caetano Veloso) became a beautiful partnership of the songwriter with Gal Costa and "Três Caravelas" ("Three Caravels," a João de Barro's version for the A. Algueró Jr. and G. Moreu song) was played by Caetano and Gil. "Enquanto Seu Lobo Não Vem" ("While Big Bad Wolf Doesn't Come," from Caetano Veloso) was played by the author himself and "Mãe Coragem" ("Courageous Mom," from Caetano and Torquato Neto) was interpreted by Gal. "Bat Macumba" (Caetano and Gil) was recorded by Gil and "Hino ao Senhor do Bonfim" ("Hymn to the Lord of Bonfim," from João Antonio Wanderley), by Caetano, Gil, Gal and Mutantes.

The photos of *Tropicália or Panis et Circencis* cover were taken by photographer Olivier Perroy at his house in São Paulo. A colonial style stained glass window, located in the garden, served as a backdrop. Nara Leão and Capinan did not arrive in time, but Gil held a picture with his partner's photo and Caetano held a framed one with the singer. Tom Zé decided to include a suitcase in the frame, pretending he had just arrived from the Northeast. Rogério Duprat insisted on holding a urinal – a kind of old-fashioned toilet – he had found at an aunt's house like a cup of tea. Gal and Torquato sat side by side. Unlike the others, Caetano sat on the back of a white bench and Gil, wearing a colored dashiki clothing (tropical inspired).

Mutantes were on the cover of an LP for the first time. During the pre-production of the photo, Rita Lee

Se os Mutantes já tinham aparecido em álbuns de festivais, agora eles estavam em uma capa de um LP pela primeira vez. Durante a pré-produção da foto, Rita Lee deu palpites sobre as cores das roupas e pediu que o verde e o amarelo sobressaíssem mais. Já na sessão de fotos, Arnaldo segurou seu baixo elétrico, apoiando-o no banco. Um dos únicos a não usar as cores propostas por Rita (o outro foi Tom Zé), Sérgio Dias levantou sua imponente Guitarra de Ouro. O instrumento fora construído pelo irmão Cláudio César, um luthier de primeira que entrou para a história do grupo. Na capa do disco, a foto leva uma moldura verde e amarela, que produz um efeito de profundidade. O nome está dividido e distribuído pelas laterais da capa, nas mesmas cores, em cima do fundo preto.

Para a contracapa, Caetano preparou um texto semelhante a um roteiro de cinema. Colocou os tropicalistas como personagens de uma história e usou, como referência, figuras que, de alguma forma, influenciaram o grupo, tais quais Lupicínio Rodrigues, João Gilberto, Augusto de Campos, Godard e Roberto de Campos. A ironia e o deboche só serviram para confundir. A mesma foto do grupo usada na capa foi incluída na contracapa, só que em preto e branco, centralizada na parte superior. Abaixo dela, há a relação das músicas, autores e intérpretes. E a ficha técnica não conta com o crédito do fotógrafo, apenas o dos profissionais que trabalharam na gravação do disco: Rogério Duprat (arranjos) e Manuel Barenbein (produção). No lançamento do álbum em CD, em 1993, o texto foi excluído da contracapa.

shared her opinion on the colors of the clothes and she requested that the green and the yellow to stand out more. Already in the photo session, Arnaldo grabbed his electric bass, leaning it on the bench. Sérgio Dias, who did not follow Rita's colour palette proposal (the other was Tom Zé), raised his imposing Golden Guitar. The instrument was built by his brother Cláudio César, a top quality luthier. On the album cover, the photo has a green and yellow frame, which produces an effect of depth. The name is divided and distributed by the sides of the cover, in the same colors, on top of the black background.

For the back cover, Caetano prepared a text similar to a screenplay. He placed the *tropicalistas* as characters of a story and used as a reference artists that influenced the group, such as Lupicínio Rodrigues, João Gilberto, Augusto de Campos, Godard and Roberto de Campos. The same photo used on the cover was included on the back cover, in black and white. The technical file does not have the credit of the photographer, only the professionals who worked on the recording of the album: Rogério Duprat (arrangements) and Manuel Barenbein (production). In the album's release on CD in 1993, the text was deleted from the back cover.

Estréia
Em "Build up", seu primeiro trabalho
solo, de 70, a ex-vocalista dos Mutantes,
Rita Lee, não está só nem física, nem
ideologicamente. E nem poderia. Na épo-
ca, ela sequer havia se desligado do gru-
po. Nos cinco anos seguintes, embora
oficializasse cada vez mais a sua separa-
ão dos Dias Baptista, voltaria ainda aos
stúdios para gravar mais três discos
om a trupe, além de um segundo LP
olo", "Hoje é o primeiro dia do resto
sua vida", com a participação de
naldo, Sergio, Liminha e Dinho. E em
mesmo já tendo formado uma nova
da, o Tutti Frutti, com a qual fez
rás do porto tem uma cidade", de 74,
uma canja em "Vou me afundar na
rie", faixa do "Lóki?", de Arnaldo.
as se "Atrás do porto" já dá os
iros sinais da busca de um caminho
"pessoal", numa espécie de simpli-
o do som dos Mutantes, "Build
ssim como "Hoje é o primeiro
é quase um álbum do grupo dis-
. Estão lá parcerias com Arnaldo
rrão com linguiça e pimentão",
o aqui vou eu"), a combinação
e orquestra de um mutante
ário, Rogério Duprat, nos arran
rticipação de todos
OS MUTANTES SÃO DEMAIS

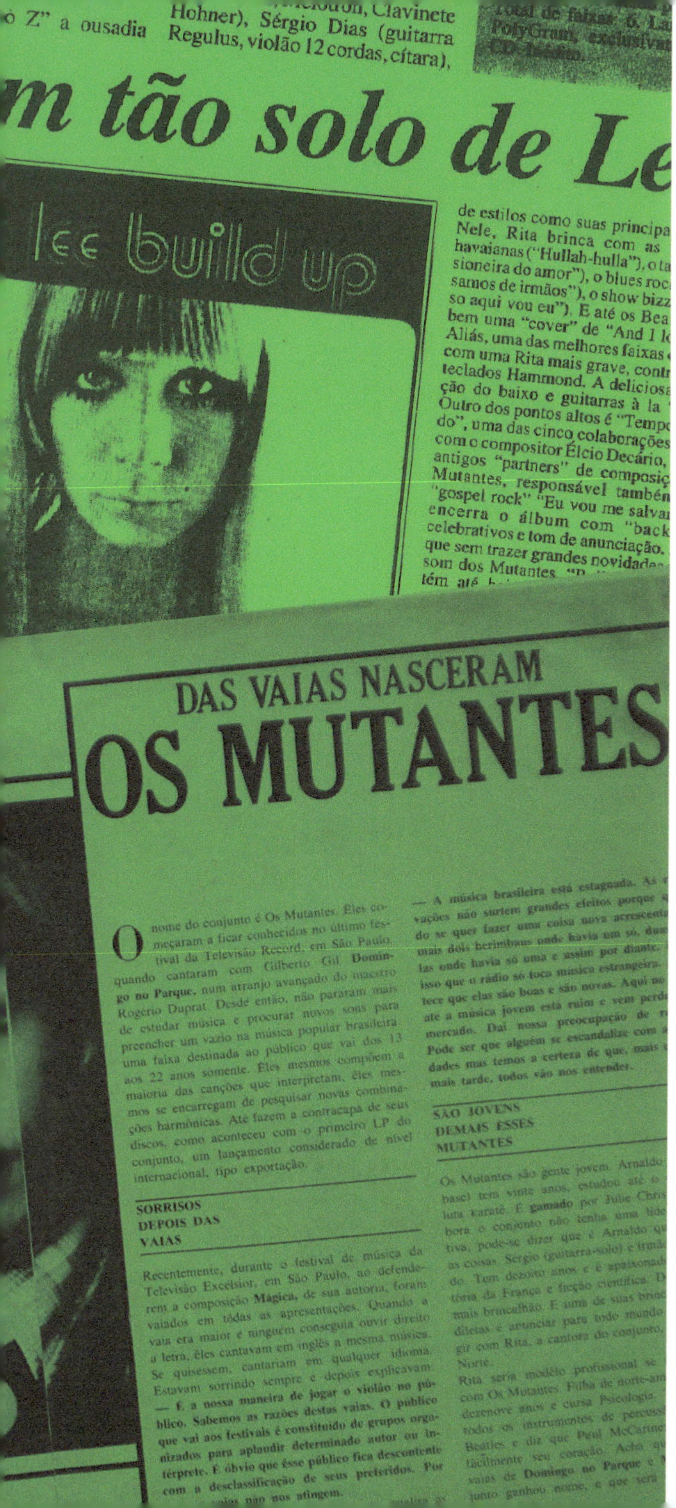

Discobiografia Mutante na internet

Discobigrafia Mutante on the web

Acesse a página do livro para assistir a vídeos, ver imagens e ler notícias referentes ao conteúdo. Use o código acima ou vá direto em:
www.discobiografiamutante.com

Access the book's website to watch videos, see images and read articles about the content. Use the code above or go straight to:
www.discobiografiamutante.com

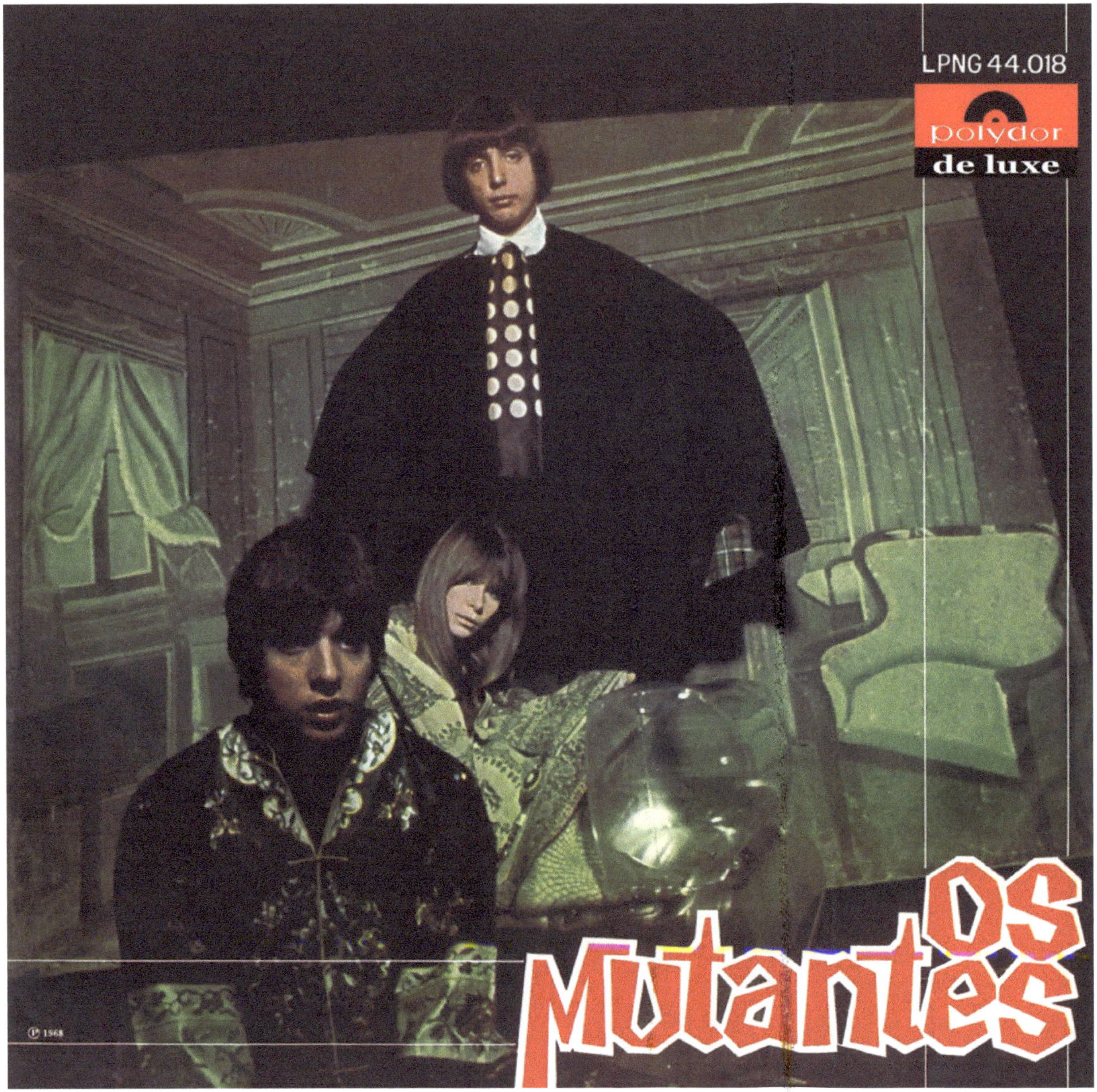
LPNG 44.018
polydor
de luxe
Os Mutantes
℗ 1968

Os Mutantes
1968

O primeiro álbum da banda, *Os Mutantes*, foi gravado e lançado no primeiro semestre de 1968, e pode-se dizer que foi um trabalho que traduziu o espírito do trio ao longo da carreira dos Mutantes. O convite veio através de Manoel Barenbein, produtor que se encantou com a atuação dos três durante a gravação de "Bom Dia" e de "Domingo no Parque" para os LPs que a Companhia Brasileira de Discos (CBD), através do selo Philips, estava preparando com canções concorrentes da terceira edição do Festival da Música Popular Brasileira da TV Record, em 1967. Autor de ambas as canções classificadas para o evento, Gilberto Gil (em "Bom Dia", parceiro da então esposa Nana Caymmi) também ficou impressionado quando os irmãos Arnaldo e Sérgio Dias Baptista e Rita Lee fizeram bonito ao aprenderem praticamente de um dia para o outro a partitura escrita pelo maestro Chiquinho de Moraes. Eles acertaram de primeira a composição que seria defendida por Nana. Depois, confirmaram seu talento durante o

The first album of the band, *Os Mutantes*, was recorded and released early 1968, and it is possible to say that it was the work that translated the spirit of the trio throughout Mutantes' career. The invitation came from Manoel Barenbein, a producer who was delighted with their performance during the recording of "Bom Dia" ("Good Morning") and "Domingo no Parque" ("Sunday in the Park") for the LPs that the Philips label was preparing with songs that were competing in the third edition of Record TV's Brazilian Popular Music Festival in 1967. Having written both of the songs classified for the event, Gilberto Gil (in "Bom Dia," partnered with Nana Caymmi, his wife at the time) was also impressed when brothers Arnaldo and Sérgio Dias Baptista and Rita Lee learned the song written by maestro Chiquinho de Moraes in practically one day. They hit the song that was supposed to be performed by Nana correctly in just one session. Afterwards, they confirmed their talent during the recording of "Domingo no Parque," arranged by maestro

registro de "Domingo no Parque", que tinha arranjo do maestro Rogério Duprat. Arnaldo e Sérgio herdaram da mãe a facilidade para a música: dona Clarisse Leite foi a primeira mulher do mundo a escrever um concerto para piano e orquestra. O pai, doutor César Dias Baptista, que tinha sido secretário do governador de São Paulo Adhemar de Barros, era um apreciador das artes e escrevia poesias.

No início da 1968, Gil começou a produzir seu segundo álbum (*Gilberto Gil*), anos mais tarde considerado o mais tropicalista de seus discos, pois contou com Manoel Barenbein na produção, Rogério Duarte como autor da capa, Rogério Duprat nos arranjos e regência e Mutantes como banda de apoio. No mesmo momento, quando a banda estava prestes a entrar em estúdio para registrar seu próprio trabalho, Caetano Veloso convidou-os para colocar suas vozes em uma faixa de seu primeiro álbum solo. E aproveitou para eternizar uma declaração aos pupilos. No final da música "Eles", Arnaldo, Sérgio e Rita entram perguntando "E nós? E nós? E nós?". Ao que Caetano responde: "Os Mutantes são demais!" A frase viria a ser usada pela revista Realidade em uma matéria publicada no ano seguinte. E o elogio só deu mais autoconfiança aos meninos, que eram muito jovens, mas estavam prestes a entrar de vez para o circuito profissional da música.

Contrato assinado, começou a busca por repertório. Arnaldo, Sérgio e Rita estavam com as vozes e o instrumental alinhados, mas ainda não tinham descoberto a arte de compor bem. Nos encontros que tinham com os tropicalistas, eles ficavam cho-

Rogério Duprat. Arnaldo and Sérgio inherited their mother's musical talent: Ms. Clarisse Leite was the first woman in the world to write a concert for piano and orchestra. Their father, Dr. César Dias Baptista, who had been the Secretary of São Paulo Governor Adhemar de Barros, was an admirer of the arts and used to write poetry.

In early 1968, Gil started producing his second album (*Gilberto Gil*), nowadays considered the most tropicalist of his records because he had Manoel Barenbein in the production, Rogério Duarte designing the cover, Rogério Duprat in the arrangements and Mutantes as a support band. At the same time, Caetano Veloso invited them to record vocals on a track from his first solo album. And he took the opportunity to eternalize a statement to the pupils. At the end of the song "Eles" ("They"), Arnaldo, Sérgio and Rita ask "What about us? What about us? What about us?". To which Caetano responds: "Os Mutantes são demais!" ("Mutantes are far out!") The phrase would be used by Realidade magazine in an article published the following year. And the praise only gave the youngsters more self-confidence. They were indeed very young, but were about to enter the professional circuit of music.

With the signed contract, began the search for repertoire. Arnaldo, Sérgio and Rita had their voices and instruments in tune, but they had not yet discovered the art of songwriting that well. In encounters with the *tropicalistas*, they were shocked every time they saw a song being born so easily and quickly. The partnership was created: sometimes, leaded by Caetano and Gil, other times by Gil and Torquato

cados cada vez que viam nascer uma composição de forma fácil e rápida. Ora eram Caetano e Gil que criavam uma parceria, ora era a dupla Gil e Torquato Neto. Os baianos deram boas dicas de como escrever letras de música em português e ofereceram "Panis et Circenses" para os meninos gravarem. A canção abre este primeiro álbum dos Mutantes, que também ensinaram muito aos padrinhos. Gil, por exemplo, aprendeu com Serginho a não se prender ao que os outros pensavam ou diziam sobre o que ele fazia. Com apenas 17 anos, o Dias Baptista mais novo tocava de Mozart a Rolling Stones, passando por Beatles, com a mesma tranquilidade.

Assim, com régua e compasso, o trio compôs "O Relógio", "Senhor F", "Ave, Gengis Khan" e, com Caetano, "Trem Fantasma". Depois de ouvirem falar das figuras de linguagem onomatopeia e aliteração, pediram ajuda ao doutor César Baptista, pai de Arnaldo e Sérgio, para adaptar para o português a letra de "Once Was a Time I Thought". Intitulada "Tempo no Tempo", a versão do sucesso consagrado pelo grupo norte-americano The Mamas and The Papas é cheia de repetições de um mesmo som em várias palavras de uma mesma frase. O pai dos Dias Baptista parece estar falando em russo, mas, na verdade, sua voz havia sido gravada e foi reproduzida de trás para frente durante a gravação da faixa.

Rita conheceu Jorge Ben nos bastidores do programa "Jovem Guarda", do qual os Mutantes, na época ainda assinando como Os Bruxos, acabaram não participando. Ela era doida para conhecer Roberto Carlos, Erasmo Carlos e Wanderléa, apresentadores da atra-

Neto. The singers from Bahia gave good tips on how to write lyrics in Portuguese and offered "Panis et Circenses" for the boys to record. The song opens the first Mutantes album, which also taught their godparents a lot. Gil, for example, learned from Serginho not to get caught up in what others thought or said about what he did. Aged only 17, the younger Dias Baptista played from Mozart to Rolling Stones, passing through Beatles, with the same ease.

Thus, with a "ruler and compass" (this expression was written by Gilberto Gil for his song "Aquele Abraço," in 1969), the trio wrote "O Relógio," ("The Clock"), "Senhor F" ("Mr. F"), "Ave, Gengis Khan," and, with Caetano, "Trem Fantasma" ("Ghost Train"). After hearing about the figures of speech such as onomatopoeia and alliteration, they asked Dr. César Baptista, the father of Arnaldo and Sérgio, for help adapting the words "Once Was a Time I Thought" to Portuguese. Entitled "Tempo no Tempo" ("Time in Time"), the version of The Mamas and The Papas' hit is full of repetitions of the same sound in several words of a same phrase. The brothers' father seems to be speaking in Russian, but in fact, his voice had been recorded and played backwards during the recording of the track.

Rita met Jorge Ben behind the scenes of the "Jovem Guarda" TV show, of which Mutantes, at the time still known as Os Bruxos ("The Wizards"), ended up not participating. She was crazy to meet Roberto Carlos, Erasmo Carlos and Wanderléa, icons of the first rock music movement in Brazil and hosts of the Sunday show on Record TV. Rita managed to convince a producer to invite the group for a presentation.

ção dominical da TV Record, e conseguiu convencer um produtor a convidar seu grupo para uma apresentação. No ensaio, a produção desaprovou a quantidade de fios e caixas de som que apareceriam na tela dos espectadores. O trio não abriu mão de sua parafernália e seu número foi cancelado. Pelo menos os jovens bruxinhos conseguiram trocar uma ideia com Jorge Ben. Quando, já Mutantes, eles estavam em busca de novas composições para incluir no disco de estreia, Rita bateu na porta da casa do homem que influenciou o sambalanço, mas que ela sempre achou com atitude super rock'n'roll. Ben convidou a loirinha a entrar e, na sala mesmo, compôs "A Minha Menina", que virou um dos maiores sucessos do grupo. Foi Rita também quem convenceu Arnaldo e Sérgio a gravarem "Adeus, Maria Fulô", um baião de Sivuca e Humberto Teixeira que sua mãe tocava ao piano e ela adorava cantar. Para esta gravação, ela usou um instrumento que conheceu através dos palhaços Torresmo e Fuzarca, sucesso nos anos 1950. Eram tampinhas de garrafa que ela soltava e, ao caírem no chão, faziam um som agudo.

Para fechar o repertório, eles resolveram regravar "Baby", de Caetano, e "Bat Macumba", de Caetano e Gil, que conheceram durante a produção do álbum *Tropicália ou Panis et Circensis*. Para o registro dessa parceria dos baianos, o "quarto Mutante" Cláudio César criou um instrumento batizado de Inferno Verde que tinha a função de fornecer um novo tipo de efeito para a guitarra de Sérgio. Para isso, ele grudou um potenciômetro – um aparelho que mede as diferenças de potencial elétrico em condições de quase reversibilidade – a um motor de máquina de costura.

During the rehearsals, the production disapproved of the amount of wires and speakers that would appear on the viewer's screen. The trio did not give up their paraphernalia and their number was canceled. At least the young wizards got to exchange a few words with Jorge. When they were already Mutantes and in search for new songs to include in their debut album, Rita knocked on the door of the man who influenced "sambalanço," but who she had always thought had a super rock'n'roll attitude. Ben invited the blonde in and, in the same room, wrote "A Minha Menina" ("She's My Shoo Shoo"), which became one of the group's biggest hits. It was also Rita who convinced Arnaldo and Sérgio to record "Adeus, Maria Fulô" ("Goodbye, Maria Fulô"), a *baião* – a Brazilian rhythmic formula – by Sivuca and Humberto Teixeira that her mother played on piano and she loved to sing. For this recording, Rita used an instrument she discovered from the clowns Torresmo and Fuzarca, famous during the 1950s. The instrument comprised of bottle caps that she released and made a high pitched sound when they hit the ground.

To close the repertoire, they decided to record Caetano's "Baby" and Caetano and Gil's "Bat Macumba" again, which they heard during the production of the album *Tropicália or Panis et Circensis*. For the recording of this partnership with the singers from Bahia, the "Fourth Mutant" Cláudio César created an instrument called Inferno Verde (Green Inferno) that provided a new type of effect for Sérgio's guitar. For this, he attached a potentiometer – a device that measures the electrical potential differences in conditions of near reversibility – onto a sewing machine motor.

A descontração no estúdio era total. Rita Lee levou uma bomba de "Flit" (um inseticida popular na época) para usar como um instrumento na gravação de "Le Premier Bonheur Du Jour". A ideia era usar o ruído no lugar do chimbau da bateria. No início, Barenbein se assustou. Depois, ficou tão animado com a novidade que sugeriu encher a bomba com água para o som ficar mais encorpado. Nessa música dos franceses Jean Gaston Renard e Frank Gerald, resgatada do repertório do Teenage Singers, ela ainda tocou flauta doce. Para "Panis et Circenses", as pessoas que estavam no estúdio simularam um jantar: os barulhos de talheres encerram a faixa. O prefixo do Repórter Esso, um jornal de rádio da época, antecede o vocal da música de Gil e Caetano e é a voz do próprio Barenbein que pede o pão e a salada. Ao fundo, a música clássica que se escuta é a valsa "Danúbio Azul".

Fazendo uma bela parceria com Dirceu, o baterista, Arnaldo comandou os baixos e teclados durante as gravações. Dirceu Medeiros já tinha em seu currículo shows com Erasmo Carlos e Eduardo Araújo e ficou conhecido como um baterista que criou técnicas para tocar samba e bossa nova, mas que atacava em todas as frentes. Os Mutantes estavam bem acompanhados, pois tinham também, como guia, o maestro Rogério Duprat, responsável pelos arranjos do álbum, e contaram com o talento do técnico de som Stelio Carlini para manusear os quatro canais do estúdio Scatena, localizado no centro de São Paulo.

O estúdio fazia parte do grupo RGE (Rádio Gravações Especializadas), uma gravadora fundada pelo advogado, empresário, publicitário e ator

The atmosphere in the studio was completely relaxed. Rita Lee got a "Flit" bomb (a popular insecticide at the time) to use as an instrument when recording "Le Premier Bonheur Du Jour". The idea was to use that noise instead of the cymbals. At first Barenbein was frightened. Then he was so excited by the novelty that he suggested filling the pump with water to make it sound more full-bodied. In this French Jean Gaston Renard and Frank Gerald song, recovered from the Teenage Singers' repertoire, she played the sweet flute. For "Panis et Circenses," the people in the studio simulated a dinner: the noises of cutlery enclose the track. The opening of Reporter Esso, a radio show of the time, precedes the vocals of the Gil and Caetano song and it is Barenbein's voice that asks for the bread and salad. In the background, the classical music one hears is the "Blue Danube"' Waltz.

In a wonderful partnership with Dirceu, the drummer, Arnaldo played the bass and keyboard during the recordings. Dirceu Medeiros already had in his resume shows with Erasmo Carlos and Eduardo Araújo and even though he was known for his drumming techniques for samba and bossa nova, he would tackle any style head-on. Mutantes were in good company, as they also had maestro Rogério Duprat as a guide, who was responsible for the arrangements of the album, and they could count on the talent of sound technician Stelio Carlini to handle the four channels of Scatena studio, located in downtown São Paulo.

The studio was part of RGE (Radio Recording Specialized) group, a record company founded by lawyer, entrepreneur, advertiser and actor Jose Scatena,

José Scatena, a primeira especializada em gravações comerciais do país (jingles). Reza a lenda que o nome RGE foi dado pelo publicitário João Dória, o pai do ex-Prefeito de São Paulo João Doria. Gravadoras do Rio costumavam alugar o espaço para gravações de artistas de São Paulo. Profissional muito prezado pelos donos do Scatena, Stelio Carlini pilotou as mesas de gravação para grandes nomes da MPB, da cantora Celly Campello à banda Made in Brazil, passando por Maria Bethânia e Chico Buarque. Com este último, trabalhou em parceria com o produtor Manoel Barenbein no clássico *Chico Buarque de Hollanda*, lançado em 1966.

Os Mutantes chegou às lojas no final de junho de 1968 pelo Polydor, selo irmão do Philips dentro da Companhia Brasileira de Discos (CBD), gravadora comprada na década de 1950 pelo grupo Philips, de eletrodomésticos, que decidiu investir em gravação de discos. A CBD passou a administrar esses selos, dividindo seus artistas: Philips tinha o selo azul e abrigava a nata da MPB; o selo Polydor era vermelho e reunia a camada mais popular do cenário. Em 1971, a Philips fundou outra empresa, a Phonogram, e a CBD deixou de existir. Todos os artistas passaram a ser contratados pela Phonogram, que seguia os distribuindo pelos selos, de acordo com o estilo musical. A Phonogram virou PolyGram no final da década de 1970 e, nos anos 1990, em uma fusão com a gravadora MCA Music, passou a ser Universal Music. A Universal detém os direitos dos álbuns dos Mutantes e de outros artistas que foram dos selos Philips ou Polydor.

A capa desse primeiro álbum foi feita na casa do

the first one in the country specialized in ad recordings (jingles). Legend has it that the name RGE was given by the adman João Dória, the father of the former Mayor of São Paulo João Dória. Record companies in Rio used to rent this space for artists from São Paulo. Stelio Carlini, a professional highly esteemed by the owners of Scatena, operated the recording desks for big names from Brazilian music, from singer Celly Campello to the band Made in Brazil, including Maria Bethânia and Chico Buarque. He worked with the latter in a partnership with the producer Manoel Barenbein on the classic *Chico Buarque de Hollanda*, released in 1966.

Os Mutantes hit the stores in late June 1968 by Polydor, a subsidiary label of Companhia Brasileira de Discos (CBD – Brazilian Disc Company), a record company bought by household appliances company Philips in the 1950's, which decided to invest in record production. Philips was also the name of another subsidiary label of CBD, that started to manage these labels, dividing the artists within each of them: Philips had the blue label comprising the cream of the crop of Brazilian Popular Music (MBP in Portuguese); Polydor label was red and encompassed the more popular musicians of the scene. In 1971, Philips starts another company, Phonogram, and CBD is closed. All the artists started to be hired by Phonogram, responsible for categorizing them into different labels according to the music style. Phonogram then became PolyGram at the end of the 1970's and, in the 1990's, it was transformed into Universal Music, through a fusion with record label MCA Music. Universal is currently the label that holds all the rights of Mutantes' albums.

fotógrafo da Editora Abril Olivier Perroy, o mesmo de *Tropicália ou Panis Et Circencis*. Enquanto Rita posava envolta em uma toalha de mesa que sua mãe havia comprado em um bazar beneficente da igreja Santo Inácio de Vila Mariana, Arnaldo usava um quimono chinês da sua mãe. Sérgio vestiu uma echarpe preta de bolas brancas que, como se fosse uma gravata, envolvia o colarinho de uma camisa branca, escondida atrás de uma capa da Rita, que mais parecia uma beca de formatura. Havia uma poltrona transparente chamada Blow, recém-lançada no exterior, onde Rita se acomodou. Na época, além de muito chique, era um produto raro no Brasil. A ideia do esverdeado da foto era dar um toque esteticamente lisérgico. O nome do disco era o mesmo da banda e a escrita acabou ficando na parte inferior da capa; eles ainda eram Os Mutantes, com o artigo definido na frente.

A contracapa reúne rabiscos feitos pelos próprios músicos bem ao estilo surrealista. Um dos desenhos mostra as faces de Rita, de Arnaldo e de Sérgio ligadas estranhamente ao corpo. A cabeça de Arnaldo, por exemplo, sai do chão. Sérgio não tem pés, e uma seta no lugar da mão aponta para o irmão. E Rita carrega duas mãos saindo do pescoço, além de um pé. Essa figura tem traços da estética de Salvador Dalí. Há também, no canto da contracapa, metade do rosto de Rita. Um jacaré passeia no cabelo dela e os olhos de um rosto escondido parecem querer aparecer. Há ainda um quadrado dividido em quadrinhos, como se estivesse preparado para uma palavra cruzada. Em volta, vários rabiscos. Um deles mostra um personagem na forca. Os outros, uma aranha na teia, uma

The cover of this first album was made in the house of the photographer of Editora Abril, Olivier Perroy, the same one from *Tropicália or Panis Et Circencis*. While Rita posed wrapped in a tablecloth that her mother had bought in a Santo Inácio church charity bazaar at Vila Mariana, Arnaldo wore his mother's Chinese kimono, Sérgio wore a black and white polka-dot scarf as a tie around the collar of a white shirt, hidden behind Rita's cape, which looked more like a graduation gown. Rita settled in a transparent Blow armchair, a recent novelty from abroad, rare in Brazil and considered very chic. The idea of the photo's greenish tint was to give an aesthetically lysergic touch. The name of the record was the same of the band and the writing ended up being at the bottom of the cover; they were still Os Mutantes, with the definite article in front ("Os" in Portuguese).

The back cover has surrealist style doodles made by the musicians themselves. One of the drawings shows the faces of Rita, Arnaldo and Sérgio strangely attached to their bodies. Arnaldo's head, for example, comes out of the floor. Sérgio has no feet, and an arrow for a hand pointing at his brother. And Rita has two hands coming out of her neck, plus one foot. This figure has traces of Salvador Dalí's aesthetics. There is also, on this back cover, half of Rita's face. An alligator walks on her hair and the eyes of a hidden face seem to want to appear. There is still a square divided into comics, like a crossword puzzle. And around it, several doodles. One of them shows a character on the gallows. The others, a spider in its web, a treble clef, a canoe with two Indians, a bomb – with a "Boom!"

clave de Sol, uma canoa com dois índios, uma bomba – com um "Bum!" escrito ao lado –, a frase "Yes, nós temos..." e o desenho de uma banana ao lado.

Os nomes das músicas foram escritos à mão, bem como o crédito da capa e da contracapa: Olivier Perroy virou Pebroy e foi apontado como o responsável pela capa, enquanto os Mutantes assinaram a contracapa. O curioso é que o encarte não traz os créditos das pessoas que participaram das gravações das faixas. Isso só foi acontecer nas edições posteriores, anos depois. Jorge Ben, por exemplo, não só foi quem compôs "A Minha Menina", como também tocou violão na gravação, duelando com os solos de guitarra de Sérgio. Ele ainda cantou e imitou o Chacrinha durante o registro da canção. É dele a voz que antecede o solo de Sérgio, pronunciando: "Tosse! Todo mundo tossindo!". Na versão CD, a contracapa foi reproduzida no verso do encarte principal.

Para promoção do álbum, os Mutantes fizeram uma temporada de shows na boate Sucata, no Rio de Janeiro, e na gafieira Som de Cristal, em São Paulo. E foram surpreendidos pelo sucesso de suas aparições nos festivais e no programa comandado por Caetano e Gil na TV Tupi de outubro a dezembro de 1968: "Divino, Maravilhoso" era transmitido ao vivo, sem roteiro, e era um poço de provocações. Na estreia, Caetano anunciou: "Este é o som livre. É mutante, não pode parar". E cantou "Trem Fantasma" com sua banda de apoio, que também roubou a cena quando interpretou "A Minha Menina" e "Panis et Circenses". A gota d'água para a direção e para alguns espectadores mais conservadores foi quando Caetano cantou

written next to it –, the phrase "Yes, we have ..." and the drawing of a banana next to it.

The names of the songs were handwritten, as well as the credits for the cover and back cover: Olivier Perroy became "Pebroy" and he was appointed as responsible for the cover, while Mutantes were in charge of the back cover. The booklet does not carry the credits of the people who participated in the recording of the tracks. This only happened in later editions. Jorge Ben, for example, not only wrote "A Minha Menina," but also played a guitar on the recording, dueling with Sérgio's guitar solos. He also sang and imitated Chacrinha during the recording of the song. It is his voice that precedes Sérgio's solo, saying: "Cough! Everyone coughing!" In the CD version, the back cover was reproduced on the back of the main insert.

In order to promote the album, Mutantes played a series of concerts at Sucata nightclub, in Rio de Janeiro, and the *gafieira* Som de Cristal, in São Paulo. They were surprised by the success of their appearances at festivals and the show hosted by Caetano and Gil on TV Tupi from October to December 1968: "Divino Maravilhoso" ("Wonderful Divine") was broadcast live, without a script, and was a space of complete provocation. At the premiere, Caetano announced: "This is the free sound. It is mutant, it cannot stop". He sang "Trem Fantasma" with his support band, who also stole the scene when they played "A Minha Menina" and "Panis et Circenses". The last straw for the direction and for some more conservative spectators was when Caetano sang a song with a gun pointed to his head. He and Gil were arrested on Dec. 27th, the same day that three US

uma música com um revólver apontado para a cabeça. Ele e Gil foram presos em 27 de dezembro, mesmo dia em que três astronautas norte-americanos regressavam à Terra na cápsula espacial Apollo 8 após circum-navegar a Lua, enviando fotos inéditas do solo lunar. Tom Zé ainda apresentou o programa por duas semanas até a atração ser retirada do ar. Sem muito tempo para pensar, pois já tinham como compromisso um novo álbum para gravar e lançar em fevereiro e uma viagem à Europa para fazer em janeiro, o trio entrou em estúdio novamente em dezembro.

Antes disso, no fim de 1968, o LP *II Festival Estudantil da Música Popular Brasileira* foi lançado pelo selo Philips com uma canção gravada pelos Mutantes. "Glória ao Rei dos Confins do Além" era uma composição de Paulo Girão – na época, Paulo César de Castro – um estudante que resolveu participar do festival promovido pela Secretaria de Educação da Guanabara (o estado ainda não se chamava Rio de Janeiro) e pelo jornal O Globo, que transmitiu o evento. A finalista da Escola Estadual João Alfredo foi levada por ele e um coral formado por amigas ao palco do Teatro João Caetano, no Rio, em 10 de agosto. Com Nelson Motta e Francis Hime entre os jurados, a música não levou o prêmio, mas, logo depois, Paulo foi chamado à sede da CBD para escolher o intérprete que a registraria em um LP, afinal, um ilustre desconhecido não impulsionaria as vendas do disco (algo que parece meio absurdo hoje em dia). Ele pediu a voz de Caetano Veloso, mas, como o cantor estava em turnê, o produtor lhe ofereceu os Mutantes. A canção foi encontrada anos depois nos arquivos da gravadora e incluída na coletânea *De*

astronauts returned to Earth in the Apollo 8 spacecraft after orbiting the moon, sending never-before-seen images of lunar soil. Tom Zé even hosted the show for two weeks until the attraction was taken off the air. Without much time to think, as they already had a new album scheduled to record and release in February and a trip to Europe in January, the trio entered the studio again in December.

Before that, at the end of 1968, an LP of the Second Student Festival of Brazilian Popular Music was released with a song recorded by Mutantes. "Glória ao Rei dos Confins do Além" ("Glory to the King from the Ends of Beyond") was written by Paulo Girão – who was called at the time Paulo César de Castro – a student who decided to participate in the festival promoted by the Secretary of Education of Guanabara State (the state was not yet called Rio de Janeiro) and by O Globo newspaper. He became the finalist of his school and, along with a choir made up of friends, he presented the music on João Caetano Theater stage, in Rio, on August 10. With producer Nelson Motta and composer Francis Hime among the judges, the song did not win the award, but Paulo was summoned to the Philips headquarters to choose a performer for "Glória ao Rei dos Confins do Além", after all, an illustrious unknown would not boost sales of the album (which seems a little absurd nowadays). He requested the voice of Caetano Veloso, but, as the *Bahiano* was on tour, the producer offered him Mutantes. The song was found years later in the archives of the record company and included in the collection *De Volta ao Planeta dos Mutantes* ("Back to the Planet of Mutantes"), re-

Volta ao Planeta dos Mutantes, lançada pela Universal Music em 2006 (com seleção de repertório do jornalista Leonardo Rivera), e, em 2014, no álbum *Mande Um Abraço Pra Velha*, lançado pela mesma gravadora com outras raridades.

leased by Universal Music in 2006 (with the repertoire selected by journalist Leonardo Rivera) and, in 2014, in *Mande Um Abraço Pra Velha*, ("Regards to The Old Lady"), released along with other rarities.

Tracklist: Os Mutantes

1 Panis et Circenses Gilberto Gil e Caetano Veloso 03:39
2 A Minha Menina Jorge Ben 04:40
3 O Relógio Os Mutantes 03:29
4 Adeus, Maria Fulô Humberto Teixeira e Sivuca 03:06
5 Baby Caetano Veloso 03:02
6 Senhor F Os Mutantes 02:33
7 Bat Macumba Gilberto Gil e Caetano Veloso 03:10
8 Le Premier Bonheur Du Jou Jean Renard e Frank Gerald 03:35
9 Trem Fantasma Caetano Veloso e Os Mutantes 03:16
10 Tempo no Tempo (Once Was a Time I Thought) John Philip / Versão: Os Mutantes 01:47
11 Ave, Gengis Khan Os Mutantes 03:48

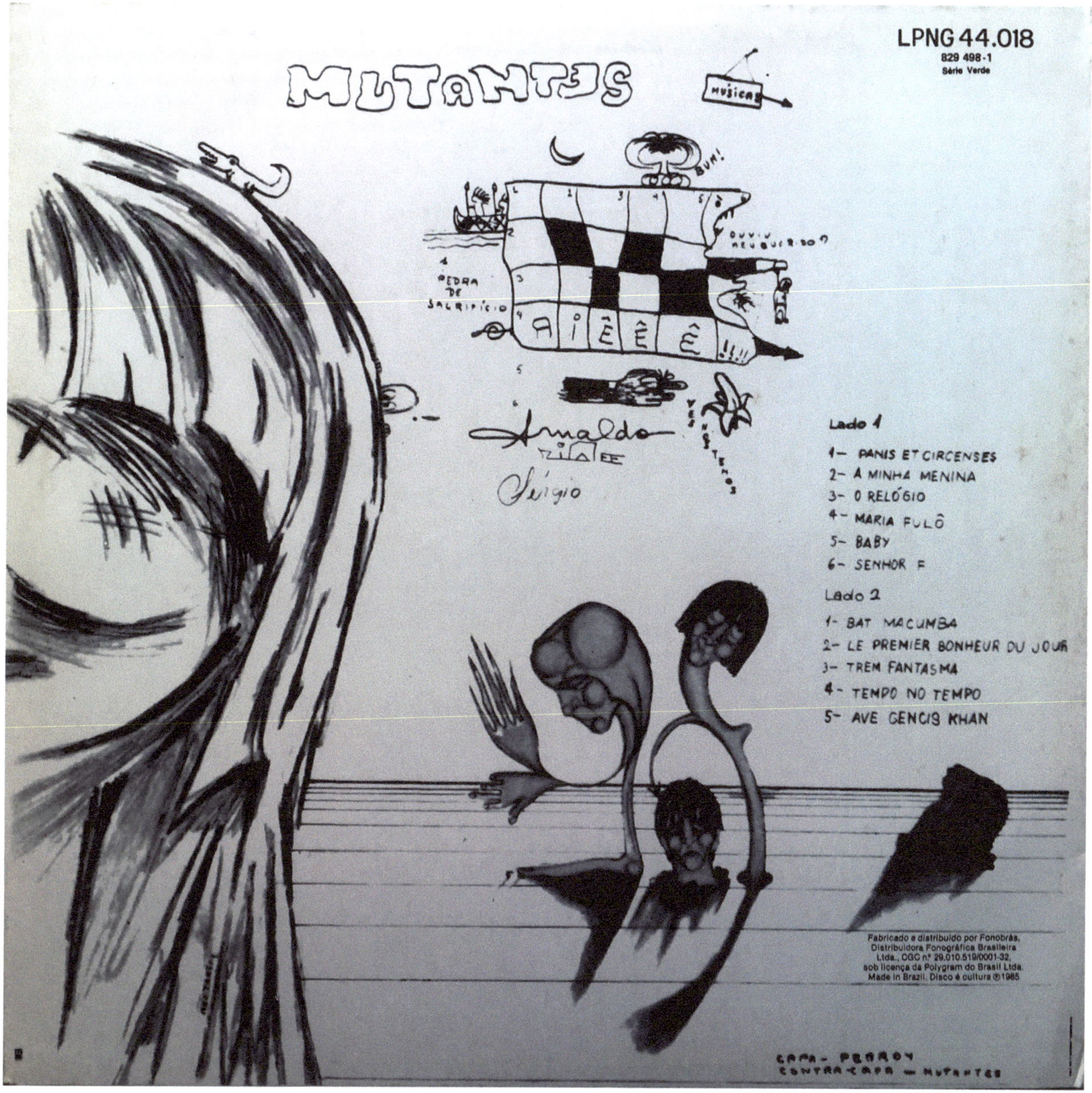
LPNG 44.018
829 498-1
Série Verde
MUTANTES
MÚSICAS
BUM!
PEDRA DE SACRIFÍCIO
Arnaldo
Sérgio
Lado 1
1- PANIS ET CIRCENSES
2- A MINHA MENINA
3- O RELÓGIO
4- MARIA FULÔ
5- BABY
6- SENHOR F
Lado 2
1- BAT MACUMBA
2- LE PREMIER BONHEUR DU JOUR
3- TREM FANTASMA
4- TEMPO NO TEMPO
5- AVE GENCIS KHAN
Fabricado e distribuído por Fonobrás,
Distribuidora Fonográfica Brasileira
Ltda., CGC nº 29.010.519/0001-32,
sob licença da Polygram do Brasil Ltda.
Made in Brazil. Disco é cultura ℗ 1985

mutantes
LPNG 44.026
polydor
de luxe

Mutantes
1969

Era 26 de setembro de 1968, dia da apresentação na semifinal do terceiro Festival Internacional da Canção (FIC). Além de "É Proibido Proibir", com Caetano, os Mutantes tinham inscrito uma música. "Caminhante Noturno" havia sido composta por Arnaldo e Rita. Durante um bate-papo com a atriz Leila Diniz, Rita falara sobre as pressões que a banda estava sofrendo nos bastidores do festival por alguns artistas indignados. Quando a cantora chegou para escolher o figurino do show no guarda-roupa da TV Globo, liberado pelo diretor do FIC Augusto Marzagão, Leila Diniz já havia deixado combinado com a camareira de entregar-lhe um vestido de noiva que ela havia usado na novela "O Sheik de Agadir". A entrada da cantora no palco foi um escândalo – até sua mãe levou um susto ao assistir de casa. A foto do francês Richard Sasso do trio se apresentando virou capa do álbum *Mutantes*, de 1969. Nela, ainda estão Sérgio de toureiro e Arnaldo de arlequim. O vestido de noiva está com Rita até hoje; foi usado

It was September 26, 1968, the day of the presentation in the semifinal of the third International Song Festival (FIC). In addition to "É Proibido Proibir" ("Prohibiting is Prohibited"), with Caetano, Mutantes signed up a song. "Caminhante Noturno" ("Night Walker") had been written by Arnaldo and Rita. During a chat with actress Leila Diniz, Rita talked about the pressures the band was suffering from behind the scenes by some angry artists. When the singer arrived to choose the outfit in the Globo TV's Costume Department, with the permission from FIC director Augusto Marzagão, Leila Diniz had already set up with a maid to bring her the wedding dress she had used in the soap opera "O Sheik de Agadir" ("The Sheik of Agadir"). The singer's entrance onstage was scandalous – even her mother was startled when watching from home. Frenchman Richard Sasso's photo of the trio performing became the cover of the album *Mutantes* in 1969. In it, Sérgio is a bullfighter and Arnaldo, a harlequin. The wedding dress is with Rita until today;

em outro festival, quando ela providenciou uma barriga falsa para fingir que estava grávida e, em 1971, na cerimônia de seu casamento com Arnaldo.

O gravador que aparece nas mãos de Rita, na foto, serviu para ela soltar, durante a apresentação, uma gravação do discurso de Caetano em "É Proibido Proibir" e para registrar em uma fita K7, Sérgio dizendo "Perigo! Perigo! / É proibido proibir / Rota de colisão". A reprodução desse áudio no final de "Caminhante Noturno", no disco, representou um dos primeiros samplers da história da música brasileira. Ele ganhou um efeito para fazer a voz parecer a de um robô. A inspiração foi o Robô B9 de "Perdidos no Espaço", uma série de televisão produzida nos Estados Unidos na segunda metade da década de 1960, que conta as aventuras da família Robinson com B9 e o Dr. Zachary Smith a bordo da nave Júpiter 2 (Arnaldo e Rita eram viciados em filmes, séries e livros de ficção científica). A fala de Serginho surge por cima dos vocais feitos pelo trio e é seguida pelo som das vaias recebidas por Caetano Veloso no FIC, realizado no Maracanãzinho, e do coro da plateia gritando "Bicha! Bicha!". Ainda na foto, em cima de um cubo branco, podem ser vistos os pratos usados por Rita em alguns momentos da música.

Cláudio César não aparece nesta foto da capa do segundo álbum dos Mutantes, mas duas de suas criações estão nela: usada por Sérgio Dias, a Guitarra de Ouro Regvlvs Raphael número I é uma verdadeira obra de arte produzida pelo luthier; o contrabaixo de Arnaldo também foi construído por Cláudio, que se inspirou no Fender Jazz Bass, o segundo modelo de

it was worn at another festival when she used a false belly to pretend she was pregnant and, in 1971, at the wedding ceremony with Arnaldo Baptista.

The tape recorder that appears in Rita's hand in the photo was intended for her to play the recording of Caetano Veloso's speech in "É Proibido Proibir" during the presentation and to record Sérgio saying "Danger! Danger! / Forbidding is forbidden / Collision route" on a cassette tape before the show. The reproduction of this audio at the end of "Caminhante Noturno" represented one of the first samples in the history of Brazilian music. It was remixed to make the voice sound like a robot. The inspiration was Robot B9 from "Lost in Space", a television series produced in the United States in the 1960's that tells the adventures of the Robinson family with B9 and Dr. Zachary Smith aboard the Jupiter 2 spacecraft. Arnaldo and Rita were addicted to films, series and science fiction books. Serginho's speech emerges above the vocals made by the trio and is followed by the sound of the boos received by Caetano Veloso at the FIC, held in Maracanãzinho, and the chorus of the audience shouting "Bicha!" ("Faggot!"). On top of a white cube on the stage, one can see the dishes used by Rita at some moments of the song.

Cláudio César does not appear in this cover photo of the second Mutantes album, but two of his creations are in it: used by Sérgio Dias, the Golden Guitar Regvlvs Raphael number I is a true work of art produced by the luthier; Arnaldo's double bass was also built by Claudio, inspired by the Fender Jazz Bass, the second electric bass model created by Leo Fender and

baixo elétrico criado por Leo Fender e introduzido no mercado na década de 1960. O "quarto Mutante" produziu o seu com a escala maior e, segundo ele, "com um som melhor". Ele também foi o autor do inusitado instrumento tocado por Rita, no qual ela nem encostava, mas o som saía mesmo assim: o theremin é tido como um dos primeiros instrumentos musicais completamente eletrônicos. Controlado pelo músico sem precisar de contato físico, ele foi patenteado pelo seu inventor, o russo Léon Theremin, em 1928, e esquecido durante anos até ser resgatado por sonoplastas hollywoodianos que passaram a usar o instrumento nas produções cinematográficas de ficção científica. Foi a primeira vez na história dos festivais brasileiros que um aparelho deste tipo incrementou o som de uma apresentação. No estúdio, durante a gravação de *Mutantes*, além desses instrumentos, o trio usou os amplificadores feitos pelo primogênito dos Dias Baptista, que sempre teve como objetivo intensificar o som dos Mutantes.

Cláudio César diz que, naquela época, o trio tinha uma potência mais de dez vezes maior do que a do aparato usado por Roberto Carlos. Para isso, utilizava, nos equipamentos que construía, frequências que não existiam em outros conjuntos e que, às vezes, o ouvido não era capaz de identificar, apenas de perceber a diferença entre um e outro. Sons que só se ouviam na natureza, em estradas (ou em lugar nenhum) estavam presentes na produção mutante. "Os Mutantes faziam o chão tremer sem precisar de alto volume de som", afirmou Cláudio em uma entrevista à revista Backstage, em 1995. Do quarto Festival

marketed in the 1960s. The "fourth mutant" produced his with the larger scale and, according to him, "with a better sound". He was also the author of the unusual instrument played by Rita, in which she did not even have to touch, but the sound would come out anyway: the theremin is regarded as one of the first fully electronic musical instruments. Controlled by the musician without the need of physical contact, it was patented by its inventor, the Russian Léon Theremin, in 1928, and forgotten for years until it was brought back by Hollywood sound effect engineers who began to use the instrument in science fiction movies. It was the first time in the history of the Brazilian festivals that a device of this type was used in a presentation. In the studio, during the recording of *Mutantes*, in addition to these instruments, the trio used amplifiers made by the eldest Dias Baptista, whose aim was to always intensify Mutantes' sound.

Cláudio César says that, at that time, the trio's sound power was more than ten times greater than that of the device used by Roberto Carlos. In order to do this, he used frequencies that did not exist in other sets, and that sometimes the ear could not identify, but only perceive the difference between one and the other. Sounds that were only heard in nature, on roads (or nowhere) were present in the "mutant" production. "Mutantes made the floor tremble without the need for a high volume," Cláudio said in an interview with Backstage magazine in 1995. The fourth Record TV Brazilian Popular Music Festival held in 1968 in São Paulo has Cláudio in the background of the stage steering the Heathkit Audio Generator, while Mutantes

da Música Popular Brasileira da Record, realizado em dezembro de 1968, restou a memória de Cláudio no fundo do palco pilotando o gerador de áudio Heathkit, enquanto os Mutantes apresentavam "2.001" acompanhados da dupla Gil e Giló – formada só para o festival por Gilberto Gil ao acordeon e Liminha na viola caipira – e de Dinho Leme na bateria. Essa criação de 1965 o auxiliava na potencialização da sonoridade.

Apesar de terem se conhecido e se esbarrado muito em 1967, nos encontros com o grupo formado pelos "tropicalistas" no Hotel Danúbio, onde Gil morava, ou no apartamento de Caetano Veloso, na Avenida São Luiz, a parceria de Rita Lee e Tom Zé aconteceu por acaso. Semanas antes do festival da Record, o então empresário dos baianos e dos Mutantes, Guilherme Araújo, entregou a ela a letra de uma canção chamada "Astronauta Libertado". Caetano e Gil haviam composto uma melodia, mas Tom Zé não gostou. Rita não só mudou o título da música para "2.001" como surpreendeu o baiano de Irará ao cantar com um sotaque caipira por cima de uma guitarra rock'n'roll. Para o nome, ela se inspirou no filme homônimo, "2001: Uma Odisseia no Espaço". A música fez sucesso no festival da Record e foi selecionada pelo grupo para entrar no repertório de seu segundo álbum, ganhando, no estúdio, o auxílio luxuoso da dupla Zé do Rancho & Mariazinha. Os futuros avós maternos de Sandy e Júnior (Zé e Maria eram os pais de Noely, que viria a se casar com Xororó) emprestaram viola, sanfona e voz para a canção. O mesmo theremin usado no festival também foi registrado em estúdio por Rita Lee.

performed "2.001" (Rita Lee and Tom Zé) accompanied by duo Gil e Giló – created just for the event by Gilberto Gil on the accordion and Liminha on the country guitar – and Dinho Leme on the drums. This 1965 creation helped potentialize the group's sound.

Although they had met and stumbled into each other frequently in 1967, in meetings with the group formed by the *tropicalistas* at the Danúbio Hotel where Gil lived, or in the flat of Caetano Veloso, at São Luiz Avenue, Rita Lee and Tom Zé's partnership happened by chance. Weeks before the Record festival, Guilherme Araújo, Mutantes' manager, gave her the lyrics of a song called "Astronauta Libertado" ("Freed Astronaut"). Caetano and Gil had composed a melody, but Tom Zé did not like it. Rita not only changed the title of the song to "2.001", but also surprised him, a Bahiano from the municipality of Irará, by singing with a country accent over a rock'n'roll guitar. As for the name, it was inspired by the film of the same name, "2001: An Odyssey in Space". The song was successful in the festival of Record and it was selected by the group to enter the repertoire of their second album. She received the honor of being assisted by the Brazilian country duo Zé do Rancho & Mariazinha. The future maternal grandparents of singers Sandy and Junior (Zé do Rancho and Mariazinha were the parents of Noely, who would later marry the singer Xororó and give birth to the duo) lent the country guitar, accordion and vocals to the song. The same theremin used in the festival was also recorded in the studio by Rita Lee.

In December 1968, Arnaldo, Sérgio and Rita began to speed up the production of the new album.

Ainda em dezembro de 1968, Arnaldo, Sérgio e Rita começaram a correr com a produção do novo álbum, afinal, a previsão de lançamento era fevereiro. Além das gravações do disco, eles fecharam o ano com chave de ouro, na 12ª edição do Troféu Imprensa, realizada no dia 17, em São Paulo: Os Mutantes venceram na categoria "Melhor Conjunto Musical" sobre o MPB–4, Os Incríveis e o Som Três. Em janeiro, eles viajariam para a França após serem convidados a se apresentarem no MIDEM (Mercado Internacional de Discos e Editores Musicais). O evento acontece todo ano na cidade de Cannes desde 1967 e reúne executivos do mercado da música e artistas levados por eles para apresentações e negociações. Com Dinho, Duprat e Guilherme Araújo em sua entourage, os Mutantes viajaram junto com Edu Lobo, Elis Regina e Chico Buarque. Também iriam Sérgio Mendes, vindo dos Estados Unidos com o álbum *The Fool on the Hill*, o quarto com seu grupo Brasil '66, e Roberto Carlos, representando o brasileiro com maior sucesso de vendagem de 1968. Se não estivesse preso, Gilberto Gil iria para apresentar a sua "Bat Macumba", acompanhado dos Mutantes. Mas ninguém tinha notícias dele e, como o show tinha que continuar, o trio embarcou preocupado, mas certo de que teria que fazer bonito na apresentação de "Caminhante Noturno". A mídia foi receptiva e os Mutantes saíram de lá como "Les Mutants du Brésil: Nouvelle tendences, nouvelles idées, nouvelle vie" (Os Mutantes do Brasil: Novas tendências, novas ideias, nova vida).

Toninho Peticov, ex-empresário do O'Seis, acompanhou os meninos de forma inusitada. Ele

After all, the release was scheduled for February. In addition to recording the album, they finished the year with a bang at the 12th edition of the Troféu Imprensa (Press Award), held on July 17 in São Paulo: Mutantes won in the "Best Ensemble" category, on MPB–4, Os Incríveis and Som Três groups. In January, they traveled to France after being invited by their label to perform at MIDEM (International Music and Records Market). The event takes place every year in the city of Cannes since 1967 and brings together music market executives and artists brought by them for presentations and negotiations. With Dinho, Duprat and Guilherme Araújo in their entourage, Mutantes traveled together with Edu Lobo, Elis Regina and Chico Buarque. Sérgio Mendes also went from the United States with *Fool on the Hill*, the fourth album with his group Brasil '66, and Roberto Carlos, representing the Brazilian best selling artist in 1968. Gilberto Gil would have gone and played "Bat Macumba" accompanied by Mutantes, if he had not been arrested. But no one heard from him and as the show had to go on, the trio embarked worried, but certain they would have to do an outstanding performance with "Caminhante Noturno". The french media were receptive and the Mutantes left the country as "Les Mutants du Brésil: nouvelle tendences, nouvelles idées, nouvelle vie" (The Mutants of Brazil: new trends, new ideas, new life).

Toninho Peticov, a former O'Seis manager, accompanied the kids in unusual ways. He decided to spend the money he received from the end of a partnership in a poster shop he owned at Rua Augusta in 1967 on the trip, which would start at Cannes. After

decidiu gastar em uma viagem, que começaria por Cannes, o valor de uma indenização pelo fim de uma sociedade em uma loja de pôsteres, que tinha aberto na Rua Augusta, em 1967. Depois da França, ele seguiria para outras praças. Peticov aproveitou que Dinho ficaria sozinho em um quarto de hotel para, clandestinamente, dividir o espaço com ele. Arnaldo e Rita celebraram a primeira chance que tiveram, desde que começaram a namorar, de dormir juntos em um quarto de hotel. Da França, o grupo foi para Inglaterra conhecer a terra dos Beatles e, depois, para Portugal, onde iam se apresentar. A passeio, foram ainda aos Estados Unidos ver shows e conhecer o país. Em Londres, eles piraram tanto com o musical "Hair" que acabaram revendo quando chegaram em Nova York.

Em menos de duas semanas, o trio gravou seu segundo álbum novamente sob produção de Manoel Barenbein e, mais uma vez, no estúdio Scatena com seus quatro canais. Agora com três técnicos intercalando turnos, os veteranos Stelio Carlini e José Carlos Teixeira e o jovem João Kibelskis, eles registraram as composições que já tinham – "Mágica", "Caminhante Noturno" e "Dom Quixote" – e trataram de compor ou ensaiar as outras que entrariam no repertório. No encarte original, eles aparecem só como João, José Carlos e Stelio. Na reedição do álbum em CD é que os sobrenomes são resgatados. O alemão João Kibelskis se chama, na verdade, Gunther Johann Kibelsktis, mas foi apelidado João pela dificuldade que seus colegas de trabalho tinham em pronunciar seu nome. O "t" do sobrenome foi suprimido. Continuando a brincadeira, no álbum *Mutantes e seus Cometas no País do*

France, he would go to other places. Peticov took advantage of Dinho having his own hotel room to clandestinely share the space with him. Arnaldo and Rita celebrated their first chance of sleeping together in a hotel room since they started dating. From France, the group went to England to visit the land of the Beatles and then to Portugal, where they would perform. On the tour, they went to the United States to see shows and get to know the country. In London, they got so crazy about the hit musical "Hair" that they ended up watching it again when they arrived in New York.

In less than two weeks, the trio recorded their second album again under the production of Manoel Barenbein and, once again, in the studio Scatena. Now with three technicians working in shifts, veterans Stelio Carlini and José Carlos Teixeira and young João Kibelskis, they recorded the songs they had already composed – "Mágica" ("Magic"), "Caminhante noturno" and "Dom Quixote" ("Don Quixote") – and tried to write or rehearse the others that would enter the repertoire. In the original booklet, they appear only as João, José Carlos and Stelio. Only in the reissue of the album on CD their last names were included. German John Kibelskis is actually Gunther Johann Kibelsktis, but he was nicknamed John because of the difficulty his co-workers had in pronouncing his name. It is also noticeable that the "t" of his family name had been deleted. Continuing the joke, in the album *Mutantes and his Comets in the Country of the Baurets* (1972), they signed the name of the technician as João Fritz. João or Gunther had a lot of rapport with Barenbein; he had worked with Brazilian names like Cartola, Luiz

Baurets (1972), eles assinaram o nome do técnico como João Fritz. João ou Gunther tinha muita afinidade com Barenbein, trabalhou com nomes como Cartola, Luiz Gonzaga, Caetano e Gil, e seguiu atuando em álbuns dos paulistanos com quem ele, um ano mais novo que Rita, regulava de idade. *Mutantes* foi o segundo álbum dos Mutantes e o primeiro a ter Dinho Leme – ou, como é creditado no encarte, Sir Ronaldo I Du Rancharia pelo fato de ter vindo de Rancharia, uma cidade do interior paulista – como baterista e Cláudio César como instrumentista ("Régulus").

Lançado em fevereiro de 1969, o álbum abre com "Dom Quixote", composição de Arnaldo e Rita apresentada pelo trio no quarto Festival da Música Popular Brasileira da Record. Em estúdio, a introdução da canção ganhou uma citação à ópera "Aída", de Giuseppi Verdi. Ao final, o trio imita Chacrinha buzinando e substituindo a famosa "Teresinha" que o Velho Guerreiro vivia chamando em seu programa, na televisão, pelo nome do herói que inspira a música: "Palmas para Dom Quixote que ele merece! Quixote, uh, uh!" E encerram com um violino citando "Disparada" – composição de Théo de Barros e Geraldo Vandré (desafeto do trio), defendida por Jair Rodrigues no segundo Festival da Música Popular Brasileira de 1966 – e gargalhando. Venerado por todos os tropicalistas, o apresentador já havia sido celebrado pelos Mutantes também no palco do Teatro Record, quando eles apresentaram "Dom Quixote" com Serginho vestindo uma roupa do Chacrinha, com buzina e tudo, emprestada por ele mesmo. Arnaldo usou uma armadura prateada, com direito ao elmo

Gonzaga, Caetano Veloso and Gilberto Gil and he continued working on albums of the *paulistanos*, the singers from São Paulo. He was a year younger than Rita. *Mutantes* was the second album of the band and the first to have Dinho Leme – or, as he is credited in the insert, Sir Ronaldo I Du Rancharia due to the fact that he came from the country town of Rancharia, in the state of São Paulo – as a drummer and Cláudio César as an instrumentalist ("Régulus").

Released in February 1969, the album opens with "Dom Quixote," song written by Arnaldo and Rita and presented by the trio in the fourth Record TV's Festival of Brazilian Popular Music. In the studio, the introduction of the song earned a quote to Giuseppi Verdi's opera "Aída". In the end, the trio imitates the TV host Chacrinha honking and replacing the famous "Teresinha" that Velho Guerreiro (Chacrinha's nickname, "Old Warrior") used to call in his TV program by the name of the hero who inspired the song: "A round of applause for Don Quixote because he deserves it! uh!"; and they close with a violin playing "Disparada" – song by Théo de Barros and Geraldo Vandré (disliked by the trio), sung by Jair Rodrigues in the second Festival of Brazilian Popular Music in 1966 – and laughing. Worshipped by all *tropicalistas*, the host had already been celebrated by Mutantes also on the stage of Teatro da Record (the theater of Record TV), when they presented "Dom Quixote" with Serginho wearing Chacrinha's clothes, even with his typical horn, lent by Chacrinha himself. Arnaldo wore silver armor, with all the components, even a helmet, which impaired his movements to some extent, and Rita entered the stage

na cabeça, que atrapalhou um pouco seus movimentos, e Rita entrou no palco fantasiada de Dulcinéia, a personagem feminina a qual Quixote vive à procura no romance do castelhano Miguel de Cervantes, que inspirou a composição.

A letra original de "Dom Quixote" sofreu cortes uma semana antes do festival ao passar pelo Serviço de Censura de Diversões Públicas do Departamento de Polícia Federal, em Brasília. Em tempos de ditadura, os versos "dia há de chegar / e a vida há de parar / Para o Sancho descer / pro Quixote vencer" e "armadura e espada a rifar" foram "entendidos" como uma conspiração contra o governo do país e uma crítica ao exército brasileiro. No palco, eles não cantaram os trechos. No estúdio, cortaram apenas "pro Quixote vencer". Já integrado com os humores dos Mutantes, o maestro Rogério Duprat incluiu no seu arranjo de orquestra queixada de burro, berimbau e outras percussões típicas da MPB. A graça era o deboche que ele estava tentando fazer de grupos como Momento Quatro e Canto 4, que considerava caretas.

Com Duprat trazendo menos sua orquestra para este álbum do que para o anterior e fechando o repertório sem qualquer parceria com Caetano ou Gil, os Mutantes se tornaram mais independentes de toda a aura do movimento tropicalista. Da turma toda, só quem aparece mais em *Mutantes* é Tom Zé, em "2.001" e em "Qualquer Bobagem", que escreveu junto ao trio. Cláudio César também tomou mais liberdade para incrementar o som dos irmãos, de Rita e até de Duprat no estúdio. Ele eletrificou uma harpa e o violoncelo do maestro, e ajudou Rita a usar o theremin em várias

dressed as Dulcinea, the female character that Quixote is looking for in the novel by the Castilian Miguel de Cervantes, who inspired the song.

The original lyrics of "Dom Quixote" were edited one week before the festival when they went through the Public Entertainment Censorship Service of the Federal Police Department in Brasilia, the nation's capital. In times of dictatorship, the verses "day will come / and life will stop / for Sancho to descend / for Quixote to win" and "raffling armor and sword" were "understood" as a conspiracy against the government of the country and a criticism of the Brazilian army. They did not sing the excerpts onstage that day. In the studio, they only cut "for Quixote to win." Already integrated with Mutantes' sense of humor, maestro Rogério Duprat included a jawbone, a berimbau and other typical MPB percussion instruments in his orchestra arrangements. He was trying to make fun of groups such as Momento Quatro and Canto 4, which he considered uncool.

With Duprat bringing his orchestra less to this album than to the previous one and closing the repertoire without any partnership with Caetano or Gil, Mutantes became more independent from the whole *tropicalista* movement aura. Tom Zé is the member of the group who appears the most in *Mutantes*, in "2.001" and "Qualquer Bobagem" ("Any Nonsense"), which he wrote with the trio. Cláudio César also took the liberty to improve his brothers, Rita's and even Duprat's sound even more in the studio. He electrified a harp and the maestro's cello and helped Rita use the theremin in several songs, including a Rolling Stones-like version

músicas, inclusive na leitura à la Rolling Stones de "Banho de Lua", sucesso resgatado de 1959 que, antes interpretado por Celly Campello durante o primeiro movimento de rock brasileiro (pré-Jovem Guarda), ganhou ares mais modernos e a citação, através da guitarra de Sérgio, ao refrão de "Satisfaction", do grupo inglês. Outra evolução apresentada pelo "quarto Mutante" foi o primeiro pedal wah-wah que ele construiu. Feito para distorcer o som da guitarra seguindo a linha Jimi Hendrix de se tocar, o aparelho foi além das expectativas e ganhou o nome de wooh-wooh, permitindo que Sérgio pudesse inventar um novo som ao gravar "Dia 36". Esta canção foi uma parceria com Johnny Dandurand, aquele hippie norte-americano que fugiu do serviço militar de seu país e apareceu berrando quando Caetano Veloso apresentava "É Proibido Proibir" no terceiro Festival Internacional da Canção Popular.

A influência dos Beatles é perceptível em quase todo o álbum, mas especialmente a faixa "Rita Lee", um rock com clima de Velho Oeste totalmente inspirado por "Ob-la-di Ob-la-da", mostra a paixão que eles nutriam pelo quarteto britânico. Se em todo o início da carreira dos Mutantes essa admiração era mais visível, agora ela vinha se misturando a novas descobertas, como a de Hendrix. The Who também era algo que vinham escutando, tanto que Arnaldo copiou, em "Qualquer Bobagem", o jeito de cantar de Roger Daltrey em "My Generation", gaguejando em algumas palavras. Num esquema meio Beatles também, com vocais no refrão e tudo, "Não Vá se Perder por Aí" foi composta por Raphael Vilardi e Roberto Loyola,

of "Banho de Lua" ("Moon Bath"), a hit recovered from 1959 which was previously performed by Celly Campello during the first movement of Brazilian rock (before Jovem Guarda), was modernized by Sérgio's guitar playing the chorus of the English band's "Satisfaction". Another evolution presented by the "fourth Mutant" was the first wah-wah pedal he built. Made to distort the guitar sound by following Jimi Hendrix style, the device performed beyond expectations and gained the name of wooh-wooh, allowing Sérgio to invent a new sound when recording "Dia 36" ("Day 36"). This song was a partnership with Johnny Dandurand, the American hippie who had escaped from the military service of his country and appeared screaming when Caetano Veloso presented "É Proibido Proibir" in the Third International Popular Song Festival.

The influence of the Beatles is noticeable throughout most of the album, but especially the track "Rita Lee," a Wild West-style rock song completely inspired by "Ob-la-di Ob-la-da," showing the passion they had for the British foursome. If at the beginning of Mutantes' career this admiration was more visible, it then began to mingle with new discoveries, like Hendrix. They also had been listening to The Who, so much so that Arnaldo copied Roger Daltrey's style in "My Generation" by stuttering of a few words in the song "Qualquer Bobagem". In sort of a Beatleesque style style as well, with vocals in the chorus and other elements, Raphael Vilardi and Roberto Loyola, who were part of the previous Arnaldo bands, wrote "Não Vá Se Perder Por Aí" ("Don't Go Around Getting Lost"). The comparison was made first by Veja, a

que fizeram parte das bandas anteriores de Arnaldo. A comparação foi feita primeiramente pela revista Veja, que, na última semana de fevereiro enalteceu os Mutantes em relação ao recém-lançado álbum com trilha sonora do desenho animado "Yellow Submarine": "Enquanto os Beatles lançam um álbum bem comportado, de rock açucarado, com lindos efeitos de cordas e cravos, três jovens brasileiros, com a média de vinte anos de idade, surgem com um novo LP e conseguem, através do humor e da total desmistificação, ampliar efetivamente os limites da música".

Em uma edição de O Globo de março de 1969, o grupo – Arnaldo com 20 anos, Rita com 21 e Sérgio, com 18 – refutou as constantes comparações com os colegas britânicos: "Essa história de chamar a gente de Beatles brasileiros não dá pé. Queremos ser apenas os Mutantes. Não copiar ninguém", declarou Arnaldo logo que chegaram de viagem. Ao que Rita completou: "Achamos os Beatles geniais, mas não queremos ser confundidos com o seu estilo, aliás, muito original. Temos o nosso e, aliás, é só isso que queremos".

Em sua autobiografia, lançada em 2017, Rita Lee conta que, durante as gravações deste álbum, o trio decidiu assinar todas as músicas juntos. Houve um desentendimento porque os irmãos Dias Baptista queriam colocar Cláudio César no mesmo bolo, mas a única que não era da família disse não. No livro, ela entrega algumas informações sobre as parcerias: nem ela compôs alguma coisa em "Algo Mais" nem Arnaldo e Sérgio tiveram qualquer participação na criação de "Fuga nº II". Incluída lá pelo meio do disco, "Algo Mais" foi uma manobra arriscada do grupo. O

Brazilian magazine, which in the last week of February praised Mutantes over the recently released "Yellow Submarine" soundtrack album: "While the Beatles are releasing a well-behaved album of sugary rock, with beautiful string and harpsichord effects, three young Brazilians, around twenty years old, came up with a new LP and managed, through humor and total demystification, to effectively extend the limits of music."

In a March 1969 issue of O Globo newspaper, Arnaldo, 20, Rita, 21, and Sérgio, 18, refuted the constant comparisons with the British colleagues: "This thing of calling us the Brazilian Beatles is no good. We want to be just Mutantes, we are not copying anyone," declared Arnaldo Baptista as soon as they arrived. To which Rita Lee completed: "We find the Beatles cool, but we do not want to be mixed up with their very original style. We have ours and, by the way, that's all we want".

In her autobiography, released in 2017, Rita Lee says that during the recordings of this album, the trio decided to sign all the songs together as co-authors. There was a disagreement because the brothers Dias Baptista wanted to put Cláudio César in the same boat, but the only one who was not part of the family said no. In the book, she gives some information about the partnerships: she did not write anything in "Algo Mais" ("Something More") nor did Arnaldo and Sérgio have any participation in the creation of "Fuga nº II" ("Escape no. II"). Included in the middle of the album, "Algo Mais" was a risky move from the group. The rock song, in fact, was written by the band as an advertising jingle for a campaign by Shell, a multinational

rock, na verdade, foi composto pela banda como um jingle publicitário para uma campanha da Shell, multinacional petrolífera que os contratou como garotos-propaganda de diversos anúncios que seriam veiculados na TV e de histórias em quadrinhos criadas para serem publicadas em jornais e revistas a partir de 1969. Música feita para propaganda era considerada uma atividade inferior, mas os Mutantes não ligavam para preconceitos. Até porque o combinado era atuarem como eles mesmos, sem falas, só contando historinhas. Seus contratantes é que ficaram com medo de todo o esforço de produção de um disco sofrer críticas e ir por água abaixo, e acabaram pedindo a Nelson Motta para reforçar a atitude despojada dos Mutantes em um texto, publicado na contracapa do disco:

> "As imagens de 2001 cada vez se tornam mais vida e menos sonho (ou pesadelo). A cada dia, nas voltas mais rápidas do mundo, mudam os conceitos, muda o sentido das coisas, muda a direção das emoções e a arte caminha cada vez mais livre, pelos mais estranhos e impossíveis caminhos. Ficou longe o dia da 'Arte', e o mundo moderno decretou as inevitáveis ligações arte-consumo, arte-comunicação, arte-indústria, arte-massa, arte-utilidade: Mutantes.
>
> Com raro sentido de invenção e liberdade, eles compuseram um jingle para a Shell. É preciso ter coragem de ouvir claro e saber com certeza que

oil company that hired the trio as ad boys for various TV ads and for comic books designed to be published in newspapers and magazines from 1969. Music made for advertising was considered an inferior activity, but Mutantes did not care about the prejudice, because the agreement was that they would act as themselves, without speaking, only performing. Their contracting party were the ones afraid that all the effort to produce a record would undergo criticism and fail and ended up asking Nelson Motta to reinforce the bold attitude of Mutantes in a text published on the back cover of the album:

> "The images of 2001 increasingly become more life-like and less like a dream (or nightmare). Each day, in the faster turns of the globe, concepts change, the direction of things change, the direction of emotions change and art moves ever freer, in the most strange and impossible ways. The time of 'Art' is distant now and the modern world has dictated the inevitable links between art-consumption, art-communication, art-industry, art-mass, art-utility: Mutantes.
>
> With a rare sense of inventiveness and freedom, they composed a jingle for Shell. It takes courage to listen clearly and to know for sure that sound is new, clean, inventive and free. But there are still a lot of people who shiver when they hear the word jingle and are

aquele som é novo, limpo, inventivo e livre. Mas ainda há muita gente que tem arrepios ao ouvir a palavra jingle e se horroriza com a ideia de ganhar dinheiro com música, embora ganhe muito dinheiro com música.

Quem vive numa sociedade de consumo tem duas alternativas: ou participa ou é devorado por ela. Não há saída fora desta opção. O jingle dos Mutantes, que prefiro chamar simplesmente de 'música', é infinitamente melhor que a maioria das canções que andam pelas praças e paradas. Por que não gravá-lo em disco?

Eles gravaram, sem orgulho ou vergonha, normalmente, como uma música qualquer. A intenção com que foi feita, pouco importa, o que vale é o som final. Além de cumprirem os objetivos de promoção de vendas, de imagem pública da Shell e de divulgação de uma marca, eles estão colaborando para a música brasileira contemporânea, com grandeza e competência".

O trio não sofreu qualquer crítica. Nos filminhos, teve Dom Quixote (Arnaldo) e Sancho Pança (Sérgio) combatendo moinhos de vento nas dunas de Cabo Frio; Rita Lee de odalisca em um "deserto" percorrido pelos irmãos sedentos Arnaldo e Sérgio; Rita de noiva fugindo de Sérgio e pulando no carro do amado; e Sérgio de frentista abastecendo o carro

horrified at the idea of making money with music, even though they do make a lot of money with music.

Those who live in a consumer society have two alternatives: either they participate or are devoured by it. There is no way out of this option. Mutantes' jingle, which I prefer to call simply 'music,' is better, infinitely better than most of the songs that are played at squares and shows. Why not record it?

They recorded, without pride or shame, like any other song. The intention with which it was made, it matters little, what counts is the final sound. In addition to complying with Shell's sales promotion, public image and brand promotion goals, they are collaborating to contemporary Brazilian music with greatness and competence."

The trio was not criticized. In the short videos, there was Don Quixote (Arnaldo) and Sancho Panza (Sérgio) fighting windmills in the Cabo Frio dunes, a beach city in the state of Rio de Janeiro, Rita Lee as a belly dancer in a "desert" explored by the thirsty brothers Arnaldo and Sérgio, Rita as a bride fleeing from Sérgio and jumping into her beloved's car, and Sérgio as a gas station attendant refueling the car of the couple Arnaldo and Rita. The campaign lasted. Even some excerpts from "Caminhante Noturno," "Dom Quixote," and "Não Vá Se Perder Por Aí" were used in other commercials that Shell produced. In addition to

do casal. E a campanha durou. Alguns trechos de "Caminhante Noturno", "Dom Quixote" e "Não Vá se Perder por Aí" foram usados em outros comerciais da Shell. Além do ótimo cachê que receberam, NCr$ 100 mil (R$ 1,6 milhão, atualizados), os Mutantes ganhavam em divulgação. A composição de Raphael Vilardi e Roberto Loyola ainda foi parar na trilha sonora da novela "Beto Rockfeller", exibida pela TV Tupi entre 1968 e 1969, engordando a arrecadação do grupo.

A contracapa de *Mutantes* foi mais elaborada do que a capa. Para construir os alienígenas da foto, os três rodaram São Paulo atrás de material. Na Rua Augusta, o trio, junto a um maquiador da TV Bandeirantes, comprou o que precisava para produzir as fantasias. A inspiração era o episódio "O Sexto Dedo", da série de televisão americana "The Outer Limits" (no Brasil, traduzida como "Quinta Dimensão"), sobre um cientista que contrata um mineiro para ser cobaia de um experimento com o objetivo de acelerar a evolução em 20 mil anos. Como resultado, há uma transformação física em que a cabeça fica como a de um extraterrestre e a mão ganha mais um dedo. Para fazer a cabeça protuberante, Rita, Arnaldo e Sérgio vestiram partes de bolas de futebol de plástico pintadas e com barbantes colados, que davam a impressão de serem veias. O sexto dedo foi feito com massa de modelar. A foto é de Cynira Arruda, que assistiu a uma cena inusitada. Os três "alienígenas" saíram no jipe de Rita pelas ruas da cidade ao final da sessão. Quem via, não entendia nada. A foto se encontra na parte superior da contracapa, com o crédito. O do fotógrafo da capa, Richard Sasso, não aparece em lugar nenhum.

the high sum they received for all the work, NCr$ 100 thousand (updated to R$ 1.6 million or US$414,000), Mutantes received media exposure. The composition of Raphael Vilardi and Roberto Loyola, "Não Vá Se Perder por Aí" even ended up in the soundtrack of the soap opera "Beto Rockfeller," broadcasted on Tupi TV from November 1968 to November 1969, adding to the earnings of the band.

The back cover of *Mutantes* was more elaborate than the cover itself. In order to make the aliens in the photo, they had to move around São Paulo for the material. In Augusta Street, the trio, together with a makeup artist from Bandeirantes TV, bought everything they needed to produce the costumes. The inspiration was the episode "The Sixth Finger" from the American TV series "The Outer Limits," about a scientist who hires a miner to be a guinea pig for an experiment with the objective of speeding up evolution in 20 thousand years. As a result, there is a physical transformation in which the head is like an alien and the hand gains an extra finger. To make the protruding heads, Rita, Arnaldo, and Sérgio wore pieces of painted plastic soccer balls with glued ribbons that looked like veins. The sixth finger was made with modeling clay. Cynira Arruda took the photo and witnessed an unusual scene. The three "aliens" left in Rita's jeep through the city streets at the end of the session. Whoever saw it did not understand anything. Cynira's photo is at the top of the back cover, credited. The credits from Richard Sasso, the cover photographer, do not show up anywhere.

Tracklist: Mutantes

1 Dom Quixote Arnaldo Baptista e Rita Lee 3:54
2 Não Vá se Perder por Aí Roberto Lafayette Loyola e Raphael Thadeu Vilardi da Silva 3:16
3 Dia 36 Johnny Dandurand e Mutantes 4:01
4 2.001 Tom Zé e Rita Lee 3:57
5 Algo Mais Rita Lee, Sérgio Dias e Arnaldo Baptista 2:38
6 Fuga nº II Arnaldo Baptista, Rita Lee e Sérgio Dias 3:42
7 Banho de Lua (Tintarella di Luna) Franco Migliacci e Bruno De Filippi – Versão: Fred Jorge 3:41
8 Rita Lee Rita Lee, Sérgio Dias e Arnaldo Baptista 3:10
9 Mágica Arnaldo Baptista, Rita Lee e Sérgio Dias 4:38
10 Qualquer Bobagem Tom Zé e Mutantes 4:37
11 Caminhante Noturno Rita Lee e Arnaldo Baptista 5:11

mutantes

LPNG 44.026

As imagens de 2001 cada vez se tornam mais vida e menos sonho (ou pesadelo). A cada dia, nas voltas mais rápidas do mundo, mudam os conceitos, muda o sentido das coisas, muda a direção das emoções e a arte caminha cada vez mais livre, pelos mais estranhos e impossíveis caminhos. Ficou longe o dia da "Arte", e o mundo moderno decretou as inevitáveis ligações arte-consumo, arte-comunicação, arte-indústria, arte massa, arte-utilidade: Mutantes.

Com raro sentido de invenção e liberdade êles compuseram um jingle para a Shell. É preciso ter coragem de ouvir claro e saber com certeza que aquêle som é nôvo, limpo, inventivo e livre. Mas ainda há muita gente que tem arrepios ao ouvir a palavra jingle e se horroriza com a idéia de ganhar dinheiro com música, embora ganhe muito dinheiro com música.

Quem vive numa sociedade de consumo tem duas alternativas: ou participa ou é devorado por ela. Não há saída fora desta opção. O jingle dos Mutantes, que prefiro chamar simplesmente de "música", é melhor, infinitamente melhor, que a maioria das canções que andam pelas praças e paradas. Por que não gravá-lo em disco?

Êles gravaram, sem orgulho ou vergonha, normalmente, como uma música qualquer. A intenção com que foi feita, pouco importa, o que vale é o som final. Além de cumprirem os objetivos de promoção de vendas, de imagem pública da Shell e de divulgação de uma marca, êles estão colaborando para a música brasileira contemporânea, com grandeza e competência.

NELSON MOTTA

lado 1

1 — **DOM QUIXOTE**
2 — **NÃO VÁ SE PERDER POR AÍ**
3 — **DIA 36**
4 — **2.001**
5 — **ALGO MAIS**
6 — **FUGA N. II DOS MUTUANTES**

lado 2

1 — **BANHO DE LUA**
2 — **RITTA LEE**
3 — **MÁGICA**
4 — **QUALQUER BOBAGEM**
5 — **CAMINHANTE NOTURNO**

COMPANHIA BRASILEIRA DE DISCOS

ficha técnica

baterista:
"Sir Ronaldo I du Rancharia"

arranjos:
Mutantes

arranjos de orquestra:
Rogério Duprat

instrumentos eletrônicos:
Claudio (Régulus)

estúdio:
Scatena

técnicos:
João, José Carlos e Stélio

leiaute:
Lincoln

direção da produção:
Manoel Barenbein

mutantes
polydor
a divina comédia ou

A Divina Comédia ou Ando Meio Desligado

1970

Em março de 1969, assim que os Mutantes chegaram da magnífica viagem que fizeram pela Europa e pelos Estados Unidos, onde compraram até crachás da PanAm que lhes reservavam o lugar em um dos primeiros voos comerciais à Lua, já foram logo começando a pensar em um novo disco. "A partir desta semana, Rita, Arnaldo e Sérgio, os Mutantes, voltarão a fazer o que eles chamam de 'brincar em estúdio': cada um deles brigando e descobrindo os defeitos e qualidades dos outros, cantando e tocando, procurarão criar novas letras e músicas", publicou o Jornal do Brasil no início de abril. Defendendo os Mutantes como o "único (conjunto) que tem procurado compor músicas, nas quais tentam fazer pesquisas de sons e de instrumentos" e "os primeiros que procuraram sair do esquema batido dos outros", a reportagem tentou definir cada um deles: "Rita é a vida do conjunto, e ele não poderia existir sem a sua presença"; "Arnaldo é quem dá apoio nos ensaios, quando todo mundo está pifando"; e "Sérgio

In March 1969, as soon as the Mutantes arrived from their magnificent trip to Europe and the United States, where they bought PanAm badges that reserved their place on one of the first commercial flights to the Moon, they were soon beginning to think of a new record. "From this week on, Rita, Arnaldo and Sérgio, the Mutantes, will return to what they call 'messing around in the studio': each of them, fighting and discovering each other's strengths and weaknesses, singing and playing, will try to create new lyrics and songs," reported Jornal do Brasil newspaper in early April. Defending Mutantes as the "only band which has sought to write songs in which they try to research for sounds and instruments" and "the first ones who tried to go down the road less traveled by," the report tried to define each one of them: "Rita is the life of the group, and it could not exist without her presence"; "Arnaldo is the one who gives support in rehearsals, when everyone is getting tired"; and "Sérgio is the one who holds down the sound of the other instruments

é quem segura, nas apresentações, o som dos outros instrumentos com a sua guitarra". A confiança que uns tinham nos outros foi fundamental para o trio dar início ao seu novo projeto, *A Divina Comédia ou Ando Meio Desligado*, que só seria lançado um ano depois, em março de 1970, após muitas novas experiências e algumas turbulências.

Neste primeiro semestre, além de se verem o tempo todo nas propagandas da Shell e de serem a atração principal de uma temporada na Feira de Utilidades Domésticas (o desfile-show promovido pela Rhodia para apresentar suas coleções masculina e feminina para o inverno de 69), os Mutantes fizeram muitos shows. Depois do MIDEM, que ainda rendeu uma "apresentação" no metrô em Paris e um concerto no Teatro Villaret em Lisboa, rolou uma turnê pelo Brasil, onde eles cumpriram datas em clubes, boates, auditórios e teatros de São Paulo, Rio de Janeiro, Porto Alegre e Belo Horizonte. Na terceira semana de julho de 1969, quando a missão norte-americana Apollo 11 fazia história ao ser a primeira nave tripulada a pousar na Lua, Caetano Veloso e Gilberto Gil subiam ao palco do Teatro Castro Alves, em Salvador, para apresentar o concerto de despedida e os Mutantes estreavam o espetáculo "Planeta dos Mutantes" no Teatro Casa Grande, no Rio. Com título influenciado pelas viagens interplanetárias que estavam na moda naquele momento, o musical também foi inspirado em "Hair", ícone da contracultura, a que o grupo havia assistido duas vezes durante a viagem, em Londres e em Nova York. "Planeta dos Mutantes" reuniu canções do álbum de 1969 – "Dom Quixote", "Fuga nº

with his guitar in the performances". Their trust in each other was crucial for the trio to launch their new project, *A Divina Comédia ou Ando Meio Desligado ("The Divine Comedy or I Feel a Little Spaced Out")*, which would only be released a year later in March 1970 after many new experiences and some turbulence.

In the first half of the year, in addition to being seen all the time in Shell's advertisements and to being the main attraction of a season at the Domestic Utilities Fair (Rhodia's fashion music show to present its male and female collections for the winter of '69), Mutantes performed many concerts. After the MIDEM, when they even took the chance to "perform" on the subway in Paris and at a concert at the Villaret Theater in Lisbon, they toured throughout Brazil, where they did gigs in recreation centers, nightclubs, auditoriums and theaters in São Paulo, Rio de Janeiro, Porto Alegre, and Belo Horizonte. In the third week of July 1969, when the American Apollo 11 mission made history as the first manned spacecraft to land on the Moon, Caetano Veloso and Gilberto Gil were on the stage of the Castro Alves Theater in Salvador to perform the farewell concert and Mutantes debuted the "Planeta dos Mutantes" ("Planet of the Mutants") show at the Casa Grande Theater in Rio. With a title influenced by the interplanetary trips that were fashionable at that time, the musical was also inspired by "Hair," icon of the counterculture movement, which the group had watched twice during their trip to London and to New York. "Planeta dos Mutantes" united songs from the 1969 album "Dom Quixote" ("Don Quixote"), "Fuga nº II" ("Escape no. II") and "Caminhante Noturno"

II" e "Caminhante Noturno" – e lançou "Quem Tem Medo de Brincar de Amor" (Arnaldo Baptista e Rita Lee) e "Ando Meio Desligado" (Rita Lee, Sérgio Dias e Arnaldo Baptista). Esta última logo teve que ser retirada do roteiro, pois foi classificada para um festival que tinha como exigência o ineditismo das músicas inscritas. Não houve sucesso de bilheteria e a crítica foi controversa. O jornal Correio da Manhã, em agosto de 1969, qualificou o musical como excelente em uma matéria intitulada "Um planeta terrivelmente jovem". Já o Jornal do Brasil lamentou que o trio não tivesse "um Rogério Duprat teatral".

Afastados dos tropicalistas e, mais do que nunca, andando com suas próprias pernas, Arnaldo, Sérgio e Rita queriam mostrar que, além de não serem só músicos de apoio (o que foi atestado após o lançamento do segundo álbum), também não eram três jovens alienados. Na produção, eles cantavam, dançavam (com coreografia de Maria Esther Stockler), atuavam e assinavam o roteiro em parceria com o cineasta José Agripino de Paula. Sérgio segurava as bases com sua guitarra virtuose. Rita tocava seu theremin e fazia todas as graças que já gostava de fazer também longe dos holofotes. Arnaldo, além de tocar baixo, testava o órgão Vox trazido dos Estados Unidos. A colagem de cenas abordava temas atuais como a conquista do espaço, sexo, ficção científica e transplantes de órgãos. Este último era um dos assuntos mais abordados pela ciência na época, devido ao pioneirismo do Dr. Christiaan Barnard, médico que fez o primeiro transplante de coração do mundo em 1967. No entanto, eles também aprontavam umas

("Night Walker") – and released "Quem tem Medo de Brincar de Amor" ("Who is Afraid of Playing with Love," from Arnaldo Baptista and Rita Lee) and "Ando Meio Desligado" ("I Feel a Little Spaced Out," written by Rita Lee, Sérgio Dias and Arnaldo Baptista). The latter had to be removed from the script, as it had a positive classification in a festival that only accepted unreleased songs. The musical was unsuccessful in the box office financially and criticism was controversial. The newspaper Correio da Manhã, in August 1969, graded the show as excellent in an article entitled "Um planeta terrivelmente jovem" ("A Terribly Young Planet"). Jornal do Brasil, shortly after the premiere, regretted that the trio did not have "a theatrical Rogério Duprat".

Detached from the *tropicalistas* and, more than ever, riding on their own, Arnaldo, Sérgio and Rita wanted to show that, besides not being only support musicians (which was proved after the release of the second album), they were also not three alienated young people. In the production process, they sang, danced (with choreography by Maria Esther Stockler), acted and wrote the script in a partnership with filmmaker José Agripino de Paula. Sérgio provided a firm basis with his virtuoso guitar. Rita played her theremin and enjoyed performing the way she always did away from the spotlight too. Arnaldo, in addition to playing bass, tested the Vox organ brought from the United States. The collage of scenes covered current topics such as space exploration, sex, science fiction, and organ transplants. The latter was one of the subjects most approached by science at the time, due to the pioneering of Dr. Christiaan Barnard, physician who

que assustavam até os menos conservadores – como jogar objetos na plateia e levar fígado de galinha ao palco. Isso pode ter afastado o público em potencial, mas o esvaziamento também pode ter se dado pelo fato de a temporada ter começado com os Mutantes entrando em cena somente às segundas-feiras, às 17h. Os melhores dias da semana ficavam com o veterano cantor Sílvio Caldas, que fazia seu retorno ao disco no álbum *Isto é São Paulo* depois de seis anos sem gravar. Mesmo assim, "Planeta dos Mutantes" ficou em cartaz por dois meses e aumentou o número de dias de apresentações no início de agosto, quando o seresteiro encerrou seus shows.

Durante a temporada carioca, o grupo era visto, com frequência, na Gordon. A lanchonete de Copacabana tinha um enorme canguru de plástico cor de laranja na porta, onde o Lorena GT azul degradê ano 1969 com rodas de magnésio, de Serginho, ficava estacionado. A bilheteria minguada de "Planeta dos Mutantes" não abalou a popularidade do grupo. Também neste período, no Rio de Janeiro, enquanto a canção "2.001" era um sucesso nas rádios de todo o país, Mutantes era o segundo artista (o primeiro foi Maria Bethânia) a registrar suas mãos na Calçada da Fama do Pizzaiolo, um restaurante localizado em Ipanema, que promoveu o evento para celebrar os grandes nomes da música brasileira. Já em São Paulo, O Café e Coisa e Tal, um casarão pintado de marrom no bairro de Santa Cecília, batizou um sanduíche como Mutante, em homenagem ao grupo.

A experiência no teatro enriqueceu o repertório do grupo, que levou para a lista de canções do

performed the world's first human heart transplant in 1967. However, they also did a few things that frightened even the less conservative public – like throwing objects at the audience and take chicken livers to the stage. This may have alienated the potential audience, but the low box office numbers may also have been due to the fact that the season started with sessions only on Mondays at 5:00 p.m. The best days of the week were allocated to veteran singer Sílvio Caldas, who had released his comeback album *Isto é São Paulo* (*"This Is São Paulo"*) after six years without recording. Even so, "Planeta dos Mutantes" was on for two months and increased the number of performance dates in early August, when the the serenade singer ended his concerts.

During the season in Rio, the group was often seen at Gordon. The Copacabana's fast food had a huge orange plastic kangaroo on the door, where Serginho's car, the 1969 gradient blue Lorena GT with magnesium wheels used to be parked. The meager box office numbers of "Planeta dos Mutantes" did not shake the group's bank account, but helped to increase its popularity. Also in this period, in Rio de Janeiro, while the song "2.001" was a national hit in the radio airplay, Mutantes was the second band to have their hand printed on cement on the Walk of Fame of Pizzaiolo, a restaurant located in Ipanema, which promoted the event to celebrate the great names of Brazilian music; the first was Maria Bethânia. Back in São Paulo, O Café e Coisa e Tal, a brown painted house in the neighborhood of Santa Cecília, baptized a sandwich as Mutante, in honor of the group.

próximo disco o sucesso de Sílvio Caldas e Orestes Barbosa "Chão de Estrelas". Claro que, na leitura dos Mutantes, a música ultrapassou os limites da seresta, com participação de Raphael Vilardi no violão, Arnaldo imitando o estilo típico de cantar dos seresteiros e, lá pelo meio, uma série de efeitos sonoros. Ou melhor, de barulhos (helicóptero, galo cacarejando, cuco despertando) e sons (aplausos, porta abrindo, roupa sendo rasgada, tiros de metralhadora). Para simular estar andando sobre um chão de estrelas, Arnaldo pisou em um monte de persianas descartadas pelos donos do estúdio Scatena. Sem pedir licença, ainda alteraram a letra e adicionaram novos versos à música, que terminava com as frases "Sem saber que a ventura desta vida / É a cabrocha, o luar e o violão". A versão do grupo termina com Arnaldo cantando assim, antes de um último barulho de tiro: "A mostrar que a aventura desta vida / É a cabrocha, o luar e o violão / É a cabrocha escorregando no sabão / É os gatos miando no porão".

"Ando Meio Desligado" tinha uma linha de baixo inspirada em "Time of the Season", poderoso hit do momento da banda britânica The Zombies. A primeira parte da melodia foi proposta por Sérgio e a letra, escrita por Rita durante uma onda de maconha. Logo que a canção foi classificada para o quarto Festival Internacional da Canção Popular, precisou ser tirada rapidamente do repertório do "Planeta dos Mutantes" porque alguém dedurou o trio para a produção do FIC. Realizado em setembro de 1969, no Maracanãzinho, no Rio, o festival serviu para confirmar a vontade dos Mutantes de não participarem mais

The theater experience enriched the group's repertoire, which brought Sílvio Caldas and Orestes Barbosa's classic "Chão de Estrelas" ("Star Floor") to the list of songs to their the next album. Of course, in Mutantes' version, the song surpassed the limits of *seresta* – a typical country music style – with Raphael Vilardi's participation in the guitar, Arnaldo imitating the typical style of serenade singers and, in the middle, a series of sound effects. Or rather, noises (helicopter, cock cackling, cuckoo waking) and sounds (applause, door opening, clothes being torn, machine gun shooting). To simulate walking on a star floor, Arnaldo stepped on a pile of blinds discarded by the owners of studio Scatena. Without asking for permission, they even changed the lyrics and they added new verses to the song, which ended with the phrases "Without knowing that the bliss of this life / Is the *cabrocha*, the moonlight and the guitar". The version of the group ends with Arnaldo singing the following, before a final noise of a shot: "To show that the bliss of this life / Is the *cabrocha*, the moonlight and the guitar / It's the *cabrocha* slipping on a soap / It's the cats meowing in the basement".

The song "Time of the Season," a powerful hit at the time by British band The Zombies, inspired the bass line for "Ando Meio Desligado" ("I Feel a Little Spaced Out"). The first part of the melody was proposed by Sérgio and the lyrics written by Rita while high on marijuana. As soon as the song was classified for the Fourth International Popular Song Festival (FIC in Portuguese), it needed to be taken off quickly from the repertoire of "Planeta dos Mutantes" because

desse tipo de evento, apesar de terem abocanhado o décimo lugar. No dia da final, Rita entrou no palco com aquele mesmo vestido de noiva do outro festival, só que agora com uma barriga de grávida falsa, o que apavorou novamente sua mãe, que a assistia de casa. Junto a Arnaldo e Sérgio, ela resolveu ficar do lado dos maestros Rogério Duprat, Júlio Medaglia e Damiano Cozzela e do poeta Augusto de Campos, que divulgaram, através da revista Veja, um manifesto contra o festival, alegando que baladas "medíocres" tinham dominado a fase final do evento. "Tutu or not tutu, that is the question", questionaram eles no texto, referindo-se à predileção pela renda que tais músicas poderiam dar aos executivos de canais de TV e de gravadoras, em detrimento de certos artistas que poderiam trazer qualidade para a história.

Assim como no festival, no estúdio Scatena, onde gravaram seu terceiro disco, os Mutantes adicionaram à balada de amor "Ando Meio Desligado" uma grande dose de rock'n'roll através da guitarra de Sérgio. O ritmo acelera tanto no meio da canção quanto logo após a pausa que fazem, um minuto antes do fim da faixa. Rita canta suavemente a letra completa e Arnaldo grita palavras em inglês antes de encerrar com o "Oh, meu Brasil!", junto aos outros, que ficou famoso para sempre. Ainda nesta música, o trio teve o auxílio luxuoso do percussionista pernambucano Naná Vasconcelos, conhecido por seu talento com o berimbau desde 1967, quando se mudou para o Rio e começou acompanhando diversos artistas da MPB. Era dos bastidores dos festivais que os Mutantes o conheciam. E foi pouco antes de ele embarcar para a

someone told on the trio to the production of the FIC. Held in September 1969, in Maracanãzinho in Rio, the festival served to confirm to Mutantes that they did not want to participate in this type of event anymore, despite having won tenth place. On the last day, Rita entered the stage in the same wedding dress worn at the other festival, only now with a false pregnant belly, which again terrified her mother, who watched her from home. Together with Arnaldo and Sérgio, she decided to stay with the maestros Rogério Duprat, Júlio Medaglia and Damiano Cozzela and the poet Augusto de Campos, who published on Veja magazine a manifesto against the festival, claiming that "mediocre" ballads had dominated the final phase of the event. "Tutu or not tutu, that's the question" ("Tutu" is a common slang for "money" in Portuguese), they questioned in the text, referring to the preference for the profit that such music could give executives of TV channels and record labels, rather than to certain artists who could bring quality to Brazilian music history.

As in the festival, in the studio Scatena, where they recorded their third album, Mutantes added to the love ballad "Ando Meio Desligado" a great dose of rock'n'roll through the Sérgio's guitar. The rhythm speeds up both in the middle of the song and soon after the pause they make, one minute before the end of the track. Rita sings the full lyrics gently and Arnaldo shouts words in English with the others before the end of the song, along with the line "Oh, my Brazil!," which became iconic. Also in this song, the trio had the honor of being assisted by percussionist Pernambuco Naná Vasconcelos, known for his talent with the *be-*

Europa para tocar com o saxofonista argentino Gato Barbieri que o convocaram. Tanto em "Ando Meio desligado" quanto em "Desculpe, Babe", ele tocou sua conga com o queixo e com as costas das mãos, o que impressionou todo mundo.

Em *A Divina Comédia ou Ando Meio Desligado*, o técnico de som, novamente, foi Gunther Kibelkstis, que de novo assinou João Kibelkstis, agora com o "t" acertado no sobrenome. Os arranjos continuaram a cargo de Rogério Duprat junto aos Mutantes. A produção, desta vez, ficou com o estreante Arnaldo Saccomani, músico de estúdio que havia atuado como compositor de faixas para o álbum *Ronnie Von nº 3*. Saccomani vinha trabalhando como assistente de produção de Manoel Barenbein – puxando cabo, levando sanduíche e chamando táxi – até que foi colocado por André Midani, atual presidente da Companhia Brasileira de Discos (CBD), no posto de produtor dos Mutantes. O verdadeiro objetivo de Midani, que veio substituir o francês Alain Troussat em seu posto na gravadora, era fazer de Rita Lee uma cantora solo. Apesar de afinados musicalmente, pessoalmente os três já começavam a se desentender mais do que o normal. Principalmente Arnaldo e Rita, cuja relação amorosa de pouco mais de três anos andava desgastada. Midani foi convidado, em 1968, a transformar a deficitária CBD numa empresa lucrativa. E ele chegou metendo o pé na porta, reduzindo o elenco da gravadora de mais de 150 para menos de 60 artistas e querendo transformar Rita em uma estrela.

Claro que a intenção não era levantar esse assunto no momento em que o trio estava entrando

rimbau since 1967, when he moved to Rio and began backing up several MPB artists. Mutantes knew him from the backstage at the festivals. And they invited him shortly before he embarked to Europe to play with Argentinian saxophonist Gato Barbieri. Both in "Ando Meio Desligado" and "Desculpe, Babe" ("I'm Sorry, Baby") he played his conga with his chin and with the back of his hands, impressing everyone.

In *A Divina Comédia ou Ando Meio Desligado*, the audio engineer was Gunther Kibelkstis again, who once more signed his name as João Kibelkstis, now with the correct "t" in his last name. Rogério Duprat and Mutantes did the arrangements again. The newcomer Arnaldo Saccomani, a studio musician who acted as songwriter for the album *Ronnie Von nº 3*, was in charge of the production this time. Saccomani had been working as a production assistant for Manoel Barenbein – pulling wires, getting sandwiches and calling taxis – until he was promoted by André Midani, current president of Companhia Brasileira de Discos (CBD – Brazilian Disc Company), to the position of Mutantes' producer. Midani's true goal, once he replaced the French Alain Troussat in the record label, was to transform Rita Lee into a solo singer. Although musically tuned, the trio was already beginning to disagree more than usual. Especially Arnaldo and Rita, whose relationship of a little over three years was worn out. In 1968, Midani was invited to turn the record company into a lucrative company. He had a bulldozer attitude: started by reducing the list of more than 150 artists signed with the record label to less than 60 and wanting to transform Rita Lee into a star.

em estúdio. Pelo contrário. Cabia a Arnaldo Saccomani auxiliar quando os ânimos não pareciam bons. Um dos estresses no estúdio aconteceu durante a gravação de "Meu Refrigerador Não Funciona", em que Rita não conseguia imitar o vozeirão da cantora norte-americana Janis Joplin, como Arnaldo queria. Foi cansativo, mas ela conseguiu cantar de um jeito totalmente diferente do que vinha fazendo. Nesta faixa, composta pelos três, o objetivo era fazer um som mais voltado para o blues, o que o teclado de Arnaldo reforçou. Aliás, empolgado com seu novo instrumento, ele até tocou baixo em algumas canções, mas foi Liminha o grande responsável pelos graves das músicas desse disco. Ele e Dinho Leme, agora, eram participações fixas no conjunto. É possível ver a dedicação de Arnaldo às teclas e a sintonia delas com as cordas de Liminha e com a bateria de Dinho em uma das duas canções que compôs sozinho para este repertório: "Haleluia". A outra faixa assinada pelo irmão de Sérgio, "Oh! Mulher Infiel", fecha o álbum já como um prenúncio das mudanças que estavam por vir: instrumental, cheia de solos, a canção se encaixaria melhor em discos seguintes, em que o rock pesado começa a ditar as novas regras da sonoridade dos Mutantes.

Entre uma briga e outra no estúdio, uma arrogância e outra de Arnaldo – que muitas vezes se metia a produtor –, o repertório foi saindo. Ambas compostas por Arnaldo e Rita, "Desculpe, Babe" e "Quem Tem Medo de Brincar de Amor" pareciam canções complementares, uma mais dramática sobre rompimento, e a outra mais alegre sobre recomeço. "Jogo de Calçada" veio de Manaus para o terceiro disco dos Mutantes.

Of course the intention was not to raise this subject at the time the trio was entering the studio. On the contrary: it was up to Arnaldo Saccomani to help when the atmosphere was not good. One of these stressful moments in the studio happened during the recording of "Meu Refrigerador Não Funciona" ("My Refrigerator Does Not Work"), in which Rita could not imitate the voice of the American singer Janis Joplin, as Arnaldo wanted. It was tiring, but she managed to sing in a totally different way than what she had been doing. In this track, composed by the three artists, the goal was to make a more blues-oriented sound, reinforced by Arnaldo's keyboard. In fact, excited about his new instrument, he even played bass in some songs, but Liminha was the one responsible for the bass on the songs of that record. Him and Dinho Leme were now permanently in the group. It is possible to see Arnaldo's dedication to the keys and their harmony with Liminha's strings and Dinho's drums in one of the two songs he wrote for this repertoire: "Haleluia". The other track signed by Sérgio's brother, "Oh! Mulher Infiel" ("Oh! Unfaithful Woman") which ends the album is a harbinger of the upcoming changes: instrumental and full of solos, the song would fit best on subsequent albums, in which heavy rock begins to dictate the new rules of Mutantes' sound.

Amidst a few fights in the studio and demonstrations of arrogance by Arnaldo – who often tried to take over as producer – the repertoire was coming out. "Desculpe, Babe" and "Quem Tem Medo de Brincar de Amor"," both written by Arnaldo and Rita, seemed to be complementary songs, one more dramatic about

Durante a turnê de 1969, que teve mais de 50 concertos pelo Brasil, os Mutantes participaram do segundo Festival de Música Popular Brasileira Estudantil do Amazonas. Lá, assistiram à apresentação de Wandler Cunha e Ilton Oliveira. Sérgio Dias adorou a canção que eles apresentaram, "Jogo de Calçada". Ao se falarem após o show dos Mutantes, o Dias Baptista caçula pediu autorização para gravá-la no álbum que a banda estava preparando. Fita enviada de Manaus para São Paulo, Arnaldo mandou um telegrama pedindo para alterar algumas palavras, o que foi aceito de imediato pela dupla manauara. Estava firmada uma nova parceria. Quando o disco saiu, eles viram que Arnaldo assinou como coautor, o que lhes pareceu estranho, pois não havia grandes mudanças. Mas tudo certo! Sobressaiu a felicidade de terem uma composição registrada por uma banda que tanto admiravam. O rock não foi sucesso nacional, mas tocou muito na cidade do Norte do país.

"Preciso Urgentemente Encontrar um Amigo" nasceu de um pedido a Roberto Carlos e Erasmo Carlos. O Tremendão iria incluir a faixa em um disco seu em 1972, no LP *Sonhos e Memórias*. A dupla compôs esta canção especialmente para o novo programa de Roberto Carlos na TV Record, "Todos os Jovens do Mundo", que estreou em setembro de 1968. Roberto queria parecer preocupado com as questões de seu tempo, antenado com a juventude que saía às ruas. Ele chegou a gravá-la para o álbum *O Inimitável*, mas não gostou do resultado e passou a música para Erasmo, que a entregou aos Mutantes antes mesmo de ele registrar. Do encontro que Rita Lee teve com um

breaking up and the other more joyful about a new beginning. "Jogo de Calçada" ("Sidewalk Game") came from Manaus for the third album of the Mutantes. During the 1969 tour, comprising more than 50 concerts in Brazil, Mutantes participated in the second Brazilian Popular Music Festival of the Amazon. They watched Wandler Cunha and Ilton Oliveira's presentation there. Sérgio Dias loved the song they played called "Jogo de Calçada". When they spoke after Mutantes show, Dias Baptista asked for permission to record it on the album that the band was preparing. Having received the tape sent from Manaus to São Paulo, Arnaldo sent a telegram asking if they could change some words in the lyrics, which the *manauara* (person from Manaus) duo promptly accepted. A new partnership was in place. When the record came out, they saw that Arnaldo signed his own name as co-author, which seemed strange to them, as there were no major changes in the song. But everything ended all right! The happiness of having a song recorded by a band they both admired was greater. The rock song was not a national hit, but it was indeed listened hugely in that city in the North of the country.

"Preciso Urgentemente Encontrar um Amigo" ("I Urgently Need to Find a Friend") came from a request from Roberto Carlos and Erasmo Carlos. Tremendão (a popular slang in the 1960's to refer to good-looking men and Erasmo's nickname) would include the track on one of his albums in 1972, in the LP *Sonhos e Memórias ("Dreams and Memories")*. The duo wrote this song especially for Roberto Carlos's new show on Record TV, "Todos os Jovens do Mundo" ("All the Young

taxista chamado Élcio Decário, o trio gravou "Ave, Lúcifer" e "Hey Boy". A cantora ficou impressionada quando, durante uma viagem com aquele descendente de italianos, ouviu as canções que ele dizia ter composto. Dias depois, o rapaz foi convidado a encontrá-la junto a Arnaldo e Sérgio na casa deles, na Pompéia. O grupo estava encantado com a produção do cara. Para "Hey Boy", Arnaldo cortou versos e compôs uma nova melodia para a segunda parte da canção. "Ave, Lúcifer" tinha outro nome, mas Élcio não se incomodou com a mudança, muito menos com os cortes e a nova melodia proposta por Arnaldo e Rita.

A essa altura, Arnaldo, Sérgio e Rita já estavam craques em produção de fotos. A capa do álbum de 1970 tem a primeira parte do nome abaixo da imagem: "A Divina Comédia ou". Um clássico da literatura italiana escrito por Dante Alighieri, "A Divina Comédia" inspirou os Mutantes durante a gravação deste terceiro disco e por isso eles decidiram fazer uma homenagem, copiando a cena para a capa. O original do livro tinha, na capa, uma reprodução de uma gravura de Gustavo Doré. Para ficar mais parecido possível, Arnaldo, Rita, Sérgio e Cláudio César, autor da foto não creditado no encarte, cavaram um buraco de quase um metro no quintal da casa dos Dias Baptista, com o intuito de preparar uma sepultura. Segundo Sérgio, "já tinha até água no fundo, uma nojeira". Cláudio improvisou uma lápide de isopor para a sepultura de onde saía Arnaldo com o peito nu. No fundo do buraco, foi acesa uma fogueira e um spot de luz dava conta da fumaça. Rita e Sérgio vestiram mantos feitos de colchas de chenille da casa dos Dias Baptista e usaram folhas de louro na

People in the World"), which premiered in September 1968. Roberto wanted to look concerned with the issues of his time, in tune to the youth that took to the streets. He even recorded it for the album *O Inimitável* ("*The Inimitable*"), but did not like the result and passed the song to Erasmo, who gave it to the Mutantes before he even recorded it. After an encounter Rita Lee had with a taxi driver named Élcio Decario, the trio recorded "Ave, Lúcifer" ("Hail, Lucifer") and "Hey Boy". The singer was impressed when she heard the songs he said he had written during that ride with the Italian descendant driver. Days later, the young man was invited to meet her with Arnaldo and Sérgio at their house in Pompéia. The group was delighted with his work. For "Hey Boy", Arnaldo cut a few verses and composed a new melody for the second part of the song. "Ave, Lúcifer" had another name, but Élcio did not mind the change, nor the cuts and new melody proposed by Arnaldo and Rita.

By this time, Arnaldo, Sérgio and Rita were already experts in setting up photo shoots. On the 1970 album cover, the first part of the title is positioned below the image: "A divina comédia ou" ("The divine comedy or"). A classic of Italian literature written by Dante Alighieri, "The Divine Comedy" inspired Mutantes during the recording of this third album and so they decided to do a homage, copying the scene on the cover. The original copy of the book had on its cover a reproduction of an print by Gustavo Doré. To be as similar as possible, Arnaldo, Rita, Sérgio and Cláudio César, author of the photo but not credited in the booklet, dug a hole of almost one meter in

cabeça, para interpretar aqueles que acompanham o enterro. No fim da sessão de fotos, eles saíram rindo e Arnaldo saiu todo chamuscado do buraco.

Na contracapa, "Ando Meio Desligado" está escrito na parte superior. Abaixo, vem a foto de Cynira Arruda que escandalizou até a mãe de Arnaldo e Sérgio. Dona Clarisse entrou no seu quarto e viu Rita no meio da cama, entre Arnaldo e Sérgio, os três aparentemente nus, debaixo do lençol. A ideia era sugerir um *ménage à trois*. Para dar um toque a mais, a fotógrafa colocou uma bandeja com café da manhã em cima das pernas de Rita e uma echarpe de franja espanhola, da mãe dos meninos, na cabeceira da cama de casal. O detalhe é a presença do baterista Dinho de pé, vestido de nazista, tomando uma xícara de chá, enquanto aparentemente observa o trio. O capacete alemão – nazista de verdade, o artefato tem até um furo de bala – foi trazido da França por Sérgio, que mandou fazer a bengala de Dinho. O guitarrista garante que o olho fechado, na foto, foi de propósito.

Sérgio relaciona a rebeldia dos Mutantes à revolta contra a hipocrisia das pessoas na época. No entanto, certas atitudes tomadas sem qualquer reflexão sobre as possíveis consequências poderiam ter prejudicado a imagem do grupo: "A gente, quando pequeno, via essas coisas sobre guerra, mas não tinha noção do que foi o Holocausto. A gente queria era curtir com a cara das pessoas. 'Ah, é? Não pode? Que gozado... Então, toma!' O que a gente queria era dizer que podia, sim. Podia, sim, ficarmos os três na mesma cama". Sorte a deles que ninguém reparou, entendeu ou questionou aquela suposta (na verdade, infantil)

the backyard of the house of the Dias Baptista family with the intention of preparing a grave. According to Sérgio, "there was even water at the bottom of the hole, a mess". Claudio improvised a styrofoam tombstone for the grave where Arnaldo was standing with his bare chest. At the bottom of the hole a fire was lit and a spotlight projected the smoke. Rita and Sérgio wore robes made of chenille bedspreads from the Dias Baptista household and used laurel leaves on their heads to interpret those who accompany the burial. At the end of the photo session, Arnaldo came out from the hole completely scorched.

On the back cover, "Ando meio desligado" is on the top. Below the phrase, there is a photo of Cynira Arruda that scandalized even Arnaldo and Sérgio's mother. Ms. Clarisse entered her room and saw Rita in the middle of the bed between Arnaldo and Sérgio; the three apparently naked under the sheets. The idea was to suggest a ménage à trois. To add an extra touch, the photographer placed a breakfast tray on Rita's legs and a Spanish fringed scarf from the boys' mother at the head of the double bed. The detail is the presence of drummer Dinho standing dressed as a Nazi, sipping a cup of tea while apparently watching the trio. The German helmet – a real Nazi helmet, the artifact even has a bullet hole – was brought from France by Sérgio and had Dinho's cane especially made. The guitarist guarantees that the fact that his eyes are closed in the photo was on purpose.

Sérgio relates Mutantes' rebelliousness to anger against people's hypocrisy at the time. However, certain decisions taken without any reflection on possi-

apologia ao nazismo. *A Divina Comédia ou Ando Meio Desligado* foi lançado pelo selo Polydor em março de 1970 com "Ando Meio desligado" e "Hey Boy" ganhando rapidamente as rádios. No entanto, "Chão de Estrelas" fez com que Flávio Cavalcanti quebrasse o LP dos Mutantes em seu programa depois de fazer um discurso sobre a decadência dos valores da juventude. Os Mutantes se divertiam com reações como a do apresentador da TV Tupi.

ble consequences could have compromised the image of the group. "We, as kids, saw these things about war, but we had no idea what the Holocaust was. We wanted to mess with people. 'Oh, really? Can't we? What a joke... So take that!' We wanted to say we could, indeed. We could all be in the same bed". Luckily no one noticed, understood or questioned that supposed (in fact, childish) apology to Nazism. *A Divina Comédia ou Ando Meio Desligado* was released by Polydor in March 1970 with "Ando meio desligado" and "Hey boy" quickly gaining airplay. However, "Chão de estrelas" caused Flávio Cavalcanti to break Mutantes' LP in his TV show after delivering a speech on the decline of youth's values. Mutantes had fun with reactions like TV Tupi host's.

Tracklist: A Divina Comédia ou Ando Meio Desligado

1 Ando Meio Desligado — Rita Lee, Sérgio Dias e Arnaldo Baptista — 3:02
2 Quem Tem Medo de Brincar de Amor — Arnaldo Baptista e Rita Lee — 3:36
3 Ave, Lúcifer — Arnaldo Baptista, Rita Lee e Élcio Decário — 2:20
4 Desculpe, Babe — Rita Lee e Arnaldo Baptista — 2:49
5 Meu Refrigerador não Funciona — Rita Lee, Sérgio Dias e Arnaldo Baptista — 6:23
6 Hey Boy — Arnaldo Baptista e Élcio Decário — 2:47
7 Preciso Urgentemente Encontrar um Amigo — Roberto Carlos e Erasmo Carlos — 3:52
8 Chão de Estrelas — Sílvio Caldas e Orestes Barbosa — 3:13
9 Jogo de Calçada — Arnaldo Baptista, Wandler Cunha e Ilton Oliveira — 3:29
10 Haleluia — Arnaldo Baptista — 3:42
11 Oh! Mulher Infiel — Arnaldo Baptista — 4:20

A Divina Comédia ou Ando Meio Desligado · 1970

rita lee build up

Build Up
1970

Antes, muito antes de começarem a gravar seu terceiro álbum, os Mutantes foram a atração principal de uma temporada na Feira de Utilidades Domésticas (UD), em abril de 1969, no Pavilhão Internacional do Ibirapuera, em São Paulo. O desfile-show promovido pela Rhodia foi intitulado "Moda Mutante" e tinha como objetivo apresentar as coleções masculina e feminina da marca para o inverno daquele ano. A Rhodia era uma empresa francesa que trouxe para o Brasil, em 1919, uma fábrica de lança-perfumes. Antevendo a proibição do spray, o que ocorreu em 1961, ela mergulhou na produção de fibras sintéticas em 1955 e de roupas produzidas com este material. Para divulgar seus produtos, traçou uma estratégia de marketing em parceria com o italiano Livio Rangan. O publicitário teve a ideia de produzir shows megalomaníacos, influenciados pela cultura brasileira.

Rita, Arnaldo e Sérgio haviam acabado de chegar dos Estados Unidos e encararam com toda a

Long before they started recording their third album, *A Divina Comédia ou Ando Meio Desligado* (*"The Divine Comedy or I Feel a Little Spaced Out"*), the Mutantes were the main attraction in an edition of the "Feira de Utilidades Domésticas" (UD) ("Home Utilities Fair") held in April 1969 at the Ibirapuera International Pavilion in São Paulo. The fashion music show promoted by Rhodia was titled "Moda Mutante" ("Mutant Fashion") and it aimed to present the masculine and feminine collections of the brand for the winter of that same year. Rhodia was a French company that brought a factory of "ether spray," used as party poppers in Brazil, in 1919. Anticipating the spray ban, which occurred in 1961, it switched into the production of synthetic fibers in 1955 and clothing produced with this material. In order to promote its products, it developed a marketing strategy in partnership with the Italian advertiser Livio Rangan, based in São Paulo. The advertiser had the idea of producing megalomaniac shows, influenced by Brazilian culture.

disposição o espetáculo: os Mutantes fizeram shows diários durante três semanas. O evento era apresentado pelo casal de atores Eva Wilma e John Herbert e contava com mais de 50 atores, figurantes, músicos e manequins (como se chamavam os modelos de passarela, na época) alternando-se entre esquetes, concertos e desfiles. Conjunto formado pelo flautista Hermeto Pascoal e pelos guitarristas Alemão e Alexandre Gordin (que depois passou assinar Lanny Gordin), o conjunto Brazilian Octopus também levou sua música à UD. Encantado com aquela loirinha sardenta que cantava como se estivesse atuando e ainda tinha corpo e postura de manequim, Livio convidou Rita para uma nova temporada. Mas, desta vez, ela seria a atração principal. Intitulado "Nhô Look", o novo desfile-show foi inspirado no universo rural brasileiro e teve a dupla caipira Tonico & Tinoco como acompanhante da roqueira.

O convite não veio durante a temporada dos Mutantes, mas bem depois, justamente no momento em que a relação amorosa de Rita e Arnaldo não andava bem. Se durante as gravações de *A Divina Comédia ou Ando Meio Desligado* o casal brigou muito, depois que saíram do estúdio, eles resolveram dar um tempo no namoro e na banda. O terceiro álbum nem tinha sido lançado ainda e, inspirado por "Easy Rider" (no Brasil, "Sem Destino"), longa-metragem ícone da contracultura agraciado no último Festival (de cinema) de Cannes, Arnaldo montou em uma moto para viajar do Brasil aos Estados Unidos acompanhado de um amigo. Triste com o rompimento, Rita também fez uma viagem, para a Inglaterra, em

Rita, Arnaldo and Sérgio had just arrived from the United States and faced the spectacle enthusiastically: Mutantes performed daily shows for three weeks. The event was presented by the couple of actors Eva Wilma and John Herbert and had more than 50 actors, extras, musicians and models alternating between skits, concerts, and parades. Composed by flute player Hermeto Pascoal and guitarists Alemão and Alexandre Gordin (later known as Lanny Gordin), the Brazilian Octopus also took their music to the UD fair. Rita became Livio Rangan's darling. He was so enchanted by that freckled blonde who sang as if she were acting and still had a model's body and posture that he invited her for a new season. But this time she would be the main attraction. Named "Nhô Look," the new fashion music show was inspired by the Brazilian rural scene and had the duo Tonico & Tinoco with the rocker.

The invitation was not placed as Mutantes' show was in season, but much later, exactly during the moment when Rita and Arnaldo's relationship was not going well at all. If during the recordings of *A Divina Comédia ou Ando Meio Desligado*, the couple fought a lot, after they finished the album, they decided to take time apart both from the band and from their relationship. The third album had not yet been released and, inspired by "Easy Rider," the iconic counterculture feature film awarded at Cannes Film Festival, Arnaldo went on a motorcycle road trip from Brazil to the United States with a friend. Sad about the breakup, Rita also made a trip to England on December 30, 1969, the eve of her 22nd birthday. There, she met with the political exiles Caetano Veloso and Gilberto Gil. Rita's

30 de dezembro de 1969, véspera do seu aniversário de 22 anos. Lá, encontrou os exilados políticos Caetano Veloso e Gilberto Gil. A "fugida" de Rita foi mais curta e, quando voltou, resolveu dar ouvidos a André Midani, que sempre quis que ela se arriscasse em uma carreira solo. Na época, ele já sabia da vontade de Rangan de ter a menina nos palcos de novo e incentivou Rita a estrelar um musical.

Após quatro meses de separação musical e afetiva, Arnaldo acabou retornando ao Brasil antes de concluir a sua viagem aos Estados Unidos. Quando chegou no Panamá, ligou para Rita dizendo que queria reatar o namoro. Ele voltou e encontrou *A Divina Comédia ou Ando Meio Desligado* lançado e Rita nos palcos, interpretando uma moça do interior, a "caipira" Ritinha Malazarte, no espetáculo "Nhô Look". Inspirada na moda chamada *paysan*, em voga na Europa, o figurino representava uma adaptação do vestuário rural de países como França e Itália. O talento de Rita como atriz vinha agradando tanto Rangan e Midani que ela foi convidada para estrelar um novo desfile-show em agosto, o "Build Up Eletronic Fashion Show", agora sobre uma menina ingênua que sonhava subir em uma passarela para desfilar. Em uma bela jogada de Midani, um álbum com o mesmo nome do espetáculo da Rhodia seria lançado quase que simultaneamente.

Caindo de paraquedas e querendo a todo custo ficar bem com a amada, Arnaldo topou, meio a contragosto, ser o diretor musical do disco de estreia de Rita, o *Build Up*. Sérgio Dias não gostou da ideia e se recusou a participar do projeto. Entre um show e

"escape" was shorter and, when she returned, she decided to listen to André Midani, who always wanted her to go on a solo career. At the time, he already knew of Rangan's desire to have the girl on stage again and encouraged Rita to star in a musical.

After four months of musical and affective split, Arnaldo returned to Brazil before completing his trip to the United States. When he arrived in Panama, he called Rita and said he wanted to continue dating. He returned and found *A Divina Comédia ou Ando Meio Desligado* already released and Rita onstage, playing a girl from the countryside, the *caipira* ("country girl") Ritinha Malazarte, in the show "Nhô Look". Inspired by the *paysan* (peasant) style, in vogue in Europe, the costumes represented an adaptation of rural clothing of countries like France and Italy. Rita's talent as an actress pleased both Rangan and Midani so much that she was invited to star in a new fashion music show in August, the "Build Up Electronic Fashion Show," about a naive girl who dreamed of walk down on a runway. In a strategic move by Midani, they released an album with the same name of the Rhodia show almost simultaneously.

Falling into the situation and wanting to get along with his beloved at all costs, Arnaldo agreed, rather grudgingly, to be the musical director of Rita's debut album, *Build Up*. Sérgio Dias did not like the idea and refused to participate in the project. In between shows of the release tour of *A Divina Comédia ou Ando Meio Desligado*, which had hit the stores in March, Arnaldo and Rita went into the studio to work on the production of *Build Up*, which would be released six

outro da turnê de lançamento de *A Divina Comédia ou Ando Meio Desligado*, que tinha chegado às lojas em março, Arnaldo e Rita entravam em estúdio para trabalhar na produção de *Build Up*, que seria lançado seis meses depois, e ela ensaiava o "Build Up Eletronic Fashion Show". Para não sair por baixo, em maio de 1970, em uma entrevista à revista O Cruzeiro, Arnaldo disse que, além de estar construindo uma motocicleta com um motor Harley-Davidson, também estava preparando um álbum solo: "Não tenho a menor ideia do que vai acontecer. Será um disco pouco elaborado, mas bem autêntico". Sérgio também contou à reportagem que, em vez de viajar como os parceiros, ficou em São Paulo "envenenando" seu carro Lorena GT, tinindo de novo, e que tinha um disco em mente, que seria todo tocado e produzido por ele, sozinho (composição, arranjos, interpretação e gravação): "Vou ver se compro um gravador grande, profissional, e gravo tudo aqui em casa mesmo, no nosso estúdio".

Rita e Arnaldo voltaram ao Scatena – e também estrearam no estúdio CBD (Companhia Brasileira de Discos), no Rio – acompanhados do maestro Rogério Duprat, autor dos arranjos, de Manoel Barenbein, que assinou a ficha técnica como coordenador de produção, e de João Kibelkstis, que desta vez alternou-se com três outros técnicos: Ary Carvalhães, João Moreira e Marcos Vinicius. Rita foi acompanhada pela guitarra de Alexandre Gordin – que havia gravado o último disco de Caetano, antes do exílio – pelo baixo de Sérgio e pela bateria de Diógenes (ambos sem sobrenome no encarte). É claro que houve desentendimentos entre a equipe de produção, preocupada

months later, as she rehearsed the "Build Up Electronic Fashion Show". In an interview with O Cruzeiro magazine in May 1970, Arnaldo said that, in addition to building a motorcycle with a Harley-Davidson engine, he was also preparing a solo album: "I have no idea what will happen. It won't be very elaborate but it will be a very authentic album". Sérgio also said that, instead of traveling with his partners, he stayed in São Paulo "juicing up" the engine of his brand-new Lorena GT car and that he had a record in mind, that would be played and produced just by him: he would be in charge of composition, arrangements, interpretation and recording. "I'll see if I can buy a large, professional recorder and produce everything here at home, in our studio," he said.

Rita and Arnaldo returned to Scatena – and also debuted at Companhia Brasileira de Discos (Brazilian Record Company or CBD in Portuguese) studios in Rio – accompanied by maestro Rogério Duprat, author of the arrangements, by Manoel Barenbein, who signed as production coordinator, and João Kibelkstis, who this time alternated with three other technicians: Ary Carvalhães, João Moreira and Marcos Vinicius. Rita was accompanied by the guitar of Alexandre Gordin – who participated in Caetano's last record, before the exile – by Sérgio's bass (not Sérdgio Dias) and by Diogenes' drums. Of course there were disagreements between the production team, keen on releasing a more commercial album, and Arnaldo Baptista, always open to experimentation. Such differences are visible on the record: the opening track, "Sucesso, Aqui Vou Eu (Build Up)" ("Success, Here I Come"), features a totally dif-

em lançar um álbum mais comercial, e Arnaldo Baptista, sempre aberto a experimentações. Tais diferenças são visíveis no disco: a faixa de abertura, "Sucesso, Aqui Vou Eu (Build Up)", apresenta uma Rita diferente, cantando como se estivesse em um musical da Broadway; no rock de encerramento, "Eu Vou me Salvar", ela berra como fazia nas gravações dos Mutantes. A primeira foi uma das que Rita compôs com Arnaldo, enquanto a outra foi uma das cinco pérolas de Élcio Decário trazidas por ela para o repertório de 11 canções. Rita é coautora com ele em "Eu Vou me Salvar", na caribenha "Hulla-Hulla" e no rock romântico "Tempo Nublado". As outras, só do taxista, são o blues "Precisamos de Irmãos" e o tango que ironizava o próprio tango "Prisioneira do Amor". Com o namorado, ela compôs a receita musicada "Macarrão com Lingüiça e Pimentão", que virou um samba jazz. Sozinha, fez a balada "Viagem ao Fundo de Mim". Arnaldo preparou ainda "Calma" ao estilo dos Mutantes, que Rita cantou como se estivesse junto aos irmãos Dias Baptista.

A foto da capa do "Build Up" apresenta uma Rita Lee estilo "menina ingênua", com o cabelo cortado em camadas, franja, o olhar vindo de baixo e os cílios postiços dando um baita destaque aos seus olhos azuis. Na contracapa, pequenas fotos de rosto e de corpo inteiro mostram uma Rita estilosa. Em setembro de 1970, quando o ex-Beatle John Lennon, após alguns discos experimentais produzidos junto a Yoko Ono, entrava num estúdio, em Londres, para gravar seu álbum lendário *John Lennon and The Plastic Ono Band*, a quase ex-Mutante lançava seu primeiro solo

ferent Rita, singing as if she were in a Broadway musical; in the closing song, "Eu Vou Me Salvar" ("I'm Going To Save Myself"), she screams as she liked to do on Mutantes' recordings. The first was written by Rita and Arnaldo, while the other was one of the five "gems" Rita brought from Élcio Decário to the 11 song repertoire. Rita is co-author in "Eu Vou Me Salvar," in the Caribbean-style "Hulla-hulla" and in the romantic rock "Tempo Nublado" ("Cloudy Weather"). The others by the taxi driver are the blues "Precisamos de Irmãos" ("We Need Brothers") and the tango that ironized another tango "Prisioneira do Amor" ("Prisoner of Love"). With her boyfriend, she wrote the musical recipe "Macarrão com Lingüiça e Pimentão" ("Sausage and Pepper Spaghetti") which became a samba jazz. She wrote the ballad "Viagem ao Fundo de Mim" ("Journey to the Bottom of Me") by herself. Arnaldo also wrote "Calma" ("Calm Down") as well, a very Mutantes-style song that Rita sang as if in the studio next to the Dias Baptista brothers.

The cover photo of *Build Up* features Rita Lee as a "naive girl," with her hair cut into layers and bangs, looking up and with false eyelashes highlighting her blue eyes. On the back cover, small photos of her face and full body portrait a stylish Rita. In September 1970, when former Beatle John Lennon entered a studio in London to record his legendary album *John Lennon and The Plastic Ono Band*, after some experimental records produced with Yoko Ono, the almost ex-Mutante released her first solo with a reinterpretation of "And I Love Her". Rita adapted the success of Lennon and Paul McCartney to the female voice and renamed it "And I

com uma releitura de "And I Love Her". Rita adaptou o sucesso de Lennon e Paul McCartney para a voz feminina e rebatizou-o como "And I Love Him". No entanto, a música que ganhou as rádios de todo país foi "José", versão da francesa "Joseph", de Georges Moustaki, feita por Nara Leão, que Rita tinha tentado emplacar no disco dos Mutantes, mas não conseguiu. Foi no dia do encontro com Élcio que tudo aconteceu: vetada por Arnaldo e Sérgio, que cortaram o assunto "José" iniciando um debate sobre marcas de guitarra (um defendia a Gibson e o outro, a Fender) e amplificadores (se o valvulado era melhor ou o transistorizado), a cantora saiu com a fita K7 de Nara e entrou no táxi certo. Mesmo depois da gravação de Rita se espalhar pelo Brasil, os irmãos se recusavam a tocá-la quando surgiam pedidos da plateia.

Com direção musical de Rogério Duprat e Diogo Pacheco e produção de Roberto Palmari, "Build Up Electronic Fashion Show" estreou em 8 de agosto de 1970, dentro da Feira Nacional da Indústria Têxtil (Fenit). Com 80 pessoas em cena, entre os quais o ator Paulo José, os músicos Jorge Ben, Trio Mocotó, Juca Chaves, Marisa (cantora do Bando), Tim Maia, os conjuntos Lanny's Quartet, Coral Crioulo, Os Ephemeros e Os Diagonais, diversos modelos e um corpo de baile dirigido por Ismael Guizer, o desfile-show foi um sucesso. Quando o espetáculo chegou ao Rio de Janeiro, a peça publicitária publicada no jornal O Globo foi direta e, digamos, um tanto rude: "A estrela a ser build up é Rita Lee. Build up. Verbo. Criar uma imagem. Construir em torno de uma pessoa uma maneira de fácil assimilação e consumo. Marilyn Monroe sofreu

Love Him." However, the song that won the radio stations throughout the country was "José," a Portuguese version of the French song "Joseph," by Georges Moustaki, written by Nara Leão, which Rita had tried to include in Mutantes' album, but was unable to. It was on the day of the encounter with Élcio that everything happened: vetoed by Arnaldo and Sérgio, who cut off the subject of "José" with an argument over guitar brands (one defended Gibson and the other Fender) and amplifiers (if the valved or the transistorized one was better), the singer left with the cassette tape sent by Nara in her hand and got into a cab. Rita's recording spread throughout Brazil, but the brothers still refused to play it when requested by the audience.

With musical direction by Rogério Duprat and Diogo Pacheco and production of Roberto Palmari, "Build Up Electronic Fashion Show" debuted on August 8, 1970, inside Feira Nacional da Indústria Têxtil (National Textile Industry Fair – FENIT in Portuguese). With 80 artists on the same bill, including actor Paulo José, musicians Jorge Ben, Trio Mocotó, Juca Chaves, Marisa (Bando singer), Tim Maia, and the bands Lanny's Quartet, Coral Crioulo (Criolo Chorus), Os Ephemeros and Os Diagonais, several models and a corps de ballet directed by Ismael Guizer, the fashion music show was a success. When the show arrived in Rio de Janeiro, the publicity piece published in the newspaper O Globo was direct and, it is fair to say, rather rude: "The star to be built up is Rita Lee. Build up. Verb. To create an image. To construct the image of a person in an easy way to assimilate and consume. Marilyn Monroe suffered a build up. Rachel Welch, too. Roberto Carlos was

um build up. Rachel Welch também. Roberto Carlos foi build up. Fizeram um build up também em Barbra Streisand. No Dr. Barnard. O show do Teatro Bloch vai fazer de Rita Lee a mulher ideal. Apesar das sardas". Com um tipo de texto bem típico da época, o talento de Rita é atestado pela mesma propaganda:

> "Rita Lee e seus companheiros provam pelo menos cinco verdades num único espetáculo:
> 1) São muito engraçados;
> 2) A Rita até que canta direitinho;
> 3) O mundo das estrelas é muito bonito;
> 4) Nove entre dez estrelas não surgiram: foram fabricadas;
> 5) Toda mulher se torna linda quando alguém se interessa por ela.
> Assista ao Build Up de Rita Lee!"

Mais ou menos um mês depois da estreia, *Build Up* chegou às lojas e às mãos dos disc-jóqueis das rádios brasileiras. O mais notório de todos, Big Boy, informou, em sua coluna no jornal O Globo, que *Build Up* "estava nas paradas radiofônicas do Rio e de São Paulo". O single que não parava de tocar era "José". A suavidade com que Rita cantou a versão de Nara Leão atendeu aos desejos de Midani. Mas, apesar de feliz com os projetos, e de estar sendo tratada como a mais nova *popstar* da cena – O Globo chegou a publicar, em outubro, uma matéria cujo título era "Encontramos a estrela da década: Rita Lee" –, a cantora não pensava em abandonar os Mutantes. Mesmo afastada dos ensaios que Arnaldo, Sérgio, Dinho e Liminha seguiam fazendo, ela deixava isso bem claro nas

built up. They also did a 'build-up' on Barbra Streisand. On Dr. Barnard. The Bloch Theater show will make Rita Lee the ideal woman. Despite the freckles". With a type of text very typical of the time, the talent of Rita is attested by the same tone of publicity:

> "Rita Lee and her bandmates prove at least five truths in a single show:
> 1) They are very funny;
> 2) Rita actually sings all right;
> 3) The world of the stars is very beautiful;
> 4) Nine out of ten stars did not rise: they were build up;
> 5) Every woman becomes beautiful when someone is interested in her.
> Watch Rita Lee's Build Up!"

About a month after its debut, the album *Build Up* hit the stores and the hands of Brazilian radio disc jockeys. The most famous one, Big Boy, reported in his column on newspaper O Globo, that *Build Up* "was in the radio stations of Rio and São Paulo." "José" was the single that never stopped playing. The softness with which Rita sang the version of Nara Leão met the desires of Midani, who wanted very much to establish her as a pop star. But in spite of being happy with the projects and being treated as the newest pop star of the scene – O Globo even published in October a story titled "We met the star of the decade: Rita Lee" – the singer did not think of abandoning Mutantes. Even away from the rehearsals that Arnaldo, Sérgio, Dinho and Liminha continued to hold, she made that clear in the interviews she gave during the show season

entrevistas durante a temporada do espetáculo e após o lançamento do álbum. "Juntos é que podemos criar e descobrir sons", declarou ao Jornal da Tarde, de São Paulo, entre uma apresentação e outra em "Build Up". Além dos dois meses em cartaz em sua cidade, a produção viajou por algumas capitais do país. No início de 1971, Rita Lee, Arnaldo Baptista e Sérgio Dias foram convidados a se apresentar – com Dinho Leme e Liminha – no "Som Livre Exportação", programa musical exibido semanalmente pela TV Globo. "Sucesso, Aqui Vou Eu (Build Up)", do álbum *Build Up*, ganhou uma versão com a mestra de cerimônia Elis Regina em dueto com a atriz Marília Pêra. Exigência da emissora, os Mutantes tiveram que tocar "José", para desgosto dos irmãos Dias Baptista.

and after the release of the album. "It's together that we can create and discover sounds," she told Jornal da Tarde, from São Paulo, in between performances of *Build Up*. In addition to the two months playing in their city, the production traveled to other a few other of the country's state capitals. In the beginning of 1971, Rita Lee, Arnaldo Baptista and Sérgio Dias were invited to perform – with Dinho Leme and Liminha – at "Som Livre Exportação," a weekly music show hosted by GloboTV. "Sucesso, Aqui Vou Eu (Build Up)," from the album *Build Up*, gained a version with the show host Elis Regina in a duet with actress Marília Pêra. As a requirement from the station, Mutantes had to play "José," much to Dias Baptista brothers' distaste.

Tracklist: Build Up

1 Sucesso, Aqui Vou Eu (Build Up) Rita Lee e Arnaldo Baptista 2:43
2 Calma Arnaldo Baptista 3:14
3 Viagem ao Fundo de Mim Rita Lee 2:45
4 Precisamos de Irmãos Élcio Decário 2:41
5 Macarrão com Lingüiça e Pimentão Rita Lee e Arnaldo Baptista 3:02
6 José (Joseph) Georges Moustaki / Versão: Nara Leão 2:27
7 Hulla-Hulla Rita Lee e Élcio Decário 3:06
8 And I Love Him John Lennon e Paul McCartney / Versão: Rita Lee 3:04
9 Tempo Nublado Rita Lee e Élcio Decário 2:25
10 Prisioneira do Amor Élcio Decário 2:24
11 Eu Vou me Salvar Rita Lee e Élcio Decário 2:27

44.055
NO-AR
04228302532
DIREÇÃO MUSICAL - ARNALDO DIAS BAPTISTA
ARRANJOS P/ ORQUESTRA - ROGERIO DUPRAT
ESTUDIO SCATENA (SÃO PAULO) CBD (RIO)
TECNICOS DE GRAVAÇÃO - JOÃO KIBELKSTIS - MARCOS VINICIUS
ARY CARVALHAES - JOÃO MOREIRA
ARTE - LICINIO DE ALMEIDA
PARTICIPAÇÕES ESPECIAIS - MUTANTES
ALEXANDER GORDIN
DIOGENES
SERGIO (Baixo)
COORDENAÇÃO DE PRODUÇÃO - MANUEL BARENBEIN
COMPANHIA BRASILEIRA DE DISCOS
SCDP-PF-001/GB
INDÚSTRIA BRASILEIRA
polydor

TECNI COLOR

Mutantes

Tecnicolor
1970 / 2000

Os Mutantes ficaram muito felizes com o convite para substituir Elis Regina em uma temporada de shows que a Pimentinha faria no L'Olympia, em Paris. Erguido em 1888, o local com menos de 2.000 assentos tinha prestígio global. Localizado no Boulevard des Capucines, uma das quatro maiores avenidas de Paris, o L'Olympia foi por quase uma década a "casa" de Édith Piaf. Os Beatles fizeram uma temporada lá, antes de embarcarem para os Estados Unidos e ganharem o mundo. Rita mal tinha encerrado a turnê do espetáculo "Build Up" quando soube que a cantora tinha ficado doente e, por isso, cancelou a abertura que faria do cantor Gilbert Bécaud na capital francesa. O convite veio através do empresário Marcos Lázaro, que estava ocupando o lugar de Guilherme Araújo enquanto este se encontrava no exílio junto a Caetano Veloso e Gilberto Gil. Ela, Arnaldo, Sérgio, Dinho e Liminha deveriam partir no dia seguinte, pois o primeiro show aconteceria dois dias depois. O embarque aconteceu em 27

Mutantes were very happy with the invitation to replace Elis Regina in a season of shows that the "Pimentinha" ("Little Pepper," Elis' nickname) would do at L'Olympia in Paris. Built in 1888, the music hall with fewer than 2,000 seats had global prestige. Located on Boulevard des Capucines, one of the four largest boulevards in Paris, L'Olympia was for almost a decade the home of Édith Piaf. The Beatles performed during a season at the theatre before they embarked to the United States and conquered the world. Rita had barely finished "Build Up Electronic Fashion Show" tour when she heard that the Elis had become ill and, therefore, canceled the opening concert she would do for the singer Gilbert Bécaud in the French capital. The invitation came through manager Marcos Lázaro, who was taking the place of Guilherme Araújo while he was exiled with Caetano Veloso and Gilberto Gil. Rita, Arnaldo, Sérgio, Dinho and Liminha were due to board the next day, since the first show would happen two days later. They boarded on October

de outubro de 1970 e a viagem foi tensa, com Lázaro tentando doutrinar os músicos em relação ao estilo de show almejado por Bruno Coquatrix, o diretor do L'Olympia, uma das mais famosas e ambicionadas casas de espetáculo do mundo. Regra número um: o rock não era bem quisto. Regra número dois: quanto mais brasilidade no palco, melhor seria o resultado. Na véspera da estreia, em um ensaio aberto a Coquatrix, as músicas mais pesadas foram vetadas do roteiro: "Jardim Elétrico" e "Meu Refrigerador Não Funciona". Desanimado, o quinteto só conseguiu escolher um repertório mais tropical após a visita de Lennie Dale, bailarino e coreógrafo norte-americano radicado no Brasil, mas que em tempos de ditadura andava mais pelo mundo do que pelo país onde escolheu viver.

Rezava a lenda que Lennie Dale foi o responsável pela introdução da noção de ensaio nos shows de música popular brasileira. Elis Regina teria aprendido com ele a se comportar no palco: o famoso gesto de levantar os braços enquanto cantava saiu de encontros com o bailarino. No hotel com os Mutantes, ele foi sagaz ao explicar para aqueles jovens como o público francês os receberia se não fizessem o que lhes foi sugerido. Relaxados depois de uma sessão de haxixe, que fumaram juntos, eles definiram o roteiro: as brasileiríssimas "Adeus, Maria Fulô", "A Minha Menina" e "Bat Macumba" e as francesas "José", que Rita cantou em português mesmo e mais uma vez os rapazes tiveram que aceitar, e "Le Premier Bonheur du Jour". Com um figurino bem colorido e diverso, eles acertaram em cheio e, dia após dia, foram conquistando a plateia e a mídia local. Durante a temporada,

27, 1970, and the trip was tense, with Lázaro trying to indoctrinate the musicians about the show style sought by Bruno Coquatrix, the director of L'Olympia, one of the most famous and envisaged concert halls in the world. Rule number one: rock was not well-received. Rule number two: the more "Brazilian" the style on stage, the better the result. On the eve of the debut, in an open rehearsal to Coquatrix, heavier songs were banned from the script: "Jardim Elétrico" ("Electric Garden") and "Meu Refrigerador não Funciona" ("My Refrigerator does not Work"). Discouraged, the trio was only able to choose a more tropical repertoire after a visit from Lennie Dale, a North-american dancer and choreographer based in Brazil, but who, in times of dictatorship, traveled more around the world than stayed in the country where he chose to live.

Legend has it that Lennie Dale was responsible for introducing the notion of rehearsals at Brazilian popular music concerts. Elis Regina had learned from him how to behave on stage: the famous gesture of raising her arms as she sang came out of meetings with the dancer. In the hotel with Mutantes, he was shrewd in explaining to those young people how the French public would receive them if they did not do what they were told. While laughing after a session of smoking hashish together, they defined the script: the Brazilian "Adeus, Maria Fulô" ("Goodbye Maria Fulô"), "A Minha Menina" ("She's My Shoo Shoo"), "Bat Macumba" and the French songs "José," which Rita sang in Portuguese and once again the boys had to accept, and "Le Premier Bonheur Du Jour". With very colorful and diverse costumes, they hit the mark and, day after day, they won

Bécaud fazia seu concerto e apresentava todas as atrações, da acrobacia à música brasileira, passando pelo show de piadas e pelo balé. Os Mutantes foram assistidos por ninguém menos que Alain Delon. E, se não falha a memória de Rita Lee – que em sua autobiografia confunde Bécaud com Charles Aznavour e diz que foi no concerto dele que os Mutantes tocaram – Brigitte Bardot estava na plateia.

Durante a temporada de um mês, os Mutantes tiveram alguns dias de folga. Mas o L'Olympia não parava: a casa sediava espetáculos todos os dias. Deep Purple e Ten Years After, duas bandas britânicas em plena ascensão, passaram por lá entre uma noite de Bécaud e outra. No entanto, Arnaldo, Rita, Sérgio, Liminha e Dinho não estavam muito ligados na programação. A não ser por Sérgio, que ainda resistia às drogas, os outros estavam interessados em aproveitar as viagens propostas por Toninho Peticov – foragido do Brasil após ser condenado à prisão devido a uma apreensão de pastilhas de LSD (dietilamida do ácido lisérgico) em seu apartamento, em São Paulo. Logo que o artista plástico descobriu a chegada dos amigos em Paris, apareceu no hotel da banda com várias cartelas de Orange Sunshine – um tipo de LSD que vinha em pequenas embalagens, presas por pontilhados, que eram recortadas e vendidas separadamente. O ácido é uma substância sintetizada pela primeira vez em 1943 pelo químico suíço Albert Hoffmann a partir do fungo do centeio, e popularizada duas décadas depois pelo químico amador Nicholas Sand, seguidor do psicólogo e escritor Timothy Leary, que ficou famoso na época por disseminar os benefícios tera-

over the audience and the French media. During the season, Bécaud lead his concert and presented all the attractions, from acrobatics to Brazilian music, as well as stand-up comedy and ballet. Mutantes were watched by none other than Alain Delon. And if Rita Lee's memory is right, Brigitte Bardot was in the audience (in her autobiography she mixes up Bécaud with Charles Aznavour and says that it was at his concert that the Mutantes played).

During the one-month season, Mutantes had a few days off. But L'Olympia did not stop: the house hosted spectacles every day. Deep Purple and Ten Years After, two British bands in full swing, played there in between Bécaud's concerts. However, Arnaldo, Rita, Sérgio, Liminha and Dinho were not very in tune with the program. Except for Sérgio, who still resisted drugs, the others were interested in taking advantage of the "trips" proposed by Toninho Peticov – who had escaped from Brazil after being sentenced to prison due to the apprehension of LSD (lysergic acid diethylamide) tablets in his apartment, in São Paulo. As soon as the artist found out about the arrival of his friends in Paris, he appeared in the band's hotel with several tabs of Orange Sunshine – a type of LSD that came in tabs – small squares of blotter paper, torn at cutting grids and sold separately. LSD is a substance that was synthesized for the first time in 1943 by Swiss chemist Albert Hoffmann from rye fungus and popularized two decades later by amateur chemist Nicholas Sand, a follower of psychologist and writer Timothy Leary, who was famous at the time for spreading the therapeutic and spiritual benefits of hallucinogens. In the song

pêuticos e espirituais do alucinógeno. Na canção "Let The Sunshine In", um dos temas do musical "Hair", há uma citação à droga cujos efeitos são similares aos da Mescalina, alucinógeno natural extraído de um cacto chamado Peiote. De procedência mexicana, a planta também dá origem ao mescal, uma bebida alcoólica. Para os cinco, a onda do Sunshine foi a maior diversão durante o passeio por Paris. Sérgio preferiu desbravar a cidade sozinho. No entanto, para a criatividade, a experiência foi terrível. E o grupo sentiu isso quando foi convidado pela gravadora britânica Polydor Records a entrar em estúdio para gravar um álbum que seria lançado na Inglaterra e na França.

Como era impossível sair de perto do L'Olympia para realizar a gravação em Londres, onde estava sediada a multinacional, um engenheiro de som foi enviado para acompanhá-los e atuar como produtor durante uma semana, no estúdio Des Dames. Localizado ao norte de Paris, passaram por lá estrelas como Sylvie Vartan e Johnny Hallyday. Carlos Olms já havia trabalhado na remasterização da trilha sonora do musical "Hair", na gravação de um álbum de Mike Gibbs e futuramente trabalharia em discos de Jimi Hendrix, Rory Gallagher e Neil Sedaka. Com Olms, não havia tempo para brincadeiras e muito menos flexibilização da sonoridade que ele foi buscar. A ordem era gravar um disco que soasse brasileiro. De cara, as canções do repertório do L'Olympia entraram na seleção, sendo que o grupo fez versão em inglês para "Panis et Circenses" e "A Minha Menina". A composição de Caetano e Gil ficou com o mesmo nome, em latim, mas a de Jorge Ben virou a debochada "She's My

"Let the Sunshine In," one of the songs from the iconic musical "Hair," there is a mention of the drug whose effects are similar to mescaline, a natural hallucinogen extracted from a cactus called Peyote. Originally from Mexico, this plant is also the base of mescal, an alcoholic beverage. For the five of them, the Sunshine was the funniest part of their trip through Paris, on the first day they used it. Sérgio, the sixth element, preferred to explore the city alone. However, the experience was terrible for their creativity. And the group felt it when they were invited by British major Polydor Records to enter the studio to record an album that would be released in England and France.

As it was impossible to leave the city to record in London, where the multinational was based, a sound engineer was sent to accompany them and be their producer during one week, in the Des Dames studio. Located in the North of Paris, stars such as Sylvie Vartan and Johnny Hallyday had worked there. Carlos Olms had previously worked there remastering the soundtrack for the musical "Hair," recording an album by Mike Gibbs and would later work on Jimi Hendrix's, Rory Gallagher's and Neil Sedaka's. With Olms, there was no time for jokes and much less flexibility with the sound that he sought there. The order was to record an album that sounded Brazilian. Right from the beginning, the songs from the repertoire of L'Olympia entered the selection, since the group had made versions in English for "Panis et Circenses" and "A Minha Menina". Caetano and Gil's song had the same name in Latin, but the one by Jorge Ben became the debauched version "She's My Shoo Shoo," in an arrangement rem-

Shoo Shoo", com arranjo a la Sérgio Mendes, músico brasileiro já famoso no exterior. Sem tempo e inspiração para criar algo novo, eles ainda transformaram "Ando Meio Desligado" em "I Feel a Little Spaced Out" e "Desculpe, Babe" em "I'm Sorry, Baby", e fizeram uma tradução de "Baby", que gravaram numa onda bossanovista. O arranjo de "Bat Macumba", neste disco, está menos terreiro e mais samba. Sob pressão, trouxeram três inéditas em inglês para o repertório – "Virginia", "Saravah" e "Tecnicolor" – e uma nova em portunhol, "El Justiciero".

Coincidência ou não, "El Justiciero" foi batizada com o slogan de uma campanha publicitária, da Rhodia, de um inseticida chamado Rhodiasol. Publicada na revista Veja em janeiro de 1969, a foto mostra a embalagem com uns cactos por trás, o título "El Justicero" em cima e um texto, embaixo, que diz que o produto é conhecido também como "El Matador" e que é o "defensor implacável da lei da higiene e do conforto". O anúncio reforça a grafia em espanhol errada para a tradução de "o justiceiro". O fenômeno que tornou música e inseticida homônimas pode ter sido uma coincidência, visto que nenhum dos Mutantes lembra da campanha. Entretanto, não era um absurdo ser influenciado por algo do tipo. Ídolos dos músicos, os Beatles fizeram "Good Morning Good Morning" para o antológico *Sgt. Pepper's Lonely Hearts Club Band* inspirados pelo comercial dos flocos de milho da Kellogg's. O texto do comercial era: "Bom dia! Bom dia! O melhor para você a cada manhã. Um café da manhã ensolarado com os flocos de milho da Kellogg's, crocante e cheio de alegria".

iniscent of Sérgio Mendes, a Brazilian musician who was already famous abroad. Without much time or inspiration to create anything new, they even turned "Ando Meio Desligado" into "I Feel a Little Spaced Out" and "Desculpe, Babe" into "I'm Sorry, Baby" and also translated "Baby," which they recorded in a half-bossa nova style. The arrangement of "Bat Macumba" in this record is less "terreiro-like" (afro-Brazilian religious percussion sound) and more samba. Under pressure, they inserted three new songs in English in the repertoire – "Virginia," "Saravah" (a common greeting from African-slave descent) and "Tecnicolor" ("Technicolor") – and a new one in a mix of Portuguese and Spanish, "El Justiciero" ("The Avenger").

Coincidence or not, "El Justiciero" was the name of the slogan of an advertising campaign by Rhodia, of an insecticide called Rhodiasol. Published in Veja magazine in January 1969, the picture shows the packaging with some cacti behind it, the title "El Justicero" above it and a text below, which says that the product is also known as "El Matador" ("The Killer") and that it is the "relentless defender of the law of hygiene and comfort". The ad ends with "Adiós. El Justicero!," reinforcing the wrong spelling in Spanish for the translation of "O Justiceiro" ("The Avenger"). The phenomenon that made the song and insecticide homonyms may have been a big coincidence, since none of the Mutantes remember the hype. However, it was not absurd to be influenced by things like that. The Beatles made "Good Morning Good Morning" for the anthological album *Sgt. Pepper's Lonely Hearts Club Band*, inspired by Kellogg's corn flakes TV commercial. The text of the ad said:

Apesar de gostar da marca Rickenbacker, Liminha usou um baixo construído por Cláudio César Dias Baptista com um design de contrabaixo semiacústico, todo em jacarandá. Os entalhes em forma de "s" e as tarraxas de latão deixavam o instrumento bem pitoresco. Mas a sonoridade foi o que mais chamou a atenção de quem escutava o baixista tocar: um captador feito a partir de uma cápsula de vitrola foi colocado embaixo do encordoamento, o que causava uma distorção e aumentava a potência sonora. Rita Lee tocou até agogô. E, de acordo com lembranças de Arnaldo do final da década de 1990, durante a masterização do álbum para seu lançamento no Brasil, um grupo de percussionistas que tocavam na noite de Paris foi convidado por eles para dar mais brasilidade ao disco. Ele deu a Ricardo Carvalheira, o responsável pelo trabalho de resgate das gravações, em São Paulo, o telefone de um dos engenheiros de som responsáveis pelo trabalho, em 1970. Carvalheira telefonou para Dominique Poncer – que atuou junto a Philippe Lerichomme – e o francês confirmou tudo o que o ex-Mutante lhe contou.

Depois das gravações em Paris e da foto para a capa tirada lá mesmo, que não teve Dinho nem Liminha no foco junto com os outros, Arnaldo estendeu sua viagem e passou uns dias na Inglaterra. Em um estúdio de 16 canais de Londres, ele gravou sintetizadores – que podem ser ouvidos em "Virgínia" – e acompanhou a mixagem das faixas. Os outros voltaram para o Brasil com cópias das gravações em fitas K7. Arnaldo voltou da Europa depois e até hoje ninguém sabe (ninguém se lembra) como é que o tape

"Good morning! Good Morning! The best to you each morning. Sunshine breakfast, Kellogg's corn flakes, crispy and full of Sun."

Even though he liked the brand Rickenbacker, Liminha used a bass guitar built by Cláudio César Dias Baptista with a semi acoustic double bass design, all in rosewood. The "s" shaped carvings and the brass tuners made the instrument very picturesque. But the sound was what most caught the attention of the bass player: a pickup made from a phonograph capsule was placed under the strings, which caused a distortion and increased sound power. Rita Lee even played the agogo. And, according to Arnaldo's memories of the late 1990s, during the mastering of the album for its release in Brazil, a group of percussionists who played in the night of Paris was invited by them to give more "Brazilianness" to the album. He also gave Ricardo Carvalheira, the person responsible for recovering the recordings in São Paulo, the telephone number of one of the sound engineers responsible for the work, in 1970. Carvalheira called Dominique Poncer – who worked with Philippe Lerichomme – and the French confirmed everything the former Mutante told him.

After the recordings in Paris and the photo for the cover taken there, which did not have Dinho or Liminha in focus with the others, Arnaldo extended his trip and spent a few days in England. In a 16-channel London studio, he recorded the synthesizers – which can be heard in "Virginia" – and accompanied the track mixing process. The others returned to Brazil with copies of the recordings on cassette tapes. Arnaldo returned from Europe a little later and until

quarter track com a versão já mixada das músicas foi parar nos arquivos de Toninho Peticov. Tratava-se de uma fita para a qual era possível transpor as gravações da fita de rolo e que tocava em equipamentos semiprofissionais que alguns artistas tinham em casa. Provavelmente, o artista plástico possuía uma aparelhagem como essa. O fato é que o álbum acabou não sendo lançado e nunca ninguém soube por quê. Durante 25 anos, não se falou mais no assunto até que o escritor Carlos Calado resgatou essa história durante sua pesquisa para o livro "A Divina Comédia Dos Mutantes", lançado em 1995. Na biografia da banda, Calado conta que o produtor Carlos Olms afirma que "a mistura de títulos em inglês, português e francês não o agradou" e a filial brasileira da gravadora também não se mostrou interessada no projeto. Em um dos encontros com Peticov, ele descobriu a fita, chegou a escutá-la, impressionou-se com a qualidade do som e tentou incentivar a PolyGram – nome da gravadora a partir do final dos anos 1970 – a lançar aquele material inédito. Mais uma vez, a gravadora não levou o disco a sério e a fita seguiu guardada na casa do artista plástico, em São Paulo.

A saga do "álbum perdido" dos Mutantes parece ter contado com uma ajudinha do acaso, que conspirou a favor do quebra-cabeça, juntando as peças. Antes de Calado permitir que os fãs soubessem da existência dessa gravação, em 1991, o diretor artístico da PolyGram, Mayrton Bahia, recebeu uma ligação de Sérgio Dias comentando que havia um álbum pronto para ser lançado nos arquivos da gravadora. Tratava-se de *O A e o Z*, abandonado logo após

today no one knows (in fact, nobody remembers) how the quarter track tape with the already mixed version of the songs ended up in Toninho Peticov's archives. It was a tape on which the recordings could be transposed and played on semi-professional equipment that some artists had in their houses. The artist probably even had this apparatus. However, the album was not released and nobody ever knew why. For 25 years, the subject was not mentioned until writer Carlos Calado unearthed this story during his research for the book "A Divina Comédia dos Mutantes" ("The Divine Comedy of Mutantes"). In the band's biography, Calado says producer Carlos Olms said "the mix of titles in English, Portuguese and French did not please him" and the Brazilian subsidiary of Polydor was also not interested in taking over the project. In one of the meetings with Peticov, he discovered the tape, listened to it and was impressed by the quality of the sound and tried to encourage PolyGram to release that unreleased material as a gift for the fans. Once again, the record company did not take the record seriously and the tape was stored in the artist's house in São Paulo.

The saga of Mutantes' "lost album" seems to have relied on a little help from chance, which conspired in favor of the puzzle by putting its pieces together. Before Calado let fans know of the existence of this recording, in 1991, PolyGram's artistic director, Mayrton Bahia, received a call from Sérgio Dias, who said that there was a Mutantes album in the archives of the record company that was ready to be released. This is *O A e o Z ("The A and the Z")*, abandoned shortly after Mutantes – at the time, without

os Mutantes – já sem Rita Lee – serem dispensados do elenco da, na época, Phonogram. Em sua busca pelas fitas masters arquivadas, Mayrton encontrou a matriz do que viria a ser o álbum *Tecnicolor* e diversas faixas soltas. Fã de Mutantes, ele levou ao presidente da gravadora, José Luis Pantano, a ideia de lançar o disco inédito sugerido por Sérgio, o álbum gravado na Europa e, depois, uma caixa de CDs que tivesse uma coletânea com as faixas encontradas. Nessa época, a gravadora estava digitalizando muitos trabalhos lançados apenas no formato LP. Os Mutantes mesmo só tinham seu acervo em vinil – os originais e uma reedição do selo Baratos Afins, de São Paulo, de 1983. No entanto, Mutantes era uma banda da qual ninguém falava e o diretor comercial vetou. Mayrton insistiu, ganhou um voto de confiança, mas só para lançar os álbuns já existentes em CD e *O A e o Z*. Se desse certo, os outros ficariam para depois. Rapidamente, as 10 mil cópias de cada um esgotaram das lojas. Mas, antes que o diretor artístico pudesse dar continuidade ao seu projeto de resgate da banda que tanto admirava, a direção da gravadora mudou e ele acabou dispensado, o que o fez voltar a se dedicar a arte de produzir, que ele sempre fez muito bem – foi ele o responsável pela produção da maioria dos álbuns da Legião Urbana.

Em setembro de 1995, o jornalista Leonardo Rivera entrevistou Rita Lee para a revista International Magazine, para a qual colaborava, e acabou virando o queridinho dela. Um ano depois, Rita indicou o "afilhado" para uma vaga de emprego no departamento de marketing da PolyGram. Leo assumiu o posto aos 22 anos e, além de se dedicar a

Rita Lee – were dismissed from the then Phonogram label. In his quest for the archived masters tapes, Mayrton found the major of what would become the album *Tecnicolor ("Technicolor")* and several loose tracks. A fan of Mutantes, he took to the president of the label, José Luis Pantano, the idea of releasing the unpublished record suggested by Sérgio, the album recorded in Europe and, later, a box of CDs that had a collection with the tracks that were found. At that time, the label was digitalizing many records released only in LP format. Even Mutantes only had their collection on vinyl – the originals and a reissue from the label Baratos Afins label, from São Paulo, launched in 1983. However, Mutantes was a forgotten band and the commercial director vetoed the project. Mayrton insisted but was only able to gain support to release the already existing albums on CD and *O A e o Z*. If it worked, the others would be released later. The 10,000 copies of each one sold out quickly. However, before the artistic director could continue his rescue project of the band he admired so much, the direction of the label changed and he ended up being fired, which made him go back to the art of producing, which he always did very well – he was the responsible for the production of most of Legião Urbana's albums (a classic and very famous band from the 80's Brazilian rock movement).

In September 1995, journalist Leonardo Rivera interviewed Rita Lee for the International Magazine newspaper, for which she collaborated, and who eventually became her darling. A year later, Rita nominated her "godson" for a job post in the marketing department of PolyGram. Leo took the job at the age of 22

aprender tudo o que podia sobre o mercado fonográfico, ele também criou o hábito de vasculhar os arquivos da gravadora e fazer cópias de registros que não conhecia. Leo era amigo de Mayrton de outros tempos e sabia das ações do produtor em relação aos Mutantes. Assim que chegou à gravadora, ouviu falar sobre a tentativa do Calado de fazer o tal álbum nunca lançado chegar ao público. E, rodando os rolos engavetados, encontrou a cópia da fita com o repertório gravado na França. No rótulo, estava escrito "Mutantes / Carlos Olms". Rivera pediu ao encarregado dos arquivos, William Tardelli, para fazer uma cópia para ele e levou o assunto ao então presidente da gravadora, Marcelo Castelo Branco, junto à ideia de buscar as devidas autorizações para realizar o lançamento. Castelo Branco chegou ao cargo depois que o presidente anterior saiu e não sabia da história de Mayrton, mas conhecia um outro pesquisador que também andava sondando o legado de Mutantes nos arquivos. Leo e Rita trocaram uma série de e-mails sobre o assunto entre 1997 e 1998 e a "madrinha" ficou surpresa com o achado. Ela pediu para ouvir o material, enquanto se preparava para o lançamento do álbum *Acústico MTV*. O que nenhum deles sabia era que, paralelamente, dois outros movimentos estavam acontecendo no sentido de resolver a pendenga.

Outro *habitué* da sala de arquivos, o jornalista e pesquisador musical Marcelo Fróes também esbarrou com a mesma fita durante uma de suas buscas por materiais dignos de resgate. Marcelo tinha entrevistado Arnaldo Baptista para a revista que editava, a International Magazine, junto a Marcos Petrillo (seu

and as well as devoting himself to learning everything he could about the music business, he also made a habit of rummaging through the record company's archives and making copies of records he did not know. As soon as he arrived at the label, he heard about Calado's attempt to make the never-released album reach the public. And, digging through the shelves, he found a copy of the tape with the repertoire recorded in France. On the label, it was written "Mutantes / Carlos Olms". Rivera asked the file manager, William Tardelli, to make a copy for him and took the matter to the president of the label's CEO, Marcelo Castelo Branco, along with the idea of seeking the necessary authorizations to carry out the release. Him and Rita exchanged a series of e-mails on the subject between 1997 and 1998 and his "godmother" was surprised by the finding, having even asked to listen to it during the time she was preparing for the release of her *Acústico MTV ("MTV Unppluged")* album. What none of them knew was that, parallel to this, two other moves were taking place in order to solve the problem.

Another *habitué* from the archive room, journalist and music researcher Marcelo Fróes, also stumbled upon the same tape during one of his searches for salvageable material. Marcelo had interviewed Arnaldo Baptista for the magazine he edited, International Magazine, along with Marcos Petrillo (his partner) and Leonardo Rivera (his collaborator) in June 1996, and the three had heard the former Mutante talk about the discovery that Carlos Calado wanted to release. Soon after, working on the reissuing of *Ensaio Geral ("General Reharsal")*, a box-set with Gilberto Gil early albums,

sócio) e Leonardo Rivera (seu colaborador), em junho de 1996, e os três tinham ouvido o ex-Mutante falar sobre a descoberta de Carlos Calado que ele gostaria de lançar. Logo depois, trabalhando na reedição de *Ensaio Geral*, um box com discos de Gilberto Gil, Fróes viu a preciosidade perdida nos arquivos. Pediu a William uma cópia, conversou com Marcelo Castelo Branco e foi atrás de Sérgio Dias no sítio em Araras, região serrana do Rio de Janeiro, onde o músico estava morando. Vazou na imprensa a notícia de que o pesquisador estava mexendo nos arquivos da PolyGram e que tinha encontrado o "álbum perdido" dos Mutantes. O engenheiro de som Ricardo Carvalheira entrou em contato com Fróes e veio de São Paulo para lhe dizer que, exatamente naquele momento, estava trabalhando na recuperação do áudio da gravação de Paris. Fróes tomou um susto, mas ouviu o engenheiro contar que Arnaldo Baptista e a esposa tinham lhe procurado pedindo esse favor, com fitas de péssima qualidade. Ele sugeriu que Fróes usasse o material que estava sendo preparado por ele e Carlos Freitas, seu sócio no estúdio Cia de Áudio. Fróes conversou com Marcelo Castelo Branco e assumiu a produção executiva do projeto, que poderia ter sido de Mayrton Bahia, Carlos Calado, Leonardo Rivera ou dos próprios Mutantes, se um desses tivesse sido agraciado com tantas coincidências.

Arnaldo passou meses frequentando a Cia de Áudio e se mostrou apaixonado pela gravação já na primeira audição. "É isso! É isso!", exclamou ele ao ouvir o repertório. No entanto, tanto a sonoridade da fita trazida pelo ex-Mutante quanto a enviada por

Fróes found the precious record lost in the archives. He asked William for a copy, talked to Marcelo Castelo Branco and went after Sérgio Dias at a ranch in Araras, in the mountain region of Rio de Janeiro, where the musician was living. The news reported that the researcher was going through PolyGram's archives and that he had even found the Mutantes' "missing album". Sound engineer Ricardo Carvalheira contacted Fróes, arranged a meeting with him and came from São Paulo to tell him that, at that moment, he was working on recovering the audio of the Mutantes Paris' sessions. Fróes was startled, but he heard the engineer tell him that Arnaldo Baptista and his current wife, Lucinha, had gone to him for this favor, full of bad quality tapes in their hands. The ideal would be for the record company to use the material that was being prepared by him and Carlos Freitas, his partner in the Cia de Audio studio. Marcelo Fróes talked with Marcelo Castelo Branco and then took over the executive production of the project, which could have been Carlos Calado's, Leonardo Rivera's or Mutantes's themselves, if one of these had been blessed with so many coincidences.

Arnaldo spent months going the Cia. do Áudio (Audio Company, Carvalheira's studio) and he was passionate about the recording already in the first hearing. "That's it! That's it!" He exclaimed after hearing the whole repertoire. However, both the sound of the tape brought by the ex Mutante and the one sent by Fróes were low quality. After a few contacts and calls, Toninho Peticov scheduled a day to take his copy to the studio. It was the 1998 World Cup final match and Ricardo did not watch Brazil's game against France

Fróes eram ruins. Um contato aqui, uma ligação ali, Toninho Peticov um dia marcou de levar sua cópia ao estúdio. Era a final da Copa do Mundo de 1998 e Ricardo deixou de ir ver o jogo do Brasil contra a França com os amigos para esperá-lo. Peticov chegou com a fita, cujo rótulo tinha escrito "The Mutations" e um carimbo "Polydor Records – Studio London", e o papo rendeu até altas horas da noite. Quando ouviu pela primeira vez, o engenheiro não acreditou. O som era ótimo! E, além de ter os sintetizadores gravados por Arnaldo em Londres, estava mixado. Carvalheira recebeu o áudio e optou por deixar que seu sócio assumisse a masterização. Ele ficou com vontade de restaurar a fita, eliminando todas as anomalias do som, mas Carlos Freitas o convenceu a não mudar a sonoridade típica de uma época. Nesses encontros, Arnaldo se recordou de muitas coisas daquele tempo. Ao lembrar do produtor Carlos Olms, contou da rigidez dentro do estúdio. Ele tinha o telefone do técnico de som que trabalhou com os Mutantes em 1970 e pediu a Ricardo para telefonar para Paris. Enfim, o trabalho de resgate foi feito sem muita alteração na sonoridade original e com muita diversão durante o processo. Agora, faltava só Marcelo Fróes conseguir as autorizações dos integrantes para lançar o álbum, batizado de *Tecnicolor*.

O papo com Rita Lee acabou sendo introduzido por Leonardo Rivera, que ficou chateado por ter perdido a chance de estrear como produtor de um trabalho feito por sua "madrinha", mas continuou sendo profissional. Em um e-mail enviado a Roberto de Carvalho, marido de Rita, ele avisou que Fróes esta-

with his friends in order to wait for him. Peticov arrived with the tape, whose label had "The Mutations" written on it and a stamp from "Polydor Records – Studio London," and the conversation went on until late into the night. When he first heard it, the engineer did not believe it. The quality of the sound was excellent! And besides having the synthesizers recorded by Arnaldo in London, it had already been mixed. Carvalheira received the audio and opted to let his partner take over the mastering. He wanted to restore the tape, to eliminate all the anomalies of the sound, but Carlos Freitas convinced him not to change the typical sonority of an era. In these meetings, Arnaldo remembered many things from that time. Remembering producer Carlos Olms, he talked about the stiffness inside the studio. He had the telephone number of the sound engineer who worked with Mutantes in 1970 and asked Ricardo to call Paris. They spoke in English and Dominique Poncet confirmed everything that had been said. Anyway, the recovery work was done without much alteration to the original sound and with a lot of fun during the process. Now, Marcelo Fróes only needed to get permission from the other members to release the album, named *Tecnicolor*.

The meeting with Rita Lee ended up being set up by Leonardo Rivera, who was upset at having missed the chance to debut as a producer of his "godmother's" work, but kept his professionalism. In an email sent to Roberto de Carvalho, Rita's husband, he informed that Fróes would be at the forefront of the negotiations. Rita, Liminha and Dinho gave their permission and Sérgio took a little longer to give in, since he wanted

ria à frente das negociações. Rita, Liminha e Dinho liberaram e Sérgio demorou um pouco mais a ceder, já que andava querendo distância das gravadoras depois de muitos negócios malsucedidos ao longo de sua carreira. Arnaldo tinha feito desenhos para a capa do disco, que não via a hora de ver lançado, mas Sérgio não curtiu muito a ideia, afinal, o álbum *O A e o Z* tinha saído com pinturas do irmão, recentemente. Marcelo, então, percebeu que a capa tinha que ser feita por alguém que fosse neutro e, ao mesmo tempo, unânime entre os três. Havia uma ideia de se fazer algo parecido com o álbum branco dos Beatles, *The Beatles* (1968). E, em um papo com Sérgio Dias, sugeriu o nome de Sean Lennon, filho do ex-Beatle John Lennon e da artista plástica Yoko Ono. Sean andava espalhando suas obras de arte pelo mundo e assinando capas de discos. Todos adoraram a ideia.

Fróes marcou com Sean, foi a Nova York e levou dois dias (dos quatro que tinha) para conseguir encontrar o rapaz. Quando foi recebido, soube que o músico e artista plástico estava desmarcando as reuniões devido a uma infecção intestinal. Ainda debilitado, ele recebeu o pesquisador em seu apartamento no East Village, esboçou alguns desenhos em sua frente e escreveu, com sua caligrafia, os nomes das músicas, dos músicos, da banda e do álbum. Depois de alguns dias, enviou o restante do trabalho de Nova York para o Rio de Janeiro, pelos correios. No Brasil, a gravadora encomendou uma sobrecapa branca, de papel cartão, com o nome do álbum talhado, o que permite a visão da mistura de cores psicodélicas feitas por Sean Lennon para a capa do encarte. Os trâ-

to keep his distance from record companies after many unsuccessful deals throughout his career. Arnaldo made some drawings for the album cover, which he could not wait to see released, but Sérgio did not like the idea, after all, the album *O A e o Z* had come out recently, in 1992, with his brother's paintings. Marcelo, then realized that the cover had to be made by someone who was neutral and, at the same time, unanimous among the three. There was an idea of doing something similar to Beatles' white album, *The Beatles* (1968). And in a conversation with Sérgio Dias, he suggested the name of Sean Lennon, son of former Beatle John Lennon and artist Yoko Ono. Sean was spreading his works of art around the world and making record covers. Everyone loved the idea.

Fróes set up a meeting with Sean and went to New York. It took them two days (of the four they had) to be able to find the young man. When they were received, he learned that the musician and artist was canceling meetings due to an intestinal infection. Still weak, he met the researcher at his apartment in the East Village, sketched some drawings in front of him and wrote down the names of the songs, the musicians, the band, and the album in his handwriting. After a few days he sent the rest of the work from New York to Rio de Janeiro by mail. In Brazil, the label commissioned a white cardboard overlay with the name of the album engraved, which allowed the vision of the psychedelic mix of colors made by Sean Lennon for the cover of the booklet. The proceedings took so long that the album only went to stores in April 2000, when the label had already been absorbed by the multinational Universal

mites demoraram tanto que o álbum só foi chegar às lojas em abril de 2000, quando a gravadora já tinha sido absorvida pela multinacional Universal Music. *Tecnicolor* saiu com o nome de Carlos Olms escrito errado (Carlos Olmes), mas com destaque para os créditos de Liminha e Dinho igual aos do trio, manuscritos também por Sean Lennon.

O disco foi lançado um mês depois de o jornal O Estado de S. Paulo publicar uma matéria que dizia que a versão pirata já estava sendo vendida em São Paulo. Naquele mesmo ano, Sean Lennon enviou um e-mail a Sérgio Dias se dizendo encantado pelo disco: "Tenho escutado *Tecnicolor* todos os dias. Que álbum incrível! Cantei 'Panis et Circenses' em inglês, outro dia, em um show, acompanhado do meu amigo, Money Mark, que toca com o Beastie Boys. A multidão amou!". Logo depois, Sean veio ao Brasil para se apresentar no Free Jazz Festival, no Rio de Janeiro, e convidou Arnaldo Baptista para participar de seu show. Juntos, eles cantaram "Panis et Circenses". Em 2016, um relançamento de LPs dos Mutantes quase fez *Tecnicolor* ganhar uma versão sem sintetizadores e com som de má qualidade. Quando a fábrica e gravadora de discos de vinil Polysom resolveu juntar todos os títulos em uma caixa, a Universal Music passou para eles a fita que Leonardo Rivera e Marcelo Fróes haviam encontrado. Fróes entrou em contato com Rafael Ramos, o produtor e sócio da fábrica, para perguntar qual era a fonte que ele estava usando, e acabou tendo que chamar a atenção para a tragédia ou comédia que estava prestes a acontecer. Quem sabe uma nova versão não seria um presente para os fãs?

Music. *Tecnicolor* came out with the name of Carlos Olms misspelled (Carlos Olmes), but emphasizing the credits to Liminha and Dinho, the same as the trio's, also written by Sean Lennon.

The record was released a month after the newspaper O Estado de S. Paulo published a story that said that the pirate version was already being sold in São Paulo. That same year, Sean Lennon sent an email to Sérgio Dias saying he was delighted with the record: "I've been listening to *Tecnicolor* every day. What an incredible album! I sang 'Panis et circenses' in English, the other day, at a concert, accompanied by my friend, Money Mark, who plays with the Beastie Boys. The crowd loved it!". Soon after, Sean came to Brazil to perform at the Free Jazz Festival in Rio de Janeiro and invited Arnaldo Baptista to participate in his show. Together they sang "Panis et circenses". In 2016, a reissue of Mutantes LPs almost made a version of *Tecnicolor* without synthesizers and with poor quality sound. When the factory and recorder of vinyl records Polysom decided to put all the titles in a box, Universal gave them the tape that Leonardo Rivera and Marcelo Fróes had found. Fróes contacted Rafael Ramos, the producer and partner of the factory, to ask what source he was using and ended up having to draw attention to the tragedy or comedy that was about to happen. Maybe a new version would have to be produced as a gift for the fans?

Tracklist: Tecnicolor

1 Panis et Circenses Caetano Veloso e Gilberto Gil / Versão: Mutantes 2:12
2 Bat Macumba Caetano Veloso e Gilberto Gil 3:16
3 Virginia Arnaldo Baptista, Rita Lee e Sérgio Dias 3:23
4 She's My Shoo Shoo (A Minha Menina) Jorge Ben / Versão: Mutantes 2:52
5 I Feel A Little Spaced Out (Ando Meio Desligado) Arnaldo, Rita e Sérgio / Versão: Mutantes 2:51
6 Baby Caetano Veloso / Versão: Mutantes 3:36
7 Tecnicolor Arnaldo Baptista, Rita Lee e Sérgio Dias 3:54
8 El Justiciero Arnaldo Baptista, Rita Lee e Sérgio Dias 3:52
9 I'm Sorry Baby (Desculpe, Babe) Arnaldo Baptista e Rita Lee / Versão: Mutantes 2:42
10 Adeus, Maria Fulô Humberto Teixeira e Sivuca 2:39
11 Le Premier Bonheur Du Jour Frank Gerald e Jean Renard 2:46
12 Saravah Arnaldo Baptista, Rita Lee e Sérgio Dias / Versão: Mutantes 2:59
13 Panis et Circenses (Reprise) Caetano Veloso e Gilberto Gil / Versão: Mutantes 1:23

1. Panis et Circenses
2. Bat Macumba
3. Virginia
4. She's My Shoo Shoo (A Minha Menina)
5. I Feel A Little Spaced Out
(Ando Meio Desligado)
6. Baby
7. Tecnicolor
8. El Justiciero
9. I'm Sorry Baby (Desculpe, Babe)
10. Adeus, Maria Fulô
11. Le Premier Bonheur du Jour
12. Saravah
13. Panis et Circenses (Reprise)
Produced by Carlos Olmes
Mutantes
Arnaldo Baptista Rita Lee Sergio Dias
Arnolpho Lima Filho (Liminha) Ronaldo Leme (Dinho)

MUTANTES
AAAAAAAH!
polydor

Jardim Elétrico

1971

Depois da temporada de desencontros amorosos, turbulências musicais, reencontros e tempo considerado perdido nos estúdios europeus, veio uma fase de bonança. O ano de 1971 seria diferente para os Mutantes, que agora era um quinteto, do qual o baterista Dinho Leme e o baixista Liminha faziam parte oficialmente. Pelo menos é o que mostra a imagem da contracapa do álbum *Jardim Elétrico*, lançado em março, na qual eles são tão protagonistas quanto Arnaldo Baptista, Sérgio Dias e Rita Lee. A foto foi tirada no estúdio onde ensaiavam, providencialmente montado no quintal da casa dos Dias Baptista, na Rua Venâncio Aires, número 408, no bairro da Pompéia. Fotógrafo norte-americano radicado no Brasil desde 1966, George Love enquadrou bem a enorme parafernália dos rapazes: eles fizeram questão de mostrar todos os seus instrumentos e amplificadores e há cabos para todos os lados. Para fugir do lugar comum, Rita segurou um espelho, com o intuito de produzir um reflexo do flash. A mão da

After a season of turmoil in the love and musical departments, reunions and wasted time in European studios, came a fruitful phase. The year 1971 would be different for the Mutantes, who were now a quintet, as drummer Dinho Leme and bassist Liminha were officially part of the group. At least that is what the image on the back cover of the album *Jardim Elétrico* ("*Electric Garden*"), released in March, shows: they appear as protagonists by the side of Arnaldo Baptista, Sérgio Dias and Rita Lee. The picture was taken in the studio where they rehearsed, providentially set up in the backyard of Dias Baptista's house, at 408 Venâncio Aires Street, in Pompéia neighborhood. An American photographer based in Brazil since 1966, George Love fit the boys' enormous paraphernalia well in the frame: they made a point of showing all their instruments and amplifiers and there are cables everywhere. To escape from the usual, Rita held a mirror, to produce a reflection of the flash. The arm of Sérgio's Golden Guitar, held by the Rita, is also

Guitarra de Ouro de Sérgio, segurada pela cantora, também refletiu. Sérgio resgatou a mesma echarpe usada para a foto da contracapa de *A Divina Comédia ou Ando Meio Desligado* e usou-a para cobrir seus braços. Durante os cliques, o guitarrista fez movimentos para baixo e para cima, para dar a impressão de que estava tentando levantar voo. Sentado atrás do teclado, Arnaldo segura um microfone. Liminha, de meia, encontra-se sentado no chão, e Dinho, de casaco de couro, posicionado em sua bateria Ludwig, a mesma usada por ele desde 1968. O rolo de fita crepe – que pode ser visto em cima de um dos amplificadores, entre Dinho e Sérgio – é sempre um "quebra-galho" para qualquer músico e, por isso, ganhou uma homenagem, aparecendo na foto. Perto do pé de Liminha, além de seu baixo, um violão de 12 cordas e um de seis, está o theremin.

Ronaldo Poliseli Leme, mais conhecido como Dinho Leme, nasceu em Campo Grande, capital do Mato Grosso, em 22 de julho de 1949. Por causa da profissão do pai, bancário, mudou de cidade e estado muitas vezes e se fixou em Rancharia, no interior de São Paulo, até completar 14 anos. Começou tocando bateria em bailes e, já em São Paulo, acompanhou Jorge Ben e Ronnie Von, antes de começar a tocar com os Mutantes. O paulistano Liminha nasceu Arnolpho Lima Filho em 5 de maio de 1951 e foi influenciado por sua mãe, pianista clássica, e seu pai, violonista amador. Na adolescência, formou o grupo Os Baobás, com o qual gravou, pelo selo Mocambo, versões para grandes hits como "Light My Fire" (The Doors) e "(Sittin' on) the Dock of the Bay" (Otis Redding).

reflected. Sérgio got the same scarf used for the backstage photo of *A Divina Comédia ou Ando Meio Desligado* and used it to cover his arms. During the clicks, the guitarist moved up and down to give the impression he was trying to fly. Sitting behind the keyboard, Arnaldo holds a microphone. Liminha, in the middle, is sitting on the floor, and Dinho, in a leather jacket, is positioned by his Ludwig drums, the same ones used by him since 1968. The roll of duct tape – which can be seen on top of one of the amplifiers, between Dinho and Sérgio – is always a life-saver for any musician and, therefore, won a tribute, appearing in the photo. Near Liminha's foot, besides his bass, there is a 12-string guitar and another six-stringed one and the theremin.

Ronaldo Poliseli Leme, better known as Dinho Leme, was born in Campo Grande, capital of Mato Grosso, on July 22, 1949. Due to his father's profession, a banker, he changed his city and state many times and settled in Rancharia, in São Paulo inner state, until the age of 14. He began playing drums in local ballrooms and, in São Paulo, accompanied Jorge Ben and Ronnie Von, before he began to play with the Mutantes in 1968. Liminha was born Arnolpho Lima Filho on May 5, 1951, in São Paulo and he was influenced by his mother, a classical pianist, and his father, an amateur guitarist. As a teenager, he formed the group Os Baobás, with which he recorded with Mocambo label, versions for big hits like "Light My Fire" (The Doors) and "Sittin'on the Dock of The Bay" (Otis Redding). Although he had passed the exams to go to university to study Economics, he accepted the invitation to accompany Mutantes in 1969. After some time of exclusive ded-

Embora tenha sido aprovado para cursar Economia, aceitou o convite para acompanhar os Mutantes em 1969. Depois desse tempo de dedicação exclusiva à banda, ambos começaram a questionar porque nunca apareciam em fotos e sempre ganhavam um cachê muito menor do que os de Arnaldo, Sérgio e Rita. Na virada para 1971, o trio acabou reconhecendo que os dois já eram parte da banda. A adesão foi destaque na coluna de Big Boy assim que *Jardim Elétrico* foi lançado e chegou às mãos dos radialistas. O disc jockey declarou que o grupo estava "em sua nova fase, pois acrescentaram mais dois componentes".

Em dezembro de 1970, recém-chegados da Europa após a experiência no L'Olympia e nos estúdios onde gravaram o que viria ser o álbum *Tecnicolor*, os Mutantes foram convidados a participar do "Som Livre Exportação", aquela atração da TV Globo em que apresentaram "José" a contragosto de Arnaldo e Sérgio. Três meses depois, em março de 1971, a emissora resolveu promover uma versão ao ar livre do programa no Parque Anhembi, em São Paulo. Mais uma vez, o quinteto tocou "José", agora para 100 mil pessoas que só pararam de se espremer, em um movimento que parecia que iria acabar em confusão, quando Elis Regina passou uma descompostura na plateia. A multidão chegou a empurrar o palco, que foi arrastado uns 15 metros para trás. Além de reclamarem muito do volume do som – padronizado pela emissora para possibilitar o registro e a transmissão – e de não respeitarem o combinado com a equipe técnica – aumentando o volume dos próprios instrumentos – os Mutantes ainda tiraram sarro durante

ication to the band, both began to question why they never appeared in the albums' photos and got a much lower payment than Arnaldo, Sérgio and Rita. In the beginning of 1971, the trio eventually acknowledged that the two were already part of the band. Their membership was featured in the Big Boy column as *Jardim Elétrico* was released and got to the broadcasters. The disc jockey stated that the group was "in a new phase because they added two components".

In December 1970, recently arrived from Europe after the experience at L'Olympia and at the studios where they recorded what would become the album *Tecnicolor* ("*Technicolor*"), Mutantes were invited to participate in "Som Livre Exportação" ("Free Export Sound"), a Globo TV show in which Arnaldo and Sérgio had to play "José". Three months later, in March 1971, the TV network decided to promote an outdoor version of the program at Anhembi Park, in São Paulo. Once again, the quintet played "José," now for 100 thousand people who were pushing and squeezing each other, a situation that was seeming to become a crowd fight until Elis Regina scolded the audience and they stopped. The crowd had even pushed the stage, which was dragged some 15 meters back. In addition to complaining a lot about the volume of the sound – standardized by the broadcaster to enable registration and transmission – and not respecting the agreement with the technical team – by increasing the volume of the instruments themselves – Mutantes still made fun of the situation during a statement in a feature story: "Because we are gathered here for this wonderful feast. We are all gathered here for this wonderful

o depoimento que deram à reportagem. "Porque nós estamos aqui reunidos para essa maravilhosa festa. Estamos todos aqui reunidos para essa maravilhosa festa. E porque nós estamos aqui todos reunidos para essa maravilhosa festa", respondeu Sérgio ao jornalista, que perguntou a Arnaldo se ele concordava. "Plenamente", disse o irmão mais velho, lentamente e visivelmente alterado. No meio dos dois, Rita acompanhava com os olhos e com um sorriso no rosto e balançava a cabeça, concordando. O grande evento rodou diversas cidades do Brasil e seguiu no ar, na televisão. Com as muitas gravações do programa e apresentações ao vivo, o grupo aproveitou o impacto que o "Som Livre Exportação" causou no grande público, mas saiu odiado por muitos integrantes da equipe de produção da TV.

Depois que começaram a gravar o programa da TV Globo e antes de aparecerem no palco de sua versão ao vivo, os Mutantes iniciaram os trabalhos em seu novo disco. Paralelamente, estavam começando a frequentar a Serra da Cantareira, região a 30 quilômetros de São Paulo. No ano anterior, enquanto Rita gravava seu primeiro disco solo, os outros mutantes foram conhecer o lugar e se encantaram com a ideia de comprar um terreno grande e construir casas para morar um do lado do outro. Os músicos chegaram lá no Corcel 69 do irmão de Dinho, Reginaldo Leme (Naldo), que dois anos depois começaria a trabalhar como jornalista em coberturas de Fórmula 1. O negócio foi fechado e foi dado início ao aterro, pois o lugar era sinuoso. Em seguida, viriam as obras das casas, que começariam a tomar forma mais para o final

party. And because we are all gathered here for this wonderful party," replied Sérgio to the journalist, who asked Arnaldo if he agreed. "Absolutely," said the older brother, slowly and visibly altered. In the middle of the two, Rita followed with her eyes and smiled nodding. The big event took place in several cities in Brazil and it was broadcast on television. With many recordings of the show and live performances, the group took advantage of the impact that "Som Livre Exportação" caused on the public, but ended up being hated by many members of the TV production team.

After they started recording the TV show on Globo and before appearing live on stage, the Mutantes started working on their new album. At the same time, they began to travel to Serra da Cantareira, a region 19 miles from São Paulo. In the previous year, while Rita was recording her first solo album, the other Mutantes went to see the place and they were enchanted with the idea of buying a large plot of land and build houses side by side. The musicians arrived there in Dinho's brother Reginaldo Leme's (Naldo) Corcel 69 (a type of car), who two years later would begin working as a journalist covering Formula 1. They made a deal and then started the leveling of the sinuous terrain. After that, began the work on the houses, which started to take shape towards the end of 1971. While the inside of the houses were not yet ready, the musicians would travel to friends' farms in São Paulo's countryside or to other places where they could enjoy the acid they brought from Europe.

By that time, Mutantes had definitely become the representatives of the psychedelic movement, which

de 1971. Enquanto o espaço mais íntimo de cada um não ficava pronto, os músicos viajavam para sítios de amigos no interior de São Paulo ou para lugares onde podiam curtir os ácidos que haviam trazido da Europa.

Agora, sim, os Mutantes tinham se tornado os representantes do movimento psicodélico, que vinha invadindo o país desde que as bandas de rock progressivo Pink Floyd, Yes e Genesis, além dos Beatles, começavam a trazer experimentações para suas músicas. Algo que também incentivou a atitude "paz, amor" e "mente aberta" dos jovens ligados à contracultura e mudou a mentalidade dos músicos brasileiros foi "Woodstock". O documentário sobre o antológico festival, realizado em 1969 nos Estados Unidos, estreou em outubro de 1970 nos cinemas no Rio de Janeiro e em São Paulo e mostrou cenas incríveis, tais como: Pete Towshend, da banda The Who, batendo com sua guitarra no chão; Joe Cocker fazendo um dos covers mais conhecidos dos Beatles, "With a Little Help From My Friends"; Jimi Hendrix solando o hino dos Estados Unidos, em um protesto contra a Guerra do Vietnã, e tornando esse um dos momentos mais emblemáticos do festival.

União das palavras gregas "psique" (alma) e "delein" (manifestação), psicodelia produz efeitos sobre a consciência. A experiência psicodélica se caracteriza pela percepção de aspectos desconhecidos da mente, que acontece quando se faz o uso do LSD. Foi em uma onda assim, seguindo os preceitos desse novo movimento, que o ilustrador Alain Voss preparou a capa de *Jardim Elétrico*. Amigo de Toninho Peticov, o franco-alemão radicado no Brasil desde

had invaded the country since progressive rock bands like Pink Floyd, Yes and Genesis, in addition to the Beatles, were also beginning to experiment with their music. Another reference that also encouraged the "peace, love" and "open mind" attitude of the young people linked to the counterculture and that changed the mentality of Brazilian musicians was "Woodstock". The documentary film about the anthological festival, held in 1969 in the United States, opened in October 1970 in theaters in Rio de Janeiro and São Paulo and showed incredible scenes such as Pete Townshend, from The Who, slamming his guitar on the floor; Joe Cocker making one of the Beatles' best-known covers, "With a Little Help From My Friends"; Jimi Hendrix playing the United States anthem in a protest against the Vietnam War, making this one of the festival's most iconic moments.

Psychedelia, a union of the Greek words "psyche" (soul) and "delein" (manifestation), is a manifestation that produces effects on consciousness. The psychedelic experience is characterized by the perception of unknown aspects of the mind, which happens when using LSD. It was during an experience like this, following the principles of this new movement, that the illustrator Alain Voss designed the cover of *Jardim Elétrico*. A friend of Toninho Peticov, the Franco-German who had lived in Brazil since his childhood, created the poster art for the PrimaVera festival in 1969, one of the festivals that the artist and producer tried to produce. Rita says the designer was absolutely free to create and that, "after taking an acid," he started tripping on ideas. Taken by Peticov to meet the musicians, Voss

criança havia criado a arte do cartaz de um dos festivais que o artista plástico e produtor tentou produzir, o PrimaVera, de 1969. Rita diz que o desenhista ficou absolutamente livre para criar e que, "depois de tomar um ácido", ele viajou nas ideias. Levado por Peticov para conhecer os músicos, Voss escutou algumas músicas e criou um jardim lascivo, no qual se pode observar várias alusões aos membros sexuais. Nos cantos superiores, a planta trepadeira forma dois pênis. No canto esquerdo inferior, ela forma um pé segurando um cigarro e, no direito, um pé em formato de pênis. A rosa que sai da boca da enorme planta carnívora parece uma vagina engolindo a cobra, uma alusão à penetração vaginal. Perto da gota que sai da rosa, o pedaço de uma folha penetra no meio da outra, mais uma alusão ao ato sexual. Vários bichos passeiam pela planta carnívora, entre eles uma joaninha, uma barata, uma mosca e minhocas. Do olho da gigante, sai uma mão e um balãozinho com o grito "Aaaaaah!". Sérgio conta que Alain se inspirou na música "Jardim Elétrico" para fazer a obra de arte mesmo sem saber que o nome do disco seria esse: "Se for reparar bem, não tem nada escrito na capa que o nome do disco é *Jardim Elétrico*, certo?"

Jardim Elétrico foi gravado em três cidades. As sobras parisienses que vieram do Des Dames com os músicos se juntaram às gravadas em estúdios nacionais que fizeram história na música popular brasileira. Em São Paulo, o RCA, fundado em 1928, já havia registrado Sílvio Caldas, Carmen Miranda e Pixinguinha. A passagem por lá serviu para o grupo arrumar pequenos detalhes que ficaram mal resol-

listened to some songs and created a lascivious garden, in which one can observe several allusions to sexual members. In the upper corners, a climbing plant forms two penises. In the lower left corner, it forms a foot holding a cigarette and, on the right, a foot in the shape of a penis. The rose coming out of the mouth of the huge carnivorous plant looks like a vagina swallowing the snake, an allusion to a vaginal penetration. Near the drop that leaves the rose, the piece of a leaf penetrates in the middle of the other, another allusion to the sexual act. Several insects roam the carnivorous plant, among them a ladybug, a cockroach, a fly and worms. From the giant's eye, a hand comes out and a little balloon with the cry "Aaaaaah!". Sérgio says that Alain was inspired by the song "Jardim Elétrico" to create the artwork without even knowing that the name of the record would be that. "Notice that there's nothing written on the cover to indicate that the name of the record is *Jardim Elétrico*, right?" says the Mutante.

Jardim Elétrico was recorded in three cities. The Parisian leftover material that came from Des Dames with the musicians were joined with the one recorded in the national studios that made history in Brazilian popular music. In São Paulo, the RCA, founded in 1928, had already recorded former stars such as Silvio Caldas, Carmen Miranda and Pixinguinha. Their passage there helped for the group arrange small details that were poorly solved during the recordings in Paris, under the command of the experienced sound technician John Kibelskis. The CBD studios (Companhia Brasileira de Discos), located in Rio, was a pioneer in Brazil in stereophonic recordings. Stereo consists of

vidos durante as gravações em Paris, sob o comando do experiente técnico de som João Kibelskis. Já o carioca CBD (Companhia Brasileira de Discos), localizado no bairro da Glória, foi pioneiro no Brasil na gravação de discos estereofônicos. Estereofonia consiste em um sistema de reprodução do áudio que utiliza dois canais de som monaurais distintos (direito e esquerdo), sincronizados. Na época, o objetivo era obter o efeito espacial (espaço estereofônico), que torna o som recebido mais próximo do som transmitido. Quando o grupo chegou lá, o estúdio já funcionava com quatro canais, o que permitia a captação independente de cada instrumento. Isso não era muito utilizado pelos Mutantes, pois eles gostavam de gravar como se estivessem tocando ao vivo. No Rio, o projeto foi iniciado e finalizado pelos técnicos Ary Carvalhães e Marco Mazzola. O primeiro já era experiente e tinha, em seu currículo, trabalhos em discos de Edu Lobo, Joyce e Jorge Ben, entre outros. Muito jovem, o outro havia gravado conjuntos de baile e faria seu primeiro trabalho com uma banda de rock. Eles se alternaram de acordo com o cronograma de trabalho organizado pela gravadora e a banda usava sempre um dos dois estúdios, de acordo com a disponibilidade. Como gostavam mais do maior deles, preferiam ir para lá de noite para não ficarem na fila. Arnaldo, Sérgio, Rita, Dinho e Liminha chegavam alinhados, levando prontas as canções.

Das fitas francesas, eles trouxeram para *Jardim Elétrico* a versão em inglês de "Baby", além de "Tecnicolor" e "El Justiciero". Eles preferiram fazer versões em português para duas canções:

an audio reproduction system that uses two synchronized monaural sound channels (right and left). At the time, the goal was to obtain the spatial effect (stereo space), which makes the received sound closer to the transmitted sound. When the group arrived there, the studio was already operating with four channels, which allowed the independent capture of each instrument. This was not widely used by Mutantes, as they liked to record as if they were playing live. In Rio, technicians Ary Carvalhães and Marco Mazzola started and finished the project. The first one was already experienced and he had Edu Lobo's, Joyce and Jorge Ben's, among others' records under his belt. The other was very young and he had recorded dance groups and this was his first job with a rock band. They alternated according to the work schedule set by the label and the band always used one of the two studios, according to availability. Because they liked the bigger studio, they preferred going there at night so they would not have to wait in a line. Arnaldo, Sérgio, Rita, Dinho and Liminha would arrive in tune, taking the songs that they chose to include in their new album ready.

From the French tapes, they brought to *Jardim Elétrico* the English versions of "Baby", in addition to "Tecnicolor" and "El Justiciero". They preferred to do Portuguese versions for the two other songs: "Virgínia" with the same vocals from the international album and a very similar arrangement and the Brazilian "Saravá" with fewer synthesisers and much more background noise than the other, but the arrangement is also similar. "Top Top" made a reference to Fradim, the Henfil cartoon character who always said "top top top" when

"Virgínia" ganhou o mesmo vocal do álbum internacional e arranjo parecido; a "Saravá" brasileira tem menos sintetizadores e mais barulho do que a outra, mas o arranjo também é similar. Primeira parceria de Liminha (assinando Arnolpho Lima Filho) com Arnaldo e Rita (assinando Mutantes), "Top Top" fazia referência ao Fradim, personagem do cartunista Henfil que sempre falava "top top top" quando queria dizer que se ferrou. Ela virou a faixa de abertura e o hit do disco. "Lady, Lady" também é assinada pelo baixista junto ao trio. Apesar de, em sua autobiografia, Rita dizer que ele também contribuiu na composição de "It's Very Nice Pra Xuxu" e "Portugal de Navio", o encarte da versão de *Jardim Elétrico* em CD diz que ambas são dela, Arnaldo e Sérgio. "Benvinda" (Arnaldo e Rita) é homônima a uma balada lançada por Tim Maia na década de 1980. Fica a dúvida: será que, em um dos seus encontros, o *soulman* mostrou uma nova composição para a rapaziada ou foi a galera que lhe apresentou sua nova canção? O lance é que, na contracapa desse disco, há uma referência ao cantor: "Qualquer semelhança com Tim Maia é mera coincidência". A "Benvinda" mutante, romântica ao estilo Tim Maia, parece ter sido feita quando Rita e Arnaldo reataram o namoro: "Eu sem você não sou ninguém", canta ele. Altamente lisérgica, tanto pela sonoridade quanto pela letra, "Jardim Elétrico" destaca os solos de guitarra de Sérgio, acompanhados do teclado de Arnaldo, e ressalta a bateria e o baixo eletrizantes de Dinho e Liminha.

Já experiente na arte de planejar um disco e colocar em prática as vontades do grupo, Arnaldo

he wanted to say that he was screwed. They chose this song as the opening track and it became the album's hit after its release. "Lady, Lady" was also written by the bass player along with the trio. Although in her autobiography Rita says that he also co-wrote "It's Very Nice Pra Xuxu" ("Pra Xuxu" is a slang in Portuguese meaning "a lot") and "Portugal de Navio" ("Portugal By Ship"), the insert of the version of *Jardim Elétrico* on CD says that both are hers, Arnaldo and Sérgio's. "Benvinda" ("Welcome"), by Arnaldo e Rita, has the same name as a ballad released by Tim Maia in the 1980s. The question remains: could it be that in one of the encounters they had, the soulman showed them his new song or was it them who presented him their new song? Well, on the back cover of this Mutantes record, there is a reference to the singer: "Any resemblance to Tim Maia is mere coincidence." The romantic, Tim Maia-like "Benvinda" by Mutantes seems to have been made when Rita and Arnaldo resumed their relationship: "Without you I am nobody," he sings melancholic. Highly lysergic in its sound as well as in the lyrics, "Jardim Elétrico" highlights Sérgio's guitar solos, accompanied by Arnaldo's keyboard effects, and it emphasizes Dinho's and Liminha's electrifying drums and bass playing.

Already experienced in the art of planning a record and putting the group's wishes into practice, Arnaldo Baptista took over the production of *Jardim Elétrico* and he was supervised by Paulo de Tarso, one of Companhia Brasileira de Discos (CBD)'s executives. Rogério Duprat wrote the arrangements. On the back cover of the album, Rita got an extra "t" (Ritta Lee)

Baptista assumiu a produção de *Jardim Elétrico*, sendo supervisionado por Paulo de Tarso, um dos executivos da CBD. Rogério Duprat assina os arranjos. Na contracapa, Rita ganhou um "t" a mais (Ritta Lee) e Sérgio trocou o "s" de Dias por "z" (Sérgio Diaz). Abaixo dos nomes das músicas, há a tal menção a Tim Maia. A frase nunca foi explicada pelos integrantes, e eles não se lembram de ter gravado uma paródia de "Não quero dinheiro", música que o cantor lançou em 1971. Em um dueto de Arnaldo ao piano e Rita cantando, "Quero Mais Dinheiro" não entrou no disco, provavelmente porque o álbum de Tim Maia que traria "Não Quero Dinheiro" chegaria às lojas apenas oito meses depois da liberação da música pela Censura (a paródia acabaria sendo lançada antes, em *Jardim Elétrico*). A faixa, assinada por Mutantes e Tim Maia, foi enviada à Censura Federal, que aprovou a gravação. E o registro existe nos arquivos da gravadora Universal Music, detentora do acervo da PolyGram. Ele foi encontrado pelo pesquisador Marcelo Fróes em um de seus garimpos, mas não foi lançado em uma caixa com discos dos Mutantes por falta de autorização: anos antes da descoberta, Tim havia entrado na justiça contra a gravadora por causa de uma coletânea feita sem permissão. Isso foi o que o pesquisador contou a Renato Vieira em 2020, em entrevista para uma reportagem do jornal O Estado de S. Paulo em que o jornalista resgatou o assunto após esbarrar com a letra da música em uma comunidade de fãs dos Mutantes no Facebook. Diz a letra da paródia: "Já é tempo de resolver / Nunca é tarde pra aprender / Quer ser pobre, não vale a pena ser".

and Sérgio switched the Dias's "s" for a "z" (Sérgio Diaz). Below the names of the songs, there is the mention to Tim Maia. The phrase was never explained by any of the members, but they also do not remember having recorded a parody of "Não Quero Dinheiro" ("I Don't Want Money"), a song that Tim released in 1971. There was a duet with Arnaldo on piano and Rita singing, "Quero Mais Dinheiro" ("I Want More Money") and it did not get into that album, probably because Tim Maia's album with "I Don't Want Money" would hit stores just eight months the parody (that would end up being released earlier, in *Jardim Elétrico*). The track, signed by Mutantes and Tim Maia, was sent to censorship, which approved the recording. And the record exists in the archives of the Universal Music label, which owns the PolyGram collection. It was found by researcher Marcelo Fróes in one of his searches, but it was not released in a box with Mutantes records planned by Fróes due to lack of authorization: years before the discovery, Tim had gone to court against the record company because of a collection done without his permission. This was what the researcher told Renato Vieira in 2020, in an interview for the newspaper O Estado de S. Paulo in which the journalist revisited the topic after coming up with the lyric of the song in a community of fans of Mutantes on Facebook. Says the lyrics of the parody: "It's time to solve / It's never too late to learn / You want to be poor, it's not worth it".

At the time the album came out, Rio's newspaper O Globo, in the brand new column "Tapes, Cassettes and Cartridges," praised *Jardim Elétrico*: "Good material

Perto do lançamento, o jornal carioca O Globo, na coluna "Tapes, Cassetes e Cartuchos", ressaltou *Jardim Elétrico*: "Conteúdo bom com os Mutantes sempre procurando inovar ao máximo". "Top Top" saiu em compacto junto com "It's Very Nice Pra Xuxu" no Lado B. A turnê do álbum passou pelo Rio de Janeiro, Espírito Santo, São Paulo, Bahia, Distrito Federal e Rio Grande do Sul, basicamente seguindo as apresentações do programa "Som Livre Exportação". Uma das performances de divulgação de *Jardim Elétrico* foi no programa de Flávio Cavalcanti. Depois de ele ter quebrado o disco anterior do grupo, eles não pararam de tocar quando o apresentador tentou colocar um ponto final no número que apresentavam. Os comerciais foram chamados com Flávio sem conseguir sobrepor sua voz ao som da banda.

and Mutantes always looking forward and seeking innovation". The column considered, among the songs on the album, "Top Top," which was released as a single along with "It's Very Nice pra Xuxu" on side B, "genius work to be enjoyed and listened to closely". The tour of the album went through Rio de Janeiro, Espírito Santo, São Paulo, Bahia, Brasília and Rio Grande do Sul, basically following the presentations of the TV program "Som Livre Exportação". One of the publicity performances of *Jardim Elétrico* was in Flávio Cavalcanti's TV program. After he broke the group's previous album, they did not stop playing when the presenter tried to put an end to the number they were presenting. The commercials were called in and Flávio was not able to impose his voice over the sound of the band.

Tracklist: Jardim Elétrico

1 Top Top Mutantes e Arnolpho Lima Filho 2:28
2 Benvinda Arnaldo Baptista e Ritta Lee 2:47
3 Tecnicolor Arnaldo Baptista, Ritta Lee e Sérgio Diaz 3:44
4 El Justiciero Arnaldo Baptista, Ritta Lee e Sérgio Diaz 3:52
5 It's Very Nice Pra Xuxu Arnaldo Baptista, Ritta Lee e Sérgio Diaz 4:48
6 Portugal de Navio Arnaldo Baptista, Ritta Lee e Sérgio Diaz 2:43
7 Virgínia Arnaldo Baptista, Ritta Lee e Sérgio Diaz 3:27
8 Jardim Elétrico Arnaldo Baptista, Ritta Lee e Sérgio Diaz 3:14
9 Lady, Lady Mutantes e Arnolpho Lima Filho 3:33
10 Saravá Arnaldo Baptista, Ritta Lee e Sérgio Diaz 4:24
11 Baby Caetano Veloso / Versão: Mutantes 3:37

STÉREO
8258871
SERIE AMARELA
LADO 1
1 - TOP TOP
(Mutantes-Arnolpho Lima Filho)
2 - BENVINDA
(Arnaldo Baptista-Ritta Lee)*
3 - TECNICOLOR
(Arnaldo Baptista-Ritta Lee-Sérgio Diaz)
4 - EL JUSTICIERO
(Arnaldo Baptista-Ritta Lee-Sérgio Diaz)
5 - IT'S VERY NICE PRA XUXU
(Arnaldo Baptista-Ritta Lee-Sérgio Diaz)
6 - PORTUGAL DE NAVIO
(Arnaldo Baptista-Ritta Lee-Sérgio Diaz)
LADO 2
1 - VIRGÍNIA
(Arnaldo Baptista-Ritta Lee-Sérgio Diaz)
2 - JARDIM ELÉTRICO
(Arnaldo Baptista-Ritta Lee-Sérgio Diaz)
3 - LADY, LADY
(Mutantes-Arnolpho Lima Filho)
4 - SARAVÁ
(Arnaldo Baptista-Ritta Lee-Sérgio Diaz)
5 - BABY
(Caetano Veloso - versão: Mutantes)
*Qualquer semelhança com Tim Maia é mera coincidência.
PolyGram Discos
Fabricado e distribuído por Fonobrás, Distribuidora Fonográfica Brasileira Ltda., CGC nº 29.010.519/0001-32, sob licença da Polygram do Brasil Ltda. Disco é cultura ℗1985
TÉCNICOS: JOÃO KIBELKSTIS - MAZZOLA - ARY CARVALHAES
ARRANJOS DE BASE: MUTANTES
ARRANJOS P/ ORQUESTRA: ROGÉRIO DUPRAT
COORDENAÇÃO DA PRODUÇÃO: PAULO DE TARSO
DIREÇÃO DA PRODUÇÃO: ARNALDO BAPTISTA
CAPA: ALAIN VOSS
FOTO: GEORGE LOVE

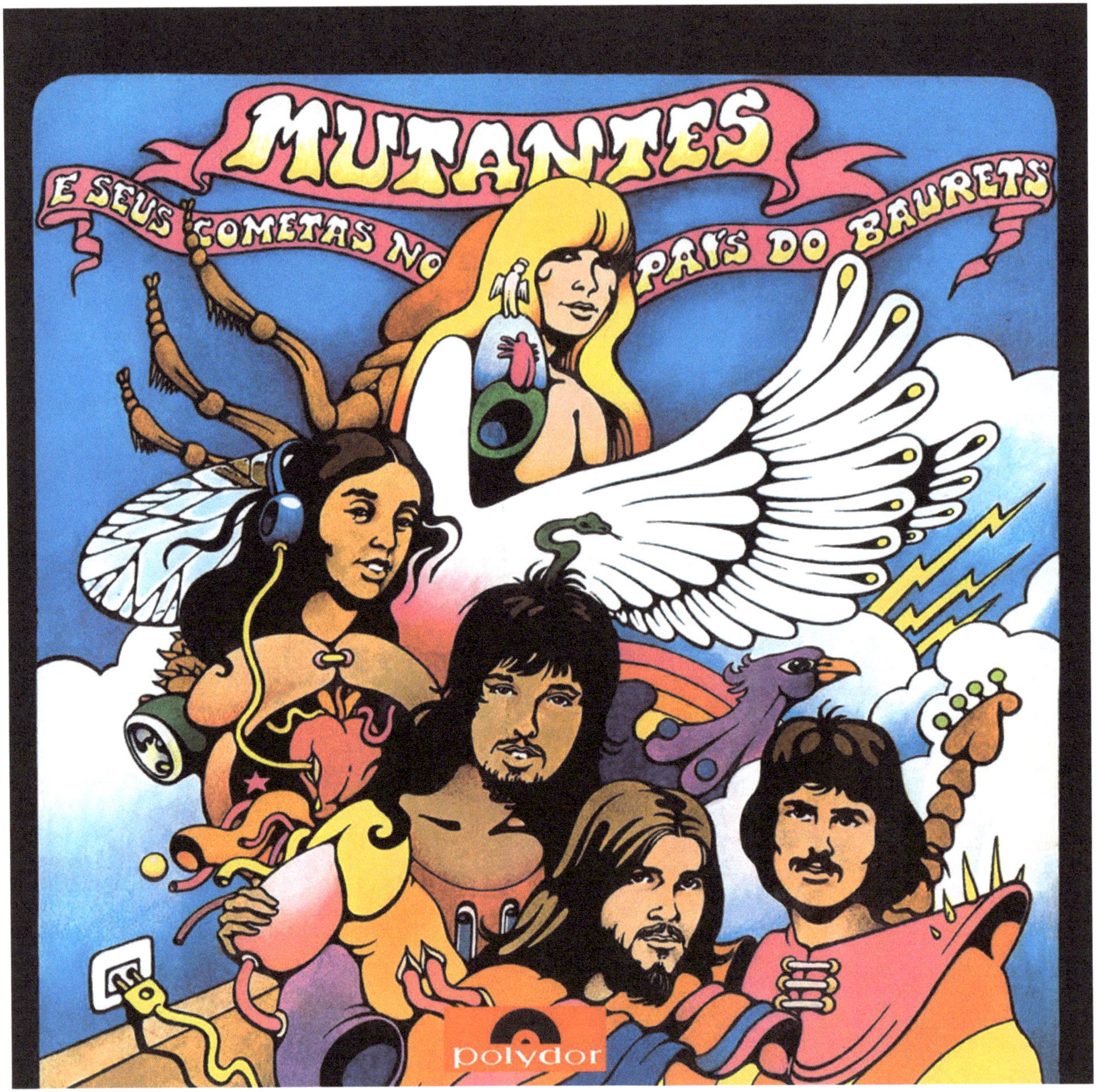
MUTANTES
E SEUS COMETAS NO PAÍS DO BAURETS
polydor

Mutantes e Seus Cometas no País do Baurets

1972

Em maio de 1972, *Mutantes e Seus Cometas no País do Baurets* chegava às lojas com título homenageando Tim Maia, que inventou mais um nome para a maconha em um festival de rock em Bauru, interior de São Paulo. Lá, encontrou os Mutantes e se deu conta de que, tanto ele quanto a rapaziada da banda haviam esquecido de levar o fumo. "Aqui não é a terra daquele sanduíche esperto, o Bauru? Pois é, o bauru é muito bom, mas eu estava querendo mesmo era um bauruzinho, um baurete", disse Tim, no palco, colocando a mão na boca como se estivesse segurando um baseado. Este seria o último álbum assinado pela banda com Rita Lee, mas os Mutantes sequer desconfiavam disso. Animados com as mudanças pessoais que viveram em 1971, eles não perceberam que o mercado da música não andava muito favorável para o tipo de som (mais pesado) que eles vinham fazendo. Apesar de "Top Top" ter ganhado as rádios, *Jardim Elétrico* não foi um sucesso de vendas. O empresário, Marcos Lázaro,

In May 1972, *Mutantes e Seus Cometas no País do Baurets ("Mutantes and their Comets in the Land of Baurets")* hit the stores with a title honoring Tim Maia, who invented another nickname for marijuana at a rock festival in Bauru, in the state of São Paulo. There, he met with Mutantes and realized that both he and the gang had forgotten to take weed for the trip. "Isn't this the land of that good sandwich, called Bauru? Yeah, the bauru is very good, but what I really wanted was a little bauru, like a 'bauret'," said Tim, on the stage, putting his hand near his mouth as if holding a joint. This would be the last album of the band with Rita Lee, but Mutantes did not even suspect it. Encouraged by the personal changes they experienced in 1971, they did not realize that the music market was not very supportive of the kind of (heavier) sound they had been making. Even though "Top Top" got radio airplay, *Jardim Elétrico* did not sell well. Their manager, Marcos Lázaro, was more concerned with working on the careers of his other artists, among them

estava mais preocupado em trabalhar a carreira de seus outros artistas, entre eles Roberto Carlos e Elis Regina. Fora do "Som Livre Exportação", que vinha priorizando artistas da MPB e deixando os roqueiros de lado, os músicos seguiram cumprindo a agenda de shows, cada vez mais voltada para festas em cidades do interior. Sem a turma da Tropicália, de certa forma, os Mutantes estavam um pouco solitários no mundo da experimentação. Caetano Veloso e Gilberto Gil voltaram do exílio em janeiro de 1972 e aportaram na Bahia com sua produção voltada para o universo pop que descobriram em Londres, o que acompanhava a tendência da MPB. Em novembro do mesmo ano, um dos amigos dos tempos tropicalistas (que estava afastado de todos) cometeria suicídio: Torquato Neto.

Deslumbrados com suas descobertas psicodélicas e com as atenções voltadas para o próprio umbigo, o comportamento meio arrogante dos Mutantes não cativava veículos de imprensa que ainda lhes reservavam espaço. Sérgio Dias havia decidido experimentar LSD e, apesar de um pouco paranoico ao perceber a alteração de seus sentidos, curtiu a onda. Em uma entrevista concedida ao Jornal do Brasil em fevereiro de 1972, os integrantes do grupo tinham resposta para tudo. Para a pergunta sobre não serem "bons vendedores de discos", Arnaldo Baptista retrucou: "Maria Bethânia e tanta gente boa por aí também não". Sobre trabalharem mais "na base do prestígio do que da popularidade", Rita respondeu: "Como Nara Leão". Sobre terem mais audiência em seus shows do que ouvintes de suas gravações, Sérgio afirmou: "Isso quer dizer que existimos às pampas. Críticos, povo,

Roberto Carlos and Elis Regina. Apart from "Som Livre Exportação," which had been prioritizing MPB (Popular Brazilian Music) artists and leaving rockers aside, the musicians continued to fulfill the schedule of concerts, increasingly taking place in the state's inner cities and less on capitals. Without the Tropicália group, the Mutantes were pretty much alone in the world of experimentation. Caetano Veloso and Gilberto Gil returned from exile in January 1972 and arrived in Bahia with their production focused on the pop universe they discovered in London, which followed the MPB trend. In November of that same year, one of their friends from the tropicalist years (who had distanced himself from everyone) committed suicide: Torquato Neto.

Dazed with their psychedelic discoveries and focused on themselves, Mutantes' rather arrogant behavior did not captivate media outlets that still opened space for them. Sérgio Dias had decided to try LSD and, although a bit paranoid when he noticed the alteration of his senses, he enjoyed the trip. In an interview for Jornal do Brasil in February 1972, the members of the group came up with a defensive answer for every question. For the inquiry about not being "best sellers," Arnaldo Baptista retorted: "Maria Bethânia and so many good people out there aren't either". On working more "on the basis of prestige than on popularity," Rita replied: "Like Nara Leão". About having more audience in their shows than listeners of their records, Sérgio said: "That means that we're everywhere. Critics, people, everyone is interested in what we do, only they prefer us complete and with all the choreography". In this report, signed by journalist Acyr Castro,

todos se interessam pelo que fazemos, só que nos preferem completos e com toda a coreografia". Nessa reportagem assinada pelo jornalista Acyr Castro, que destacava a idade do trio – Rita tinha 24 anos, Arnaldo estava com 23 e Sérgio, 21 – veio a informação de que os censores federais estariam segurando o novo LP.

Por um lado, as folgas mais constantes eram agarradas por eles com alegria. Em 1971, Liminha já namorava firme a fotógrafa Leila, Dinho Leme estava com Lilly e Serginho tinha acabado de se apaixonar por Sabine Shoof, uma alemã criada na Ilha Bela que ele encontrou na praia da ilha paradisíaca do litoral paulista, mas que vivia em São Paulo. Bastava rolar um tempo livre, que Arnaldo, Sérgio, Cláudio César, Dinho e Rita iam para a Cantareira para acompanhar as obras no terreno onde planejavam criar uma comunidade hippie. Como Dinho e Rita iam menos (as casas deles acabaram nunca saindo da prancheta), os lares dos irmãos Dias Baptista ficaram prontos primeiro. Aos poucos, eles foram se mudando para lá e as namoradas – Cláudio César já era casado e tinha duas filhas – foram acompanhando. No entanto, a mãe de Rita não gostava nem um pouco de ver a filha solteira dormindo fora de casa. Para agradar dona Romilda, a cantora decidiu oficializar a união com Arnaldo.

O pai da cantora, seu Charles, tentou avisá-la de que ela iria cometer um erro, mas Rita estava cansada de tantas brigas e separações. Talvez o casamento pudesse acalmar os ânimos do casal. E, em 30 de dezembro de 1971, o casarão de 1920 da família, localizada na Rua Joaquim Távora, número 670, na Vila

which highlighted the age of the trio – Rita was 24, Arnaldo was 23 and Sérgio, 21 – came the information that federal censors would be withholding the new LP.

On the one hand, they enjoyed the more constant free time. In 1971, Liminha was already dating photographer Leila, Dinho Leme was with Lilly and Serginho had just fallen in love with Sabine Shoof, a German woman raised in Ilha Bela (Bela Island) that he meet on the beach of the paradisiacal island on São Paulo coast, who lived in the capital of that state. Whenever they had some free time, Arnaldo, Sérgio, Cláudio César, Dinho and Rita went to Cantareira to follow up with the construction work in the land where they planned to create a hippie commune. While Dinho and Rita went fewer times (their houses ended up never becoming more than a board project), the homes of the Dias Baptista brothers got ready first. Gradually they moved in there and their girlfriends – Cláudio César, who was already married and had two daughters – went along. However, Rita's mother did not like seeing her single daughter sleeping out of the house. In order to please Ms. Romilda, the singer decided to formalize the union with Arnaldo.

The singer's father, Charles, tried to warn her that she was making a mistake, but Rita was tired of so many fights and separations. Maybe the wedding would soothe the couple's spirits. On December 30, 1971, the Lee family had an altar set up at their house (built in the 1920's) at 670 Joaquim Távora Street, in the neighborhood of Vila Mariana, São Paulo, and received Father Anselmo, who had performed Rita's baptism and first communion to perform the marriage

Mariana, ganhou um altar e recebeu o padre Anselmo, que havia celebrado o batizado e a primeira comunhão de Rita, para realizar a cerimônia. Cabeludo e com barba e bigode malfeitos, Arnaldo usou uma bata branca por cima de uma calça da mesma cor. A noiva reciclou o vestido usado por Leila Diniz na televisão e por ela mesma em dois festivais. Virgínia, sua irmã, precisou colar lantejoulas nos buracos feitos pelas traças do armário onde a peça estava guardada. Rita substituiu o véu por um chapéu de camponesa trazido por ela de sua passagem pela Holanda. Os padrinhos foram Sérgio e Sabine e Dinho e Virgínia. Logo após a curta viagem de lua de mel, o casal foi ao programa de Hebe Camargo na TV Record para dar a ela um presente: metade da certidão de casamento que eles rasgaram ao vivo, enquanto a apresentadora suspirava seu tradicional "que gracinha".

Mutantes e Seus Cometas no País do Baurets foi gravado em janeiro, mas, em fevereiro, o disco ainda não havia sido liberado pela Censura Federal, algo comum em tempos de ditadura militar. Composição de Liminha, Arnaldo, Sérgio e Rita, "Cabeludo Patriota" teve que ser rebatizada de "A Hora e a Vez do Cabelo Nascer" e seu verso "meu cabelo é verde e amarelo" foi censurado também. Depois de muita negociação, os músicos aceitaram trocar a cor do cabelo para "verde e dourado". No entanto, em vez de regravarem a música, os roqueiros rebeldes incluíram ruídos por cima do trecho durante a mixagem. A faixa de abertura já dizia para que o disco vinha: "Posso Perder Minha Mulher, Minha Mãe, Desde Que Eu Tenha o Rock and Roll" foi uma obra de Liminha com Arnaldo

ceremony. With long disheveled and a badly trimmed beard and mustache, Arnaldo wore a white coat over a pair of trousers of the same color. The bride reused the dress worn by Leila Diniz on television and by herself in two festivals. Virgínia, her sister, had to glue sequins to the holes formed as a result from being stored for many months in the closet. Rita replaced the veil with a peasant hat she bought in a trip to Holland. The godparents were Sérgio and Sabine and Dinho and Virgínia. Shortly after the short honeymoon trip, the couple went to Hebe Camargo's Record TV show to give her a gift: half of the marriage certificate they tore live, while the host sighed her traditional "how cute".

Mutantes e Seus Cometas no País do Baurets was recorded in January, but in February it had not yet been released by the Federal Censorship, something common in times of military dictatorship. The song written by Liminha, Arnaldo, Sérgio and Rita, "Cabeludo Patriota" ("Hairy Patriot") had to be renamed to "A Hora e a Vez do Cabelo Nascer" ("The Hour and Time for Hair to Grow") and its verse "meu cabelo é verde e amarelo" ("My hair is green and yellow," the colors of the Brazilian flag) was also censored. After much negotiation, the musicians agreed to change to the hair color to "green and gold". However, instead of re-recording the song, the rebellious rockers included noises over the passage during the mix. The opening track already stated what the album was about: "Posso Perder Minha Mulher, Minha Mãe, Desde que eu Tenha o Rock and Roll" ("I Can Lose My Wife, My Mother, as Long as I Have Rock and Roll"); it was written by Liminha with Arnaldo and Rita inspired by Carl

e Rita inspirada em "Blue Suede Shoes", sucesso de Carl Perkins. A influência dos Rolling Stones apareceu durante a gravação de "Beijo Exagerado", com direito à repetição do "yeah, yeah, yeah, yeah" de "Brown Sugar", supersucesso de Mick Jagger e Keith Richards que tinha estourado em 1971 após o lançamento do álbum *Sticky Fingers*. A faixa "Casa da Mônica" foi toda alterada após o veto da Censura à música original, que falava de um prostíbulo em Porto Alegre: "Seu corpo de veludo vermelho eu vou roubar / E me trancar no quarto até o mundo acabar / Não tenho mais dinheiro nem nada pra deixar / Na casa da Mônica um dia irei morar". A nova versão, no disco, termina emendada por "Todo Mundo Pastou", composição de Ismar S. Andrade "Bororó". Conhecido como o Jimi Hendrix da Pompéia, o guitarrista era parceiro em várias canções do baterista Tibério Correia, com quem tinha a banda Os Barrocos. Tibério vivia pedindo a Arnaldo e Sérgio para gravarem uma de suas músicas e, ao saber que os irmãos escolheram a menos séria de suas obras, abriu mão dos direitos autorais para o amigo. Bororó se deu bem, pois acabou tendo sua música gravada duas vezes no mesmo disco. Empolgados com a brincadeira, que ganhou vocal e tudo, os Mutantes encerraram o lado A do LP com o "Beijo Exagerado" seguido de um minuto de "Todo Mundo Pastou" e fecharam o lado B com dois minutos e meio da mesma canção, intitulada "Todo Mundo Pastou II".

"Dune Buggy", de Rita, Arnaldo e Sérgio, é mais um dos rocks do disco e mais uma das cheias de troça. As referências aos alucinógenos estão claras no trecho "que eu não sei se é STP ou MSLD". Os

Perkins's classic "Blue Suede Shoes". The influence of the Rolling Stones appeared during the recording of "Beijo Exagerado" ("Exaggerated Kiss"), with the repetition of "yeah, yeah, yeah, yeah" from "Brown Sugar," a huge hit by Mick Jagger and Keith Richards that had come out in 1971 from the album *Sticky Fingers*. The track "Casa da Mônica" ("Mônica's House") was altered after the censorship veto to the original song, which spoke of a brothel in Porto Alegre: "Your red velvet body I will steal / And lock me in the room until the world ends / I do not have more money, nothing to leave / In Monica's house one day I'll live." The new version on the record is amended with "Todo Mundo Pastou" ("Everybody Grazed"), song by Ismar S. Andrade aka "Bororó". Known as the Jimi Hendrix of Pompéia, the guitarist was a partner in several songs of drummer Tibério Correia, with whom he had the band Os Barrocos. Tibério kept asking Arnaldo and Sérgio to record one of Bororó's songs and when he knew the brothers had chosen the least serious of his compositions, he gave up the copyright to his friend. Bororó did well for himself, as he ended up having his song recorded twice on the same album. Excited with this songwriting jam, Mutantes finished side A of the LP with "Beijo Exagerado" followed by a minute of "Todo Mundo Pastou" and closed side B with two and a half minutes of the same song, titled "Todo Mundo Pastou II" ("Everyone Grazed II").

"Dune Buggy" by Rita, Arnaldo and Sérgio, is another one of the songs of the album and another one full of jokes, puns, and wordplay. References to hallucinogens are clear in the passage "I do not know if it's

Mutantes também gravaram "Rua Augusta" em uma versão debochada. No clássico de Hervé Cordovil, Rita alterou totalmente seu timbre de voz, cantando como se fosse uma menina que quase desafina. Mais uma parceria de Élcio Decário com Arnaldo e Rita, "Cantor de Mambo" gozava do ritmo típico de Cuba através da letra, inspirada em Sérgio Mendes, expoente da Bossa Nova que ganhou os Estados Unidos com sua música: "Eu já tenho um Cadilac / Moro aqui em Hollywood / Sou sucesso aqui na América / Sou o rei cantando mambo", diz a letra. Com a guitarra de Sérgio influenciada pela do mexicano Carlos Santana, outro que se destacou no festival Woodstock, o arranjo deu à música um ar de um rock latino-americano.

Sérgio também pôde experimentar neste disco seu aprendizado sobre a cítara, que conheceu através de Ravi Shankar, guru musical do ex-Beatle George Harrison, quando o indiano se apresentou pelo Brasil, em 1971. O instrumento deu um toque à "Balada do Louco", que destaca o teclado de Arnaldo em toda sua primeira parte e a voz do irmão mais novo durante toda a música. Doida para pegar esta composição que fez com o marido, Rita não conseguiu tirá-la de Arnaldo e acabou cantando a outra balada do álbum, "Vida de Cachorro", que compôs junto aos irmãos Dias Baptista pensando em "Blackbird", dos Beatles. "Balada do Louco" foi feita no piano da casa da irmã mais velha de Rita, Mary Lee, e ganhou também o sintetizador Arp dedilhado por ela, mas ficou mais famosa no ano de 1986, na voz de Ney Matogrosso. A faixa que dá nome ao disco, "Mutantes e Seus Cometas no País do Baurets", tem quase dez minu-

STP or MSLD". Mutantes also recorded a parody of "Rua Augusta" ("Augusta Street"). In this Hervé Cordovil classic, Rita completely altered her voice, singing as if she were a girl who almost gets out of tune. "Cantor de Mambo" ("Mambo Singer"), another partnership of Élcio Decário with Arnaldo and Rita, had a typical Cuban rhythm through the lyrics, inspired by Sérgio Mendes, bossa nova artist who conquered the United States with his music: "I already have a Cadillac / I live here in Hollywood / I'm a success here in America / I'm the king singing mambo", says the lyrics. With Sérgio Dias' guitar influenced by Mexican Carlos Santana, who also stood out at the Woodstock festival, the arrangement gave the music an air of a Latin American rock.

Sérgio was also able to experiment with the sitar in this album, which he was learning after seeing Ravi Shankar, musical guru of former Beatle George Harrison, when the Indian performed in Brazil in 1971. The instrument gave a special touch to "Balada do Louco" ("Ballad of the Madman"), which highlights Arnaldo's keyboard throughout its first part and the younger brother's voice throughout the song. Rita was crazy about singing this song she wrote with her husband, but she was not able to convince Arnaldo to do it alone so Rita ended up singing the other ballad on the album, "Vida de Cachorro" ("Dog's Life"), which she wrote together with the Dias Baptista brothers thinking of "Blackbird" by the Beatles. "Balada do Louco" was played on the piano and the Arp synthesizer by Rita's older sister Mary Lee, but it only became famous in 1986, in the voice of Ney Matogrosso. The song that gives its name to the album, "Mutantes e Seus

tos e foi improvisada no estúdio por todos os músicos, que já começavam a experimentar as influências do rock progressivo que chegava ao Brasil. A letra incluiu "Tempo no Tempo", a versão do doutor Cláudio César Dias Baptista para "Once There Was a Time I Thought", do grupo The Mamas & The Papas. Os créditos, pela primeira vez, trazem Ronaldo Leme, o Dinho, como parceiro.

Gravado no mesmo estúdio de sempre – que, vendido para a gravadora RCA, passou a se chamar RCA–Scatena – *Mutantes e Seus Cometas no País do Baurets* foi produzido por Arnaldo Baptista e registrado por João Kibelkstis. Novamente assinaram o nome dele como João Fritz. A capa, mais uma vez, ganhou ilustração de Alain Voss. Agora, Liminha e Dinho aparecem junto aos outros em forma de desenho. Voss voltou a fazer alusão ao sexo e aos órgãos sexuais. Rita tem asas e não braços e seus peitos parecem duas nádegas. Com o cabelo da cantora ao fundo, um pênis santificado se apoia em um objeto não identificado que também tem a forma do órgão sexual masculino. Sérgio carrega um fone no ouvido, através do qual ele escuta a música que sai do próprio coração, aberto no peito. Arnaldo segura algo não identificado, que tem forma de pênis e que penetra em seu ombro. De sua cabeça sai a cobra da sabedoria. O contrabaixo que sai das costas de Dinho tem a mão em forma de... pênis. Na edição em vinil, a capa se abria como um envelope e a figura central era uma cabeça verde, com olhos brancos e fios saindo da orelha. Nela, além de garrafas, estão apoiados objetos em forma de cogumelos. A frase escrita no canto do desenho, "A magia

Cometas no País do Baurets," was almost ten minutes long and improvised in the studio by all the musicians, who were already beginning to experience the influence of progressive rock that arrived in Brazil. The lyrics included "Tempo no Tempo" ("Time in Time"), Dr. Cláudio César Dias Baptista's version of The Mamas & The Papas' "Once There Was a Time I Thought". The credits, for the first time, included Ronaldo Leme, Dinho, as co-author.

Recorded in the same studio as always – which, sold to the RCA label, was renamed RCA–Scatena – *Mutantes e Seus Cometas no País do Baurets* was produced by Arnaldo Baptista and recorded by João Kibelkstis. Again they included his name as John Fritz. The cover was once again illustrated by Alain Voss. Now, Liminha and Dinho appear next to the others as drawings. Voss again referred to sex and sexual organs. Rita has wings and no arms and her breasts look like two buttocks. With the singer's hair in the background, a holy penis rests on an unidentified object that also has the shape of the male sexual organ. Sérgio has headphones on his ears, through which he listens to music from his own heart, open in his chest. Arnaldo holds something unidentified, which is also shaped like a penis and penetrates his shoulder. From his head comes the snake of knowledge. The double bass that comes out of Dinho's back has a hand in the shape of a... penis. In the vinyl edition, the cover opened like an envelope and the central figure was a green head, with white eyes and wires coming out of its ear. In it, in addition to bottles, are objects shaped like mushrooms. The phrase written at the corner of the drawing – "Magic and taboo

e o tabu vêm à frente das crenças e das práticas sem fundamentos que se impõem à história da psicologia", não tem explicação ou pelo menos ninguém lembra o que o ilustrador quis dizer com isso. A contracapa traz, além de um desenho do sol nascendo na parte superior, fotos dos Mutantes em shows. Alain Voss saiu do Brasil no mesmo ano em que o último disco dos Mutantes com Rita foi lançado para evitar problemas com a Censura, já que sua obra começava a ser vista como subversiva. Na França, ele trabalhou para a revista de quadrinhos Métal Hurlant. Na década de 1980, voltou ao Brasil e ficou mais alguns anos no país, até voltar novamente para a Europa. Em 2009, mudou-se mais uma vez para o país dos Mutantes, mas, após sofrer um AVC, acabou sendo levado por familiares a Portugal, onde faleceu em 2011.

Se a participação de Rita em *Mutantes e Seus Cometas no País do Baurets* foi mais modesta, cantando menos, o mesmo pode se dizer da turnê promocional do álbum, que teve a maioria dos shows realizados no eixo Rio-São Paulo. Em setembro de 1972, os Mutantes voltaram aos festivais para apresentar "Mande um Abraço pra Velha" no sétimo Festival Internacional da Canção Popular, promovido pela Secretaria de Turismo da Guanabara e pela TV Globo no Maracanãzinho, no Rio. Este mesmo festival revelou Raul Seixas com sua "Let Me Sing, Let Me Sing" e o grupo niteroiense Os Lobos, que defendeu a canção "Eu Sou Eu, Nicurí É o Diabo", também de autoria de Raul. Sérgio Sampaio emplacou "Eu Quero É Botar Meu Bloco na Rua", Walter Franco surpreendeu com "Cabeça" e Alceu Valença estreou sua

come before unfounded beliefs and practices imposed on the history of psychology" – has no explanation or at least no one remembers what the illustrator meant by it. The back cover brings, in addition to a drawing of the sun rising at the upper part, photos of the Mutantes in shows. Alain Voss left Brazil the same year the last Mutantes album with Rita was released to avoid problems with the censors, since his work began to be seen as subversive. In France, he worked for the comic magazine Métal Hurlant. In the 1980s, he returned to Brazil and spent a few more years in the country until he returned to Europe again. In 2009, he moved once again to the country of Mutantes, but after suffering a stroke, he was eventually taken by relatives to Portugal, where he died in 2011.

If Rita's participation in *Mutantes e Seus Cometas no País do Baurets* was more modest, singing less, the same can be said of the album's promotional tour, which had most of the shows performed in the Rio–São Paulo circuit. In September 1972, Mutantes returned to the festivals to present "Mande um Abraço pra Velha" ("Send My Regards to the Old Woman") in the seventh International Popular Song Festival, sponsored by the Tourism Department of Guanabara and Globo TV in Maracanãzinho, in Rio. This same festival revealed Raul Seixas with his song "Let Me Sing, Let Me Sing" and the group from Niterói Os Lobos, who played the song "Eu Sou Eu, Nicurí é o Diabo" ("I Am Me, Nicurí Is the Devil"), also Raul's authorship. Sérgio Sampaio scored with "Eu Quero é Botar Meu Bloco na Rua" ("I Want to 'Put My Block on the Street'," expression related to carnival street band parades); Walter

canção "Papagaio do Futuro" com Geraldo Azevedo e Jackson do Pandeiro. A canção dos Mutantes, que chegou à final, é uma das primeiras grandes incursões do grupo no rock progressivo. Rita toca flauta na busca por uma sonoridade parecida com a de bandas que o grupo vinha escutando. Para não perder o costume de surpreender, no refrão, a música se torna um samba anárquico. A letra alfinetava o festival, o que não desceu bem na garganta de Solano Ribeiro, idealizador e produtor dos grandiosos eventos de música: "Já faz tempo pacas / Que eu não vinha aqui cantar no festival / Eu não vou ganhar, quem sabe até eu vou perder ou empatar / Nós não estamos nem aí / Nós queremos é piar / Nós estamos é aqui / E sua mãe onde é que está?".

Franco surprised everyone with "Cabeça" ("Head"); and Alceu Valença debuted his song "Papagaio do Futuro" ("Parrot of the Future") with Geraldo Azevedo and Jackson do Pandeiro. Mutantes' song, which reached the finals, is one of the group's first major forays into progressive rock. Rita plays flute in search of a sound similar to that of bands that the group had been listening to. In order not to lose their usual element of surprise, in the chorus, the music becomes an anarchic samba. The lyric poked fun at the festival, which did not go down well with Solano Ribeiro, idealizer and producer of the great music events: "It's been a long time / That I don't come here to sing at the festival / I won't win, maybe even I will lose or draw / We don't care / We want to peep / We are here / And your mother is where that is?".

Tracklist: Mutantes e Seus Cometas no País do Baurets

1 Posso Perder Minha Mulher, Minha Mãe, Desde Que Eu Tenha o Rock and Roll Arnaldo, Rita e Liminha 3:45
2 Vida de Cachorro Arnaldo Baptista, Rita Lee e Sérgio Dias 3:15
3 Dune Buggy Arnaldo Baptista, Rita Lee e Sérgio Dias 5:24
4 Cantor de Mambo Arnaldo Baptista, Élcio Decário e Rita Lee 4:35
5 Beijo Exagerado Arnaldo Baptista, Rita Lee e Sérgio Dias 4:50
6 Todo Mundo Pastou Ismar S. Andrade "Bororó"
7 Balada do Louco Arnaldo Baptista e Rita Lee 4:00
8 A Hora e a Vez do Cabelo Nascer Mutantes e Liminha 3:32
9 Rua Augusta Hervé Cordovil 4:05
10 Mutantes e Seus Cometas no País do Baurets Mutantes, Dinho Leme e Liminha 9:55
11 Todo Mundo Pastou II Ismar S. Andrade "Bororó 2:24

Mutantes e Seus Cometas no País do Baurets · 1972

polydor

Hoje é o Primeiro Dia do Resto da Sua Vida

1972

Quando souberam que havia um novo estúdio em São Paulo, o Eldorado, com uma mesa de gravação de 16 canais, os Mutantes ficaram doidos para gravar um novo álbum. No entanto, eles tinham acabado de lançar *Mutantes e Seus Cometas no País do Baurets*, que nem tinha sido tão bem-sucedido assim... André Midani seguia interessado em transformar Rita em uma estrela e sugeriu que ela fizesse mais um disco solo, acompanhada de sua banda. A cantora não pensava em seguir carreira solo, mas, quando assinou o contrato de gravação do *Build Up*, em 1970, ela se comprometeu a entregar dois álbuns à gravadora. Com a cena não muito favorável aos Mutantes e o incentivo de um pseudo-empresário – que chegou se apresentando como jornalista da edição brasileira da revista Rolling Stone e acabou tornando-se uma espécie de guru de Rita, Arnaldo e Sérgio – era hora de a cantora cumprir o trato e a banda, de experimentar o moderníssimo espaço de gravação batizado Eldorado. Como mais

When Mutantes found out that there was a new studio in São Paulo, the Eldorado, with a 16 channel recording console, they became crazy about recording a new album. However, they had just released *Mutantes e Seus Cometas no País do Baurets* ("*Mutantes and their Comets in the Country of Baurets*"), which had not been so successful... The label's president, André Midani, was still interested in turning Rita into a star and suggested that she make another solo album with the band backing her up. The singer wasn't thinking about pursuing a solo career, but when she signed the *Build Up* recording contract in 1970 she had agreed to record two albums for Polydor. As the scene was not very favorable for Mutantes and encouraged by a pseudo-manager – who had introduced himself as a journalist for the Brazilian edition of Rolling Stone magazine and eventually became a sort of guru for Rita, Arnaldo and Sérgio – it was time for the singer fulfill her end of the deal and for the band to experience the ultra-modern recording space Eldorado.

novo empresário da trupe, o inglês Mick Kilinbeck queria trazer o foco de volta para a banda. Como a vontade de todos era fazer um álbum que tivesse a cara do que eles estavam produzindo em seus encontros na Cantareira, Rita deixou a produção nas mãos de Arnaldo. Pode-se dizer que *Hoje é o Primeiro Dia do Resto da Sua Vida* virou um disco dos Mutantes, com Arnaldo Baptista no piano, sintetizador e piano Honer, Sérgio Dias na guitarra, Arnolpho Lima (Liminha) no baixo e Ronaldo Leme (Dinho) na bateria. O marido de Rita assina todas as faixas, sendo que ela é coautora em sete. Esteticamente, o disco era muito mais parecido com todos os outros dos Mutantes do que com o primeiro de Rita.

Os Mutantes passavam horas na Cantareira, ensaiando ou aproveitando ondas de maconha e ácido. Arnaldo construiu uma casa grande, com espaço para abrigar o equipamento de ensaio e receber os músicos, suas namoradas e amigos que eventualmente iam acompanhar as pirações da banda. As casas de Cláudio César e de Sérgio ficaram menores. Era para a do Dias Baptista caçula que Rita Lee corria quando brigava com Arnaldo e saía do seu próprio lar. Namoros, traições, troca-troca de casais, essas coisas típicas dos anos 1970 pareciam algo normal para a turma, mas nem sempre, eram tão agradáveis assim. Em uma das separações, Arnaldo começou a namorar Teresa e Rita ficou de chamego com Mick, o empresário inglês que depois ela veio a saber que era gay. Quem olhasse de fora pensaria que o foco já não era a banda para ninguém. Apesar de toda a paixão e dedicação à música, a falta de seriedade e profissionalismo foi

As the troupe's newest manager, the Englishman Mick Kilinbeck wanted to bring the focus back to the band. Since everyone wanted to make an album that had the material they produced in six gatherings at the Cantareira at the center of the album, Rita left the production in the hands of Arnaldo. He was on the piano, on the synthesizer and on the Honer piano; Sérgio Dias was on the guitar; Arnolpho Lima (Liminha) was on the bass and Ronaldo Leme (Dinho) was on the drums. Rita's husband is listed as the author of all the tracks and she is coauthor in seven. Aesthetically, the album was much more like all the other Mutantes' records than Rita's first.

The Mutantes spent hours at Cantareira ranch, rehearsing or getting high on marijuana and acid. Arnaldo built a large house with enough space for the rehearsal equipment and to receive musicians, their girlfriends and friends who eventually accompanied the band's madness. Cláudio César's and Sérgio's houses were smaller. Rita Lee would run to the youngest Dias Baptista brother's house whenever she fought with Arnaldo and left her own home. Dating, cheating, couple swapping, these typical 1970s things that would seem normal to the group, were not always so fun. In one of the times they split up, Arnaldo began to date Teresa and Rita was caught with Mick, the English manager she later found out was gay. From the outside, it was noticeable that the focus was no longer on the band. In spite of all the passion and dedication to the music, the lack of seriousness and professionalism was moving Mutantes further and further away from the market. However, as the group was excited about the

afastando cada vez mais os Mutantes do mercado. No entanto, como a trupe estava empolgada com o novo estúdio e precisava entregar um álbum à gravadora, os músicos escolheram o repertório, ensaiaram e entraram no recém-inaugurado espaço em São Paulo. Tecnicamente falando, o disco é um dos mais apurados entre todos os dos Mutantes com Rita. Não à toa, Ezequiel Neves declarou, em sua coluna na revista Rolling Stone de setembro de 1972, que o disco era o "Sgt. Pepper's dos Mutantes!".

Hoje é o Primeiro Dia do Resto da Sua Vida abre com "Vamos Tratar da Saúde", em que Arnaldo, Rita e Liminha propuseram uma brincadeira: "Que tal um chá pra gente se achar", propõe a letra, maliciosamente fazendo referência ao chá de cogumelo alucinógeno. Em "Frique Comigo", que o trio assinou com Dinho, Rita faz um convite à piração: "Você tem que ser maluco", canta ela, cheia de eco na voz. A experimentação é clara nos arranjos do disco. De Arnaldo e Élcio Decário, "Beija-me, Amor" havia sido desclassificada do Festival Internacional da Canção de 1971 por uma decisão da Censura. Com versos alterados, no disco de Rita ela virou uma marcha-rancho na qual Sérgio Dias experimentou pela primeira vez o efeito *talk box*, também chamado de "guitarra falada". Com a boca e um dispositivo ligado à guitarra, ele produziu uma ressonância que altera o som do instrumento, fazendo-o parecer com o da voz. O mesmo truque é usado em "Meu Amor Branco e Preto", que faz sua guitarra soar como um pato de desenho animado. O samba é uma homenagem de Rita e Arnaldo ao time de futebol paulistano Corinthians, e ganhou um sampler

new studio and needed to deliver a record to the label, the musicians chose the repertoire, rehearsed and entered the newly opened space in São Paulo. Technically speaking, the album is one of the sharpest in terms of quality among all of the Mutantes' albums with Rita. No wonder Ezequiel Neves stated in his column in the September 1972 issue of Rolling Stone that the album was the "Sgt. Pepper's of Mutantes!".

Hoje é o Primeiro Dia do Resto da Sua Vida (*"Today is the First Day of the Rest of Your Life"*) starts with "Vamos Tratar da Saúde" ("Let's Take Care of Our Health"), in which Arnaldo, Rita and Liminha proposed a joke: "How about a tea for us to find ourselves," maliciously referring to hallucinogenic mushroom tea. In "Frique Comigo" (a wordplay with the expression "Stay with Me"), which the trio authored with Dinho, Rita invites us to go crazy: "You have to be crazy," she sings, full of echo in her voice. The experimentation is clear in the arrangements of the record. From Arnaldo and Élcio Decário, "Beija-me, Amor" ("Kiss Me, My Love") had been disqualified from the International Song Festival of 1971 due to a censorship decision. With altered verses, in Rita's album it became a "marcha-rancho" (Brazilian carnival rhythm guitar playing style) in which Sérgio Dias first experimented with the *talk box* effect, also called the "speaking guitar". With his mouth and a device attached to the guitar, he produced a resonance that changes the sound of the instrument, making it sound like a voice. The same trick is used in "Meu Amor Branco e Preto" ("My White and Black Love") which makes his guitar sound like a cartoon duck. The samba is Rita and Arnaldo's tribute

de narração de jogo, além da interpretação da cantora inspirada em Miriam Batucada, sambista em voga na época. Na faixa-título, parceria de Arnaldo e Sérgio, Cláudio César surge perguntando "Cê tá entendendo?". Sua voz também interfere em "Superfície do Planeta", composição de Arnaldo: "Presta atenção na letra", diz o irmão mais velho.

Três músicas seguem a linha debochada de sempre dos Mutantes. Com vocais divididos por Rita e Sérgio, "Tiroleite" (do trio com Liminha) é um rock rural, com solo de guitarra elaborado. O rock "Tapupukitipa", de Arnaldo e Rita, disfarçava-se de música em outra língua para camuflar um palavrão que eles eram doidos para dizer para os censores que tanto proibiam suas canções. Assinada por todos, menos Dinho, "De Novo Aqui Meu Bom José" é uma paródia da canção do primeiro disco solo de Rita que fez tanto sucesso que alfineta a ideia de Rita se tornar uma artista solo. Esta faixa ganhou um coral de 64 vozes – e foram necessárias apenas quatro pessoas para fazer isso. Aproveitando a modernidade do estúdio Eldorado, Rita sugeriu o uso de quatro vozes em cada um dos canais. E, assim, ela, Sérgio, Arnaldo, Liminha e a novata na trupe Lúcia Turnbull emprestaram o gogó para a canção. Irmã de Lilly, a namorada de Dinho, Lúcia era cantora e mais tarde viria se tornar parceira de Rita no projeto Cilibrinas do Éden e na banda Tutti Frutti. Foi ela quem apresentou o LP *The Yes Album* a Liminha, em 1971, o que despertou no baixista e no resto da banda uma admiração enorme pelo Yes, beirando a idolatria. No segundo álbum solo da amiga, ela fez vocal também em "Vamos Tratar da

to Corinthians soccer team from São Paulo and it had a game narration sample, besides the interpretation of the singer inspired by Miriam Batucada, a samba singer who was in vogue at the time. In the title track, a partnership between Arnaldo and Sérgio, Cláudio César asks "Do you understand?". His voice also makes an "interference" in "Superfície do Planeta" ("Surface of the Planet"), Arnaldo's composition: "Pay attention in the lyrics," says the older brother.

Three songs follow the usual brand of Mutantes mockery. With vocals divided among Rita and Sérgio, "Tiroleite" ("Milkit"), from the trio with Liminha, is a country rock song, with an elaborate guitar solo. "Tapupukitipa," by Arnaldo and Rita, another rock song, is disguised as a song in another language to camouflage a dirty word they were crazy about saying to the censors who forbade their songs so many times. Authored by all of them but Dinho, "De Novo Aqui Meu Bom José" ("Here Again My Good José") is a parody of the song from Rita's first solo album that was so successful, it makes fun of the idea of Rita becoming a solo artist. This track has a choir of 64 voices – and it took only four people to do it. Taking advantage of the state of the art Eldorado studio, Rita suggested the use of four voices in each of the channels. So Rita, Sérgio, Arnaldo, Liminha and the novice in the group, Lúcia Turnbull, sang the song. Lúcia, who was Lilly's sister (Dinho's girlfriend), was a singer and guitar player who would later partner with Rita in the project Cilibrinas do Éden and in the band Tutti Frutti. She was the one who presented the LP *The Yes Album* to Liminha in 1971, which prompted in the bassist and in the rest of the

Saúde". Outro personagem presente nos créditos do disco que andava frequentando a Cantareira era Leo Wolf, na realidade Leo Wolf Shoof, irmão de Sabine, que assumiu a técnica nos shows dos Mutantes. No encarte, ele aparece ao lado da palavra "Transas", que nada tem a ver com a mesa de som, pilotada por um cara do Eldorado chamado Marquinho.

Para a capa do disco, Rita desenhou a si mesma. Desde pequena, ela gostava de esboçar figuras em um papel e, antes de se envolver com a música, chegou a pensar em ser pintora. Segundo a cantora, ela seguiu os passos de Alain Voss e tomou um ácido antes de fazer seu autorretrato. "Na frente do espelho viajei no microcosmo dos meus tubos capilares... Pelo microscópio, a gente vê esses canos; com ácido, não precisamos de microscópios. Me retratei com ares de Poison Ivy, uma personagem musa dos quadrinhos que lia. Se fiquei mais velha, não sei. Fui bastante fiel ao que estava enxergando em mim", conta Rita, que deve ter visto folhas de maconha na sua cabeça sob efeito da droga. Na contracapa, além de fotos dos músicos – Dinho está sentado em sua bateria, Liminha toca baixo de túnica, Sérgio domina uma cítara indiana e Arnaldo toma sol – e dos créditos, há um agradecimento especial: ao "Baurets" e ao "Lochas". "Baurets" era o apelido dado por Tim Maia à maconha. Já "Lochas", segundo Sérgio, "é aquele que te botou nas coxas" – uma daquelas brincadeiras tipo "Mário, aquele que te pegou atrás do armário". Assim como o *Baurets*, a edição em vinil permitia a abertura da capa como um envelope: dentro, havia uma foto dos Mutantes em ação, em um palco.

band an enormous admiration for Yes, bordering on idolatry. On her second solo album, she also performed vocals on "Vamos Tratar da Saúde". Another character present in the credits of the record who was also going to Cantareira was Leo Wolf, in fact Leo Wolf Shoof, brother of Sabine, technician in the shows of Mutantes. He appears in the insert of Rita's album next to the word "Transas" (meaning literally "transactions" but also a word for "sex"), which has nothing to do with the sound table, operated by Marquinho, from Eldorado studio.

For the cover of the album, Rita drew herself. She liked to sketch pictures on paper since she was a little girl and before becoming involved with music, she even thought of becoming a painter. According to the singer, she followed in the footsteps of Alain Voss and dropped some acid before making her self-portrait. "In front of the mirror I traveled in the microcosm of my capillaries... Through the microscope, we see these tubes; with acid, we do not need microscopes. I portrayed myself like Poison Ivy, a comic book character I used to read. If I looked older, I do not know. I was quite accurate to what I was seeing in myself," says Rita, who also must have seen marijuana leaves on her head while under the effect of the drug. On the back cover, in addition to a few photos of the musicians – Dinho sitting on his drums, Liminha playing bass in a tunic, Sérgio playing the Indian sitar and Arnaldo sunbathes – and the credits, there is a special thanks: to "Baurets" and "Lochas". "Baurets" was Tim Maia's nickname for marijuana. "Lochas," according to Sérgio, "is the one that put you on the thighs": in Portuguese, thighs

Logo que encerraram as gravações de *Hoje é o Primeiro Dia do Resto da Sua Vida*, em julho, Rita fez uma viagem para a Inglaterra com Lúcia Turnbull, Liminha e Leila, onde comprou novos equipamentos. Quando voltou, a gravadora já começava o trabalho de divulgação do disco. Em agosto, o colunista Walter Silva publicou duas notas em sua coluna Música Popular na Folha de S. Paulo, ambas intituladas "Rita Lee". Na do dia 2, ele exalta a cantora: "Produzido por Arnaldo Baptista, Rita Lee é das mais criativas intérpretes do gênero pop e isso pode ser constatado pelos títulos das músicas. 'Tiroleite' e 'Tapupukitipa', por exemplo. Rita Lee é, no nosso entender, a melhor *show woman* do Brasil." Na do dia 19, ele exalta a cantora de novo e celebra o Corinthians: "De muito bom gosto, o LP de Rita Lee para a Polydor, desde a capa, feita por ela mesma, até as composições. *Hoje É o Primeiro Dia do Resto de Sua Vida* é o título do disco e, nele, a excelente intérprete canta coisas de primeira categoria, entre as quais destacamos 'Amor Branco e Preto', uma declaração de amor ao Corinthians".

Em setembro, depois de se decepcionar com sua participação ínfima no sétimo Festival Internacional da Canção Popular (além de vocal para Sérgio, ela arranhou umas notas no seu recém-adquirido Minimoog), Rita se preparou para o lançamento de seu segundo disco, previsto para outubro. Dias antes do álbum chegar às lojas, o Jornal do Brasil anunciava o novo disco e destacava a inovação dos Mutantes em seus shows: a banda foi a primeira a usar, nos palcos, o sistema quadrafônico, ou seja, com o áudio saindo de quatro canais. "Normalmente, o som vem dos dois

are "coxas," which rhymes with "locha". The phrase means nothing, but it is a rhyming pun like others in Portuguese. Like the *Baurets* album, in the vinyl edition, the cover opened like an envelope: inside, there was a photo of Mutantes in action, on a stage.

As soon as they finished the recordings of *Hoje é o Primeiro Dia do Resto da Sua Vida* in July 1972, Rita made a trip to England with Lúcia Turnbull, Liminha and Leila, where she bought new equipment. When she returned, the record company was already publicizing the record. In August, columnist Walter Silva published two notes in his column Popular Music in Folha de S. Paulo, both titled "Rita Lee". In the second day, he praises the singer: "Produced by Arnaldo Baptista, Rita Lee is one of the most creative performers of the pop genre and this can be verified by the titles of the songs. 'Tiroleite' and 'Tapupukitipa,' for example. Rita Lee is, in our opinion, the best show-woman in Brazil". On the 19th, he praises the singer again and celebrates Corinthians: "I like Rita Lee's Polydor LP for from the cover, made by herself, to the songs. *Hoje É o Primeiro Dia do Resto da Sua Vida* is the title of the album and in it, the excellent interpreter sings about first-class things, among which we highlight 'Amor Branco e Preto,' a love song for the Corinthians".

In September, after being disappointed by her tiny participation at the seventh International Popular Song Festival (in addition to vocals for Sérgio, she played some notes on her newly acquired Minimoog), Rita prepared the release of her second album, scheduled for October. Days before the album reached the stores, Jornal do Brasil announced the new album and

lados, é o som estereofônico. O nosso agora vem dos quatro lados, é o mais completo, o mais próximo da realidade. Você fica dentro dele, é uma loucura total", declarou Arnaldo, que pediu atenção ao novo trabalho "da banda": "Eu queria que as pessoas que gostam de nós, do nosso trabalho, dessem muito valor a este disco, porque é o primeiro que nos satisfaz mesmo, de que gostamos de verdade. É mesmo como o nome do disco está dizendo: este é o primeiro dia no caminho que a gente vai seguir". E, colocando um ponto final em sua relação com o mercado, eles ainda criticam o que faziam na época da Tropicália. "Hoje dá para sentir que, naquele tempo, a gente era careta. A cuca mudou e mudaram as coisas. A gente não está brincando mais. A gente tem uma posição definida agora, uma posição musical que é justamente o que o FIC não tem. Trata-se de um festival de música, mas o que menos tem nele é música, a começar pelas dificuldades técnicas do local e sem falar no resto todo", declarou um deles, que o jornal não nomeia.

highlighted the Mutantes' innovation in their shows: the band was the first to use the quadraphonic system on the stage, that is, with the audio coming out from four channels. "Normally, sound comes from two sides, it's stereo sound. Now, our sound comes from four sides, it is the most complete, the closest to reality. You get inside of it, it's total madness," said Arnaldo, who asked for attention to "the band's" new work: "I wanted the people who like us, our work, to give great value to this album, because it is the first that really satisfies us, that we truly like. It's just like the name of the album says: this is the first day on this road that we intend to follow". And, putting an end to their "golden era," they even criticize what they did during the Tropicália era. "Today you can feel that, at that time, we were square, dorks. We changed and things have changed. We're not fooling around anymore. We have a more defined position now, a musical position that is precisely what the FIC (International Song Festival) doesn't have. It's a music festival, but it is not about music at all, starting with the technical difficulties of the place and not to mention everything else," said one of them, which the newspaper does not name.

Tracklist: Hoje é o Primeiro Dia do Resto da Sua Vida

1 Vamos Tratar da Saúde Arnaldo Baptista, Liminha e Rita Lee 3:05
2 Beija-me, Amor Arnaldo Baptista e Élcio Decário 4:00
3 Hoje é o Primeiro Dia do Resto da Sua Vida Arnaldo Baptista e Sérgio Dias 4:12
4 Teimosia Arnaldo Baptista, Liminha e Rita Lee 2:03
5 Frique Comigo Arnaldo Baptista, Dinho, Rita Lee e Sérgio Dias 3:24
6 Amor Branco e Preto Arnaldo Baptista e Rita Lee 2:10
7 Tiroleite Arnaldo Baptista, Liminha, Rita Lee e Sérgio Dias 3:49
8 Tapupukitipa Arnaldo Baptista e Rita Lee 5:10
9 De Novo Aqui Meu Bom José Arnaldo Baptista, Liminha, Rita Lee e Sérgio Dias 4:13
10 Superfície do Planeta Arnaldo Baptista 4:15

DISCO É CULTURA

STEREO SÉRIE DE LUXO 2451.017

7314513O412

Hoje é o primeiro dia do resto da sua vida

RITA LEE

Lado 1

1 - VAMOS TRATAR DA SAÚDE (3:05)
(Arnaldo Baptista-Ritta Lee-Arnolpho Lima)

2 - BEIJA-ME AMOR (4:00)
(Arnaldo Baptista-Elcio Decário)

3 - HOJE É O PRIMEIRO DIA DO RESTO DE SUA VIDA (4:09)
(Arnaldo Baptista-Sergio Baptista)

4 - TEIMOSIA (2:03)
(Ritta Lee-Arnolpho Lima-Arnaldo Baptista)

5 - FRIQUE COMIGO (3:24)
(Arnaldo Baptista-Ronaldo Leme-Sergio Baptista-Ritta Lee)

Lado 2

1 - AMOR BRANCO E PRETO (2:10)
(Ritta Lee-Arnaldo Baptista)

2 - TIROLEITE (3:49)
(Arnaldo Baptista-Sergio Baptista-Ritta Lee-Arnolpho Lima)

3 - TAPUPUKITIPA (5:10)
(Arnaldo Baptista-Ritta Lee)

4 - DE NOVO AQUI MEU BOM JOSÉ (4:13
(Arnaldo Baptista-Ritta Lee-Arnolpho Lima-Sergio Baptista)

5 - SUPERFÍCIE DO PLANETA (4:15)
(Arnaldo Baptista)

Diretor de Produção - ARNALDO BAPTISTA
Técnico de Gravação - MARQUINHO
Studio - ELDORADO (16 PISTAS)
Som - CLAUDIO CESAR (TÊ)
Capa - RITA LEE
Fotos - TONI
Transas - LEO WOLF

Bateria - RONALDO LEME (DINHO)
Baixos - ARNOLPHO LIMA (LIMINHA)
Guitarrá - SERGIO DIAZ
Piano, Sintetizador, Piano Honer - ARNALDO BAPTISTA
Vocal - RITA LEE, SERGIO, ARNALDO, LIMINHA, LUCIA TURNBUL
AGRADECEMOS A: BAURETS e LOCHAS

phonogram COMPANHIA BRASILEIRA DE DISCOS PHONOGRAM

CGC N.º 33.177.411/003 SCDP - PF - 001/GB INDÚSTRIA BRASILEIRA ℗1972

Os Mutantes
A e o Z

O A e o Z
1973 / 1992

Hipnotizados pelo rock progressivo, os Mutantes foram mudando sua sonoridade a passos tão largos que ficou difícil para Rita alcançar seus parceiros. Roqueira clássica, mas admiradora assumida de diversos outros estilos, inclusive os brasileiros, a cantora curtia aquela novidade que vinha de fora, mas não se adequava ao que ela propunha nem nos palcos nem nos estúdios. Já no FIC de 1972, a cantora pouco participou da apresentação da música inscrita pela banda. Nos ensaios realizados na Cantareira, ela passou a ficar mais fora do que dentro das experimentações. Rita sempre foi uma *show woman*, como disse o jornalista da Folha de S. Paulo, mas nunca foi uma exímia instrumentista. Então, enquanto Arnaldo, Sérgio, Liminha e Dinho evoluíam muito rapidamente junto a seus instrumentos na direção do que estavam buscando, ela ia ficando cada vez mais distante do que de fato sempre gostou de fazer em sua banda. Eles até pressionaram para que ela tocasse mais, porém com seu Minimoog

Mesmerized by progressive rock, Mutantes were changing their sound so much that it was difficult for Rita to keep up with her partners. As a classic rocker, but professed admirer of several other styles, including Brazilian rhythms, the singer enjoyed the novelty that came from abroad, but it did not fit in what she proposed neither onstage nor in the studios. Already in the FIC of 1972, the singer hardly participated in the presentation of the song signed up by the band. During the rehearsals at Cantareira, she started to be more and more out of place in the experiments. Rita has always been a show woman, as the journalist from Folha de São Paulo said, but she was never an accomplished musician. So while Arnaldo, Sérgio, Liminha and Dinho were evolving very quickly with their instruments in the direction they were seeking, she was getting further and further away from what she had always liked to do in her band. They even pressured her to play more, but with her Minimoog and her flute she was no mira-

e sua flauta não havia como fazer milagre. Fora isso, sua relação com Arnaldo há tempos não estava boa. A liberdade (os mais conservadores diriam "libertinagem") tinha aberto o caminho para a falta de respeito. Com a presença de Teresa, o clima vinha ficando cada vez pior. E a iminência de perder Rita para uma carreira solo – por mais que ela vivesse falando, em entrevistas, que seu lugar era ao lado dos Mutantes – vinha incomodando o ex.

Até que, logo após o lançamento de *Hoje é o Primeiro Dia do Resto de Sua Vida*, sem o menor cuidado e sem qualquer consideração, Arnaldo avisou a Rita que ela estava fora da banda. Em sua autobiografia, a cantora diz que todos os outros músicos assistiram à cena de sua "expulsão". Entretanto, a biografia de Carlos Calado diz a mesma coisa que Sérgio Dias e Dinho Leme repetem em entrevistas: eles e Liminha souberam que o casal havia discutido logo em seguida às palavras de Arnaldo e Sérgio, indignado com o irmão, ainda teria dito que a banda iria com ela, mas Rita estava magoada demais e preferiu deixar a Cantareira de mala e cuia. O novo disco planejado junto aos parceiros, que teria "Mande Um Abraço Pra Velha", nunca seria gravado. A faixa de Arnaldo, Sérgio, Rita e Liminha ficou apenas no álbum do festival. Anos depois, ela foi parar em um CD de raridades homônimo lançado pela gravadora Universal Music, em 2014, e que, em 2015, foi prensado em vinil pela Polysom.

Começou, então, uma nova fase para todos. Enquanto Rita se recuperava do trauma na casa dos pais e pensava no que iria fazer, o quarteto seguia

cle worker. Besides that, her relationship with Arnaldo was not going so well for a long time. Freedom (the more conservative would say "licentiousness") had paved the way for disrespect. With Teresa's presence, the atmosphere was getting worse and worse. And the imminent loss of Rita to a solo career – no matter how much she said, in interviews, that her place was with the Mutantes – was bothering her ex.

Shortly after the release of *Hoje é o Primeiro Dia do Resto da Sua Vida*, without the slightest care, Arnaldo informed Rita that she was out of the band. In her autobiography, the singer says that all the other musicians were at the scene of her "expulsion". However, Carlos Calado's says in his book "A Divina Comédia dos Mutantes" ("The Divine Comedy of The Mutantes") the same thing that Sérgio Dias and Dinho Leme repeat in interviews: that they and Liminha knew that the couple had argued immediately after Arnaldo's words, and Sérgio, angry at his brother, even said that the band would accompany her, but Rita was too hurt and preferred to leave Cantareira bag and baggage. The new album planned with the partners, which would have "Mande Um Abraço Pra Velha" ("Send My Regards to the Old Woman"), would never be recorded. The track by Arnaldo, Sérgio, Rita and Liminha was only in the festival' album. Years later, it came out on a homonymous CD released by Universal Music in 2014. In 2015 it was pressed on vinyl by Polysom.

Thus began a new phase for all of them. As Rita recovered from the trauma at her parents' house and thought about what she was going to do, the quartet continued to rehearse their progressive rock. Already

ensaiando seu rock progressivo. Já com a faceta produtor encarnada há tempos, Arnaldo se mostrava cada vez mais intransigente. Quando tomava ácido, ninguém aguentava a arrogância e as viagens um pouco fora do normal. No entanto, sua inteligência, as boas ideias que trazia aos ensaios e seu carisma cativavam os outros integrantes da banda. Musicalmente, eles estavam afinadíssimos. No porão da casa de Charles e Romilda, a ex-integrante compôs "Mamãe Natureza", sua primeira canção depois do furacão. Cada vez mais segura de si, não demorou muito a sair da boca de Rita que ela iria provar para Arnaldo que poderia ser a maior estrela de rock do Brasil. Foi para Lúcia Turnbull que disse isso e foi com ela que a cantora montou seu primeiro projeto pós-Mutantes. Antes de recomeçar, ela ainda socorreu a banda em um show em que o iluminador não apareceu. Arnaldo ligou para Rita perguntando se ela podia assumir a função e lá foi a faz-tudo.

Os Mutantes seguiam fazendo um show aqui, outro ali, aumentando sua potência sonora através dos equipamentos de Cláudio César, enquanto Rita aproveitava as oportunidades que a vida lhe dava. Em São Paulo, reencontrou Ritchie – o futuro autor de "Menina Veneno" – que havia conhecido em Londres e convencido a vir para o Brasil. Em uma viagem à Inglaterra, comprou um colar de pedrinhas, que pareciam miçangas, mas eram LSDs. Pendurado em seu pescoço, o acessório passou batido pela alfândega brasileira. Quando viu, estava dividindo casa com Mick Kilinbeck e o namorado dele, e já guardava um pacote de novas músicas.

incorporating his producer persona for a while now, Arnaldo was becoming more and more intransigent. When he took acid, no one could stand the arrogance and his "trips" were a bit out of the ordinary. However, his intelligence, the good ideas that he brought to the rehearsals and his charisma captivated the other members of the band. Musically, they were as sharp as ever. In the basement of Charles and Romilda's house, the former member wrote "Mamãe Natureza" ("Mother Nature"), her first song after the "storm". More and more sure of herself, it did not take long for Rita to declare that she would prove to Arnaldo that she could be the greatest rock star of Brazil. She said this to Lúcia Turnbull and developed with her the first post-Mutantes project. Before being reborn, Rita saved the band at a show where the lighting technician did not show up. Arnaldo called Rita asking if she could take the job and there she was as the handywoman.

Mutantes carried out a few shows more, enhancing their sound power through Claudio César's equipment, while Rita took advantage of the opportunities that life gave her. In São Paulo, she met the English musician Ritchie – the future author of "Menina Veneno" ("Poison Girl" a future Brazilian hit) – whom she had met in London and convinced to come to Brazil. On a trip to England, she bought a necklace of a material looking like beads, but they were actually LSD tablets. Hanging on her neck, the accessory passed easily through Brazilian customs. Before she knew it, she was roommates with Mick Kilinbeck and his boyfriend in São Paulo and she had already written a bunch of new songs.

O ano de 1973 chegou e, com ele, novas perspectivas para todos. Os Mutantes planejavam seu próximo álbum e faziam shows bacanas, como o do Teatro Aquarius, realizado em janeiro. Intitulado "Mutantes com 2 Mil Watts de Rock", o concerto mandava 2.000 watts de potência para a plateia, através de 10 amplificadores transistorizados, e 600 watts para os músicos, que tinham um sistema de retorno como nunca antes haviam experimentado. O equipamento era operado por Cláudio César que tinha agora, como assistente, Pena Schmidt, que saíra do Scatena após um convite irrecusável dos Mutantes para trabalhar com eles. Enquanto isso, sem muita firula, na maior simplicidade, Rita Lee e Lúcia Turnbull ensaiavam "Mamãe Natureza", "Bad Trip" e "Jardim do Éden" para o repertório do projeto que iria se chamar Cilibrinas do Éden. Tanto a banda quanto a dupla foram convidadas a participar de um novo festival que seria promovido pela Phonogram – empresa que substituiu a Companhia Brasileira de Discos, mas seguiu abrigando seus selos azul (Philips) e vermelho (Polydor) – só com artistas do elenco da gravadora, na verdade uma grande ação de marketing. Batizado de Phono 73, o evento tinha produção de Nelson Motta, Roberto Menescal e Armando Pittigliani e seria gravado ao vivo nos dias 11, 12 e 13 de maio, no Palácio das Convenções do Anhembi, em São Paulo. Participariam também Raul Seixas, Elis Regina, Gal Costa, MPB4, Caetano Veloso, Wilson Simonal e Jorge Ben, entre as mais de 30 atrações. A primeira noite foi reservada para o improviso e foi a única a não ter roteiro ou produção definidos. Nele, estariam em destaque

The year of 1973 arrived and, with it, new prospects for them all. Mutantes planned their next album and performed fine shows like the one at Teatro Aquarius, held in January. Titled "Mutantes com 2 Mil Watts de Rock" ("Mutantes with 2,000 Watts of Rock") the concert sent 2,000 watts of power to the audience through 10 transistor amplifiers and 600 watts to musicians who had a return system unlike anything they had ever experienced. The equipment was operated by Cláudio César, who by that time had Pena Schmidt as an assistant. Schmidt left Scatena studio after an irrefusable invitation from Mutantes to work with them. Meanwhile, in a very simple, no-fuss way, Rita Lee and Lúcia Turnbull rehearsed "Mamãe Natureza," "Bad Trip" and "Jardim do Éden" ("Garden of Eden") for the repertoire of the project that would be called Cilibrinas do Éden. Both the band and the duo were invited to participate in a new festival promoted by Phonogram – company that substituted the Companhia Brasileira de Discos – only with artists from the label (a huge marketing campaign). Named Phono 73, the event was produced by Nelson Motta, Roberto Menescal and Armando Pittigliani and it would be recorded live on May 11, 12 and 13 at Anhembi Convention Center in São Paulo. Also among the participants were Raul Seixas, Elis Regina, Gal Costa, MPB4, Caetano Veloso, Wilson Simonal, Jorge Ben, and more than 30 attractions. The first night was reserved for improvisation and it was the only one to have no pre-arranged script or production. In it, Rita Lee, Lúcia Turnbull and Mutantes would be featured. With a guitar (Rita), a 12-string guitar (Lúcia), flute and bells, the Cilibrinas do Éden opened

Rita Lee, Lúcia Turnbull e Os Mutantes. Com violão (Rita), viola de 12 cordas (Lúcia), flauta e sininhos, as Cilibrinas do Éden abriram para os Mutantes, mas não fizeram bonito no show enfadonho que estavam apresentando. No segundo número, um início de vaia vindo do meio das 3.500 pessoas que esperavam a potência dos Mutantes as fez desafinar. A banda, por sua vez, levou músicas do álbum que estavam prestes a gravar, entre elas "Uma Pessoa Só", uma canção de 7 minutos e 31 segundos totalmente influenciada pelo Yes. O resultado não foi o esperado: a plateia ficou um tanto apática ao receber as novas canções do grupo, que ainda puxou alguns sucessos "das antigas", tais como "Ando Meio Desligado" e "Beijo Exagerado". Ainda assim, os novos arranjos não agradaram.

Em tempos de ditadura, o Phono 73 foi um festival marcado por polêmicas. No dia seguinte da apresentação dos Mutantes, Gilberto Gil e Chico Buarque de Hollanda tiveram o som de seus microfones cortado a mando dos policiais enquanto apresentavam "Cálice", inédita e censurada canção de autoria de Chico que tinha um recado aos militares ("Pai, afasta de mim esse cale-se"). No domingo, 13 de maio, Caetano Veloso pediu aos intolerantes e radicais que respeitassem Elis Regina após a cantora não ser bem recebida. Isso aconteceu porque ela havia cantado na Olimpíada do Exército de 1972 por pressão dos militares. Para desgosto dos mais politizados, o baiano ainda fez um dueto com Odair José – expoente da música brega, dita alienada – em "Terror das Empregadas" e declarou que "não existe nada mais Z do que um público classe A". O evento foi documen-

the night for Mutantes, but they did not do very well in the boring show they were presenting. During the second song, they went out of tune as a result from all the booing from the 3,500 people who were waiting for Mutantes' sound power. The band played songs from the album they were about to record, including "Uma Pessoa Só" ("One Person Only"), a 7-minute long song influenced by Yes. The result was not as expected: the audience was a bit apathetic when receiving the new songs from the group, which even played some of the old hits, such as "Ando Meio Desligado" ("I Feel a Little Spaced Out") and "Beijo Exagerado" ("Exaggerated Kiss"). The new arrangements received a tepid response.

Held in times of dictatorship, Phono 73 festival was marked by controversy. On the day after Mutantes' presentation, Gilberto Gil and Chico Buarque de Hollanda had their microphones cut off by the police while they were presenting "Cálice" (literally meaning "chalice" which in Portuguese has the same sound as "cale-se" meaning "be quiet," or better yet, "shut up"), an unreleased and censored song by Chico that had a message to the military ("Father, get this 'chalice/shut up' away from me"). On Sunday, May 13, Caetano Veloso asked the intolerant and radicals in the audience to respect Elis Regina after the singer was not well received. This happened because she had sung at the 1972 Army Olympics due to military pressure. To the dismay of the most politicized, the *Bahiano* even made a duet with Odair José – a "cheesy music" singer, considered "alienated" – in "Terror das Empregadas" ("Terror of the Housekeepers") and declared that

tado no LP *Phono 73 – O Canto de um Povo*, de três volumes, e reeditado em CD duplo, em 1997. Em 2005, foi lançada a caixa *Phono 73*, com dois CDs e um DVD editado com imagens inéditas registradas pelo cineasta Guga de Oliveira em 35 mm. Por causa das distorções que permearam as gravações das Cilibrinas do Éden e dos Mutantes, o som das bandas não foi parar em nenhum desses registros, apesar de uma foto ainda do tempo em que Mutantes era um trio aparecer na capa de todos os produtos lançados pela gravadora Universal Music.

Passada a experiência, Rita e Lúcia começaram a se envolver com os músicos que vieram a formar a banda Tutti Frutti. Com todas as namoradas se afastando quase ao mesmo tempo – Leila, Lilly, Sabine e Teresa – Arnaldo, Sérgio, Dinho e Liminha compraram um caminhão Chevrolet, ao qual deram o nome de Tenório, e começaram a viajar para fazer shows ao ar livre em diversas cidades. Entre um e outro, os Mutantes voltaram ao Eldorado para finalmente experimentar os 16 canais com o rock que estavam adorando tocar. Dentro do estúdio, foi a maior curtição poder gravar as seis faixas sob o efeito de LSD, como se estivessem tocando ao vivo. Todas bastante extensas – a mais curta tinha seis minutos e 27 segundos e a mais longa, 12:20 – as músicas deste novo álbum intitulado *O A e o Z* permitiam que cada um viajasse em seus próprios instrumentos e nos ricos vocais. Nessa fase, Liminha tocava um baixo Rickenbacker 4001, inspirado pelo baixista Chris Squire, do Yes, além de pedais Tremolo e Fuzz, da marca inglesa Colorsound. Além da bateria, Dinho experimentou a

"there is nothing more Z than a Class A audience". The event was documented in the three-volume *Phono 73* LP and reissued on a double CD in 1997. In 2005, the *Phono 73* box was launched with two CDs and a DVD edited with unpublished footage recorded by filmmaker Guga de Oliveira in 35 mm. Because of the distortions of Cilibrinas do Éden and Mutantes' recordings, the performances of the bands were not featured in any of these records, despite the appearance of a photo of the time when Mutantes was a trio on the cover of the products released by Universal Music.

After the experience, Rita and Lúcia began to get involved with the musicians who came to form the band Tutti Frutti. With all the girlfriends moving away almost at the same time – Leila, Lilly, Sabine and Teresa – Arnaldo, Sérgio, Dinho and Liminha bought a Chevrolet truck, which they named Tenório, and began traveling to make outdoor gigs in several cities. In between concerts, Mutantes returned to Eldorado to finally experience the 16 channels with the rock that they were enjoying playing. Inside the studio, they had a great time recording the six tracks under the effect of LSD, as if they were playing live. All tracks were quite extensive – the shortest was six minutes and 27 seconds and the longest, 12'20". The songs from this new album titled *O A e o Z ("The A and the Z")* allowed everyone to explore their own instruments and include rich vocals. At that point, Liminha was playing a Rickenbacker 4001 bass, inspired by Yes' bassist Chris Squire, as well as the Tremolo and Fuzz pedals from the English brand Colorsound. In addition to the drums, Dinho experimented with the tabla, an Indian instru-

tabla, um instrumento indiano. Arnaldo adicionou um Mellotron – um teclado eletromecânico polifônico desenvolvido na década de 1960 – a seu equipamento. Além de aderir à Fender Stratocaster e incluir sons de cítara, Sérgio já estava usando a Régulus II, uma nova Guitarra de Ouro construída por seu irmão, que substituiu a primeira. A Régulus I foi vendida para um músico de Ribeirão Preto chamado Henrique Bartsch, com direito a um "documento" em que o guitarrista dos Mutantes desfazia a maldição talhada no instrumento. Ele foi à casa de Sérgio com o amigo Johnny Oliveira. Em 2006, o eterno fã Bartsch viria a ser o autor do livro "Rita Lee Mora ao Lado: Uma Biografia Alucinada da Rainha do Rock".

Os quatro assinaram a autoria de todas as músicas de *O A e o Z*, que agora não tinham mais deboches, mas apologia à psicodelia. "Rolling Stones", por exemplo, fala sobre tropeçar no arco-íris. Com ares lisérgicos, as letras chegam a ter cunho religioso. É o caso de "Você Sabe", que dissemina os seguintes versos: "Você sabe o que eu pensei / Eu também sei o que você pensa / Você sabe o quanto andei / Deus, também serei o que você quiser / Nas estradas eu andarei / Nessa escalada alcançarei o sol". Quem procurar uma semelhança com os Mutantes de antes, talvez encontre em "Ainda Vou Transar com Você" ou em "Rolling Stones", as mais rock'n'roll do repertório. Esta última, a banda anunciava como uma homenagem a Mick, que acabou se desligando da revista Rolling Stone e da banda e voltando para a Inglaterra. "Uma Pessoa Só", "Hey Joe", "Você Sabe" e a faixa-título são verdadeiras odes às bandas progressivas Yes,

ment. Arnaldo added a Mellotron – a polyphonic electromechanical keyboard developed in the 1960s – to his equipment. In addition to the Fender Stratocaster and the sitar, Sérgio was also using the Régulus II, a new Golden Guitar built by his brother, who replaced the first. The Régulus I was sold to a Ribeirão Preto musician named Henrique Bartsch, who also received a document in which the Mutantes guitarist undid the "curse" engraved on the instrument. He went to Sérgio's house with a friend. In 2006, the eternal fan Bartsch would be the author of the book "Rita Lee Mora ao Lado: Uma Biografia Alucinada da Rainha do Rock" ("Rita Lee Lives Next Door: A Hallucinated Biography of the Queen of Rock").

The four signed as the authors of all the songs of *O A e o Z*, which now did not showcase playful antics anymore, but just apology to psychedelia. "Rolling Stones," for example, talks about stumbling on a rainbow. With a lysergic air, the lyrics even seem to have a religious character. That is the case with "Você Sabe" ("You Know"), which contains the following verses: "You know what I thought / I also know what you think / You know how much I have walked / God, I'll be whatever you want". Anyone looking for a resemblance with the Mutantes from before (when Rita was still in the band), maybe can find it in "Ainda Vou Transar com Você" ("I'm Still Gonna Have Sex With You") or "Rolling Stones," the most rock'n'roll song from the repertoire. The latter was announced by the band as a tribute to their friend Mick (not Jagger), who eventually detached himself from the band and Rolling Stone magazine and returned to England. "Uma Pessoa Só," "Hey Joe," "Você

Emerson Lake and Palmer, Pink Floyd e Genesis.

O quarteto saiu empolgado com o resultado, mas tomou um susto quando ouviu André Midani dizer que o disco não era nada comercial e, por isso, ele não seria lançado pela Phonogram. Pior do que o veto foi a expulsão: sem Rita, a gravadora não tinha mais interesse em manter os rapazes em seu elenco. O limbo desnorteou os músicos a ponto de os desentendimentos pessoais começarem a tomar proporções maiores do que os entendimentos musicais. Sérgio começou a se incomodar com Arnaldo, que se colocava o tempo todo no centro das atenções e das produções. Em um show, ficou repetindo as sílabas do seu próprio nome no microfone como se estivesse falando em inglês. "Ar-nal-do", ele dizia sem parar. Aquele cara alegre e brincalhão andava atormentado, falando das visões sombrias que tinha e resgatando Rita em todas as conversas. Ao se negarem a fazer um show de graça em uma cidade de Minas Gerais, os outros três perderam Arnaldo de vez. "Tô fora!", ele disse, arrancando o choro de Sérgio, Dinho e Liminha, exaustos por tudo o que estavam passando. E Arnaldo fez uma apresentação solo no "Woodstock Tupiniquim", onde conheceu Lúcia Barbosa, a mulher com quem passaria o resto de seus dias depois de 1982.

Rita e Lúcia Turnbull perceberam que teriam que pesar mais o som se quisessem seguir como roqueiras. Surgiu, então, a ideia de se juntarem a uma banda da Pompéia chamada Lisergia, que Lúcia já curtia. Em 15 de agosto de 1973, Rita Lee, Lúcia Turnbull, o guitarrista Luiz Carlini, o baixista Lee Marcucci e o baterista Emilson Colantônio apresen-

Sabe" and the title song are true odes to the bands Yes, Emerson Lake and Palmer, Pink Floyd and Genesis.

The quartet was thrilled with the result, but were shocked when they heard André Midani say the album was not commercial at all and therefore would not be released by Phonogram – a company that replaced the Companhia Brasileira de Discos, but continued to house their blue (Philips) and red (Polydor) labels. The veto was worse than the expulsion: without Rita, the record company had no more interest in keeping the boys in their cast. The limbo bewildered the musicians to the point that personal disagreements began to take on greater proportions than the musical connection. Sérgio began to be annoyed with Arnaldo, who wanted to be the center of attention and production at all times. At one show, he kept repeating the syllables of his own name on the microphone as if he were speaking English. "Ar-nal-do," he kept saying. That once joyful, playful guy was tormented, talking about the dark visions he had and mentioning Rita in every conversation. When they refused to make a show for free in a city in Minas Gerais, the other three lost Arnaldo for good. "I'm out!," he said, making Sérgio, Dinho, and Liminha cry exhausted at everything they were going through. And Arnaldo gave a solo presentation at "Woodstock Tupiniquim," where he met Lúcia Barbosa, the woman with whom he would spend the rest of his days after 1982.

Rita and Lúcia Turnbull realized that they would have to make a heavier sound if they wanted to continue as rockers. Then came the idea of joining a band from Pompéia called Lisergia, which Lúcia already liked.

taram uma temporada de shows elaborados no Teatro Ruth Escobar, em São Paulo. Com iluminação de André Peticov, o irmão de Toninho, e direção musical de ninguém menos que Zé Rodrix – ex-integrante da banda Som Imaginário e do trio Sá, Rodrix e Guarabyra – o espetáculo estreou levando Rita ao palco segura de si. Além de ser a compositora da banda, ela dominou seus instrumentos, que foram de Minimoog à flauta transversal, passando pelo Mellotron e pelo violão. Além de "Mamãe Natureza", faziam parte do roteiro do show, produzido pela ex-empresária-relâmpago dos Mutantes Mônica Lisboa, "Ando Jururu", "E Você Ainda Duvida" e "Gente Fina É Outra Coisa". O cartaz, na porta, anunciava o nome de Rita Lee em destaque, o do Tutti-Frutti em tamanho médio e os dos músicos, um pouco menor.

"Não há dúvida que Rita tem tudo para se transformar numa das grandes estrelas brasileiras", publicou Antonio Bivar no jornal Folha de S. Paulo. O dramaturgo foi quem sugeriu o nome Tutti Frutti ao ser levado para assistir a um dos ensaios por Toninho Peticov, recém-chegado da Europa. No Jornal da Tarde, Ezequiel Neves exclamou que a cantora "aprendeu a dominar a voz (personalíssima) e sua presença extrovertida lembra a Shirley McLaine dos bons tempos, com pinceladas muito atuais de David Bowie". O crítico disse ainda que o grupo era criativo. Meses depois, já vivendo um romance com André Midani, Rita articulou a gravação de seu terceiro álbum solo, que teria Tutti Frutti como banda de base, para 1974.

O A e o Z permaneceu inédito por 19 anos e só saiu em 1992, pela PolyGram, novo nome da grava-

On August 15, 1973, Rita Lee, Lúcia Turnbull, guitarist Luiz Carlini, bassist Lee Marcucci and drummer Emilson Colantônio presented a series of concerts at the Ruth Escobar Theater in São Paulo. With lighting by André Peticov, Toninho's brother, and musical direction from none other than Zé Rodrix – a former member of the band Som Imaginário and from the trio Sá, Rodrix and Guarabyra – the concert premiered with Rita, now very sure of herself, on stage. In addition to being the songwriter of the band, she mastered her instruments, from the Minimoog to the transverse flute, passing through the Mellotron and the guitar. In addition to "Mamãe Natureza," "Ando Jururu" ("Feeling Blue"), "E Você Ainda Duvida" ("And You Still Doubt It") and "Gente Fina é Outra Coisa" ("Good People Are Another Story") were part of the playlist of the concert, produced by former short-time-manager from Mutantes, Mônica Lisboa. The sign at the entrance had the name of Rita Lee in the spotlight, a medium-sized Tutti-Frutti and the musicians a little smaller.

"There is no doubt that Rita has everything to become one of the greatest Brazilian stars," published Antonio Bivar on Folha de S. Paulo newspaper. The playwright was, in fact, the one who suggested the name Tutti Frutti to the band when he was taken to watch one of their rehearsals with Toninho Peticov. In Jornal da Tarde, Ezequiel Neves exclaimed that the singer "learned to dominate her voice and her extroverted presence reminds one of Shirley McLaine from the good old days and the very up-to-date David Bowie". Months later, already in a relationship with André Midani, Rita coordinated the recording of her

dora. Na ocasião, após a ligação de Sérgio Dias avisando que alguns discos dos Mutantes tinham sido arquivados, o então diretor artístico Mayrton Bahia procurou e encontrou a matriz de *O A e o Z* no arquivo de fitas da empresa. As faixas foram remasterizadas digitalmente para o CD, cuja capa, contracapa e encarte reuniram desenhos feitos por Arnaldo Baptista entre 1986 e 1992, em sua casa em Juiz de Fora. Após se jogar da janela de um hospital psiquiátrico, no último dia de 1981, ele foi salvo pelo otimismo de Lucinha Barbosa, por suas massagens e pela música que ela colocava em seu ouvido durante os meses de coma. Um tempo depois, já como um casal, eles se mudaram para a cidade mineira e, lá, Arnaldo começou a pintar. Para a capa do disco que finalmente iria sair, ele desenhou instrumentos no meio do nome *O A e o Z*: uma bateria, uma guitarra e caixas de som compõem o ambiente musical observado por quatro cabecinhas atrás de um muro; um pássaro segura a placa com o nome da banda. Estão distribuídos pelo encarte ilustrações surrealistas dele. Os créditos não são muito claros e responsáveis pela parte técnica podem ter sido esquecidos ou podem estar entre os nomes aos quais Sérgio e Arnaldo agradecem, no encarte. Cláudio César, Mick Kilinbeck, Leo Wolf, Peninha, Sabine, Manolo e Hicary Baynes, citados por Sérgio, são pessoas que fizeram parte da história do disco. Arnaldo agradece a Carl Holms, Tony Kaye, Rogério Duprat, Fabiana Figueiredo (que colaborou na concepção da capa), Lucinha Barbosa e Sônia Abreu (que ajudou Lucinha no resgate do ex-Mutante quase falecido, logo após o acidente no hospital), mas

third solo album, which would have Tutti Frutti as backup band, in 1974.

O A e o Z remained unreleased for 19 years and only came out in 1992 by PolyGram, new label's name. At the time, after a call from Sérgio Dias informing that some Mutantes' records had been filed away, then artistic director Mayrton Bahia sought and found the matrix in the label's tape archives. The tracks were digitally remastered for the CD, whose front, back cover and insert contained drawings made by Arnaldo Baptista between 1986 and 1992 at his house in Juiz de Fora. After throwing himself out of the window of a psychiatric hospital on 1981 new years' eve, he was saved by Lúcia's optimism, massages, and the music she played in his ear during months he was in a coma. Some time later, as a couple, they moved to the town in Minas Gerais state and, there, Arnaldo began to paint. For the cover of the record that would finally come out, he drew instruments in the middle of the name *O A e o Z*: drums, a guitar and speakers make up the musical atmosphere observed by four small heads behind a wall; a bird holds the sign with the name of the band. His surrealist illustrations are distributed throughout the booklet. The credits are not very clear and the people responsible for the technical part may have been forgotten or might be among the names that Sérgio and Arnaldo thank in the insert. Cláudio César, Mick Kilinbeck, Leo Wolf, Peninha, Sabine, Manolo and Hicary Baynes, mentioned by Sérgio, are people who were part of the record's story. Arnaldo thanks Carl Holms, Tony Kaye, Rogério Duprat, Fabiana Figueiredo (who helped with the cover design), Lucinha

nenhum deles teve a ver com a produção, em 1973.

Já com outra visão sobre os Mutantes, a imprensa – que não deu a mínima para a banda depois que ela seguiu a trilha do rock – considerou o álbum "transgressor" quando ele, finalmente, foi lançado. "*O A e o Z*, para a época, é um disco de inquietação, de transgressão", escreveu Sergio Melgaço para o jornal Tribuna Bis, em julho de 1992. A Mauro Ferreira, jornalista de O Globo, Mayrton Bahia se declarou fã da banda e disse que não relançou Mutantes antes porque o selo paulistano Baratos Afins, de Luiz Calanca, reeditou os discos em vinil e K7 em 1983. A reportagem do jornal carioca ressalta que, além da fita master com o conteúdo de *O A e o Z* pronto para ser prensado em vinil ou CD, Mayrton encontrou também o repertório de *Tecnicolor,* além de faixas soltas. Gravadas com Caetano Veloso, "Marcianita", "Baby", "A Voz do Morto" e "Saudosismo", elas iriam sair em projetos que o diretor artístico começou a planejar, mas não teve tempo de colocar em prática. Com uma mudança na presidência da gravadora, Mayrton foi demitido e as canções só foram conhecidas do grande público em 2014, na coletânea *Mande Um Abraço Pra Velha.*

Barbosa and Sônia Abreu (who helped Lucinha rescue the almost deceased ex Mutante shortly after the hospital accident), but none of them had anything to do with the record's production in 1973.

The press, now with another view about Mutantes – who did not give any attention to the band after it followed the rock trail – considered the album "transgressive" when it was finally released. "*O A e o Z* can be considered a record of restlessness, of transgression for this time," wrote Sérgio Melgaço at the newspaper Tribuna Bis in July 1992. Mayrton Bahia declared himself a fan of the band to Mauro Ferreira, a journalist at O Globo, and said he had not released Mutantes before because Luiz Calanca's São Paulo label, Baratos Afins, had reissued the vinyl records and cassette tapes in 1983. The Rio newspaper reports that besides the master tape with *O A e o Z* that was ready to be pressed into vinyl or CD, Mayrton also found the repertoire of *Tecnicolor* ("*Technicolor*"), in addition to a few loose tracks. Recorded with Caetano Veloso, "Marcianita," "Baby," "A Voz do Morto" ("Voice of the Dead") and "Saudosismo" ("Nostalgia"), they would be released in projects that the artistic director began to plan, but did not have time to put into practice. With a change in the label's presidency, Mayrton was dismissed and the songs were only to be known to the general public in 2014 in the compilation *Mande Um Abraço Pra Velha*.

Tracklist: O A e o Z

1. O A e o Z Mutantes 8:39
2. Rolling Stones (sic) Mutantes 6:14
3. Você Sabe Mutantes 6:27
4. Hey Joe Mutantes 12:20
5. Uma Pessoa Só Mutantes 7:31
6. Ainda Vou Transar Com Você Mutantes 7:14

1 "A" e o "Z" (64545415) WARNER CHAPPELL
MUTANTES
8.39
2 ROLLING STONES (64545431) WARNER CHAPPELL
MUTANTES
6.14
3 VOCÊ SABE (64545440) WARNER CHAPPELL
MUTANTES
6.27
4 HEY JOE (64545423) WARNER CHAPPELL
MUTANTES
12.20
5 UMA PESSOA SÓ (64545458) WARNER CHAPPELL
MUTANTES
7.31
6 AINDA VOU TRANSAR COM VOCÊ (64545466) WARNER CHAPPELL
MUTANTES
7.14
℗1992
PRODUZIDO POR MUTANTES / DIREÇÃO ARTÍSTICA MAYRTON BAHIA
7 31451 23162 9
73145123162
LP original produzido por Mutantes (1992)
UNIVERSAL MUSIC
FABRICADO E DISTRIBUÍDO PELA MICROSERVICE TECNOLOGIA DIGITAL DA AMAZÔNIA LTDA. CNPJ 34.525.444/ 0001-62 SOB ENCOMENDA DA UNIVERSAL MUSIC LTDA. CNPJ 00.952.789/ 0001-80 - RIO DE JANEIRO - INDÚSTRIA BRASILEIRA - MADE IN BRAZIL ℗ 1992
www.universalmusic.com.br • Denuncie a pirataria: denuncia@apdif.org.br

MUTANTES
SOL
TUDO FOI FEITO PELO
SOM LIVRE
ESTÉREO

Tudo Foi Feito Pelo Sol

1974

Com Rita e Arnaldo pegando outros caminhos na música e nenhum dos dois a fim de carregar o nome Mutantes, Sérgio Dias, Dinho Leme e Arnolpho Lima (Liminha) resolveram seguir em frente com a banda, mantendo-se fiéis ao som que já vinham apresentando. Entretanto, a falta de um tecladista foi sentida pelo trio. Apesar dos convites, Arnaldo se recusava a voltar. Houve uma tentativa de incluir Manito, um músico virtuoso que havia sido integrante das bandas Os Incríveis e Som Nosso de Cada Dia, mas não tinha a criatividade que os Mutantes precisavam para seus experimentos. Um dia, ainda em 1973, Sérgio apareceu na Cantareira com um novo integrante para os Mutantes. Túlio Mourão saiu de Divinópolis, Minas Gerais, para estudar no Instituto Villa-Lobos, a Escola de Música da Universidade Federal do Estado do Rio de Janeiro (UNIRIO). No Rio, formou a banda Veludo Elétrico com o futuro astro do pop nacional Lulu Santos na guitarra, Paul de Castro no baixo e Rui Motta na bateria. Lulu já

As Rita and Arnaldo were going down other musical paths and neither of them was interested in carrying the name Mutantes, Sérgio Dias, Dinho Leme and Arnolpho Lima (Liminha) decided to move on with the band, remaining faithful to the sound they had been developing. However, the trio felt the lack of a keyboard player. Despite the invitations, Arnaldo refused to return. There was an attempt to include Manito, a virtuoso who had been a member of the bands Os Incríveis and Som Nosso de Cada Dia, but he did not have the creativity the Mutantes needed for their experiments. One day, still in 1973, Sérgio appeared at Cantareira with a new member for the Mutantes. Túlio Mourão left Divinópolis, Minas Gerais, to study at Villa-Lobos Institute, the Music School of the Federal University of the State of Rio de Janeiro (UNIRIO). In Rio, he formed the band Veludo Elétrico with future national pop star Lulu Santos, Paul de Castro on the bass and Rui Motta on the drums. Lulu was already a great admirer of Sérgio Dias' band and,

era um grande admirador da banda de Sérgio Dias e, em uma passagem do guitarrista pelo Rio, ele o levou para um dos ensaios do Veludo Elétrico. Sérgio ficou impressionado ao ver Túlio em ação. Com seu violão, experimentou fazer um som com ele e acabou convidando o tecladista para assumir o lugar de seu irmão. Na semana seguinte, Dias voltou ao Rio para buscar seu novo parceiro. Chateado com a baixa em sua trupe, Lulu passou um ano sem falar com o Mutante.

A banda começou a ensaiar com Túlio, mas, apesar do trabalho estar fluindo, a formação não duraria muito tempo. Dinho achou que tinha um problema em uma das mãos e que não conseguiria mais tocar bateria. Anos depois, ele reconheceu que o sentimento de estresse fez com que se afastasse do seu instrumento. A saída de Dinho marcou o fim de sua carreira musical e o início de sua história como jornalista. Sérgio ficou desnorteado, mas não deixou a peteca cair e teve a ideia de testar outros bateristas. Cheio de gás para tocar, Túlio sugeriu que ele experimentasse trazer Rui Motta para um ensaio. Nascido em Niterói – cidade que até 1974 não tinha a ponte que a conecta ao Rio atravessando a Baía de Guanabara – Rui começou a tocar aos 13 anos e, aos 21, já era um baterista de peso. Menino ingênuo, ele se transferiu para a Cantareira e ficou sendo testado por Sérgio e Liminha sem saber que havia uma disputa com outros profissionais que circularam por lá naqueles dias. Vários passaram pela sala de ensaio dos Mutantes, mas Rui conquistou o guitarrista e o baixista. A vontade de entrar para aquela banda foi motivada pela lembrança de um show a que Rui assis-

on a trip the guitarist made to Rio, he took him to one of Veludo Elétrico's rehearsals. Sérgio was impressed to see Túlio in action. With his acoustic guitar, he experimented jamming with him and ended up inviting the keyboard player to take his brother's place. The following week, Dias returned to Rio to get his new partner. Upset for losing a member of his band, Lulu spent a year without talking to the Mutante.

The band began rehearsing with Túlio, but although the work was flowing, it would not last long. Dinho thought he had a health issue in one of his hands and he could not play the drums any more. Years later, he recognized that the stress he was under made him move away from his instrument. The departure of Dinho marked the end of his musical career and the beginning of his story as a journalist. Sérgio was bewildered, but he did not lose heart and he had the idea of trying out other drummers. Full of energy to play, Túlio suggested trying to bring Rui Motta to a rehearsal. Born in Niterói – a city that until 1974 did not have the bridge that crosses the Guanabara Bay connecting it to Rio – Rui started playing at age 13 and by 21 he was already a big name as a drummer. A naive boy, he moved to Cantareira and was auditioned by Sérgio and Liminha without knowing that he was competing with other professionals that circulated there during those few days. Several passed through the Mutantes rehearsal room, but Rui captivated the guitarist and the bass player. The desire to join the band was motivated by the memory of a concert that Rui went to in Rio, where he was impressed with the equipment and the sound that Mutantes paraphernalia was capa-

tiu no Rio, quando ficou impressionado com o equipamento e com a sonoridade que aquela parafernália dos Mutantes era capaz de promover. Ali mesmo, ele viu que a estrutura técnica era infinitamente superior às das outras bandas brasileiras. Em outubro de 1973, o quarteto faria seu primeiro show, em Mococa, município de São Paulo, e Rui seria admitido como baterista oficial da nova formação dos Mutantes.

Nesse meio tempo, Sérgio se apaixonou por Eunice Valadares, uma psiquiatra do Rio, e passou a frequentar mais a casa dela, no bairro do Jardim Botânico. Em uma dessas idas e vindas, aprofundou a relação com Samuca, filho dos jornalistas Samuel Wainer e Danuza Leão, que tinha 17 anos e estava doido para se meter no universo das produções musicais. Nascido Samuel Wainer Filho, ele tinha um Fusca azul, cujo banco do carona vivia cheio de papéis de balas, que ele adorava chupar enquanto dirigia. Ao ver que Sérgio estava equilibrando pratinhos para conseguir dar conta de namoro e banda em duas cidades diferentes, ele resolveu convidar o guitarrista para levar os músicos para o sítio de sua família em Itaipava, cidade da região serrana do Rio de Janeiro. Lá, eles poderiam ensaiar, planejar um novo disco e deixar a parte burocrática do projeto com ele, que assumiria o papel de empresário. Nessa época, os Mutantes estavam sendo empresariados por Mônica Lisboa, que também trabalhava com Rita Lee e o Tutti Frutti e não estava dando conta de administrar bem os dois negócios. Convite aceito, Sérgio, Liminha, Túlio e Rui se mudaram para Itaipava e transformaram o enorme salão de jogos em um estúdio. Samuca

ble of making. Right there, he saw that the technical structure was infinitely superior to that of any other Brazilian band. In October of 1973, the quartet would make its first concert, in Mococa, town in the state of São Paulo, and Rui was accepted as official drummer in the new formation of Mutantes.

In the meantime, Sérgio fell in love with Eunice Valadares, a psychiatrist from Rio, and he began to visit her house in the Jardim Botânico neighborhood more frequently. In one of those comings and goings to Rio, he got closer to Samuca, journalists Samuel Wainer and Danuza Leão's son, who was 17 years old and crazy about getting involved in the universe of musical production. Born Samuel Wainer Filho, Samuca had a blue Beetle, whose passenger seat was full of candy wrappers, as he loved to eat candy while driving. Seeing that Sérgio was having trouble managing a romantic relationship and a band in two different cities, he decided to invite the guitar player to take the musicians to his family's ranch in Itaipava, a district of Petrópolis, in the mountain region of Rio de Janeiro. There, they could rehearse, plan a new record and leave the bureaucratic part of the project with him, who would take over the role of manager. At that time, Mutantes were managed by Mônica Lisboa, who also worked with Rita Lee and Tutti Frutti and who was not able to manage the two bands very well at the same time. Having accepted the invitation, Sérgio, Liminha, Túlio and Rui moved to Itaipava and transformed the huge games room into a studio. Samuca even started to share the work of manager with Eunice's psychiatrist friend Ronaldo, nicknamed Rolaco.

ainda passou a dividir o trabalho de empresário com um psiquiatra amigo de Eunice, Ronaldo, que todos chamavam de Rolaco.

Semanas se passaram e as músicas novas iam tomando cada vez mais forma. A influência do rock progressivo estava mais evidente no som que os Mutantes estavam fazendo. Nos shows que começaram a apresentar com a nova formação, o público se mostrava muito interessado em toda aquela novidade, tanto em relação à parte técnica quanto à qualidade do que era apresentado no palco. Entre um show e outro, afinavam mais ainda a parceria. Agora, eles já não incluíam em seu roteiro os sucessos da primeira fase dos Mutantes, que durante um tempo ainda entraram nos shows em prol de uma transição leve e indolor para os fãs mais antigos. O ano de 1974 foi definitivo para o estabelecimento de um novo estilo e para definir o que estava por vir no álbum *Tudo Foi Feito Pelo Sol*. Tudo parecia perfeito, menos a relação de Sérgio com Liminha, já desgastada pelo tempo e por todos os aborrecimentos que os dois acabaram sendo obrigados a vivenciar junto aos ex-integrantes. Para alguns, parecia que Arnolpho estava com saudades de São Paulo. Para os outros, era clara a diferença de expectativa em relação à sonoridade que o guitarrista estava buscando. Liminha implicou especialmente com uma canção chamada "O Santo Graal", que Túlio Mourão incluiu nos shows, e foi embora. Dali em diante, como produtor, voltou a trabalhar com rock e enveredou também pelo pop.

Samuca e Rolaco já tinham conseguido um contrato com a gravadora Som Livre para o registro

Weeks passed and new songs were taking shape. The influence of progressive rock was more evident in the sound they were making. In the concerts they began to play with the new line-up. The public was very interested in checking out the new developments, both in relation to the technical part and to the quality of what was played on stage. Between one show and another, they tweaked their partnership even more. Now, they no longer included Mutantes' early hits in their repertoire, which for a while before were still included for a lighter and more painless transition for the older fans. The year of 1974 was crucial for establishing a new style and for defining what was to come in the album *Tudo Foi Feito Pelo Sol ("Everything Was Made by the Sun")*. Everything seemed perfect, except the relationship between Sérgio and Liminha, which was already a bit worn out by that time by all the unpleasantness that the two ended up having to go through together with the former members. To some, it seemed that Arnolpho was homesick for São Paulo. For others, it was clear that he had different expectations in relation to the sound he was looking for. Liminha was especially irked by a song called "O Santo Graal" ("The Holy Grail"), which Túlio Mourão included in the shows, and left. From then on, as a producer, he returned to rock and also started working with pop.

Samuca and Rolaco had already secured a contract with Som Livre record company to record the songs when Liminha announced his return to São Paulo. It was only a few days before the new project began to take shape. The group had captivated an adolescent Cazuza, who would emerge as one

das músicas quando Liminha anunciou sua volta a São Paulo. Faltavam poucos dias para o novo trabalho começar a ganhar forma. O grupo havia conquistado o adolescente Cazuza, que despontaria como um dos maiores compositores de sua geração. Na época, ele havia acabado de ser contratado pela gravadora Som Livre, da qual o pai, João Araújo, era presidente. Cazuza implicava com as escolhas de João, dizendo que ele só contratava artistas caretas para seu elenco. A verdade é que, nessa época, o rock – ainda mais o progressivo – era considerado um gênero bastante alternativo. No entanto, com esse argumento do futuro vocalista da banda Barão Vermelho, os Mutantes conseguiram uma brecha para profissionalizar seu novo som. Com uma vontade grande de voltar a gravar, Sérgio aceitou logo a indicação de Rui Motta para o baixo: Antonio Pedro de Medeiros Fortuna, que também passou pela formação do Veludo Elétrico. Pedro, como era chamado pelos novos parceiros, também nasceu em Niterói e era poucos dias mais velho que Sérgio. Ambos sagitarianos, eles se deram bem logo nos primeiros encontros. O baixista também já conhecia Túlio e não demorou muito para que o quarteto se sentisse alinhado.

Depois de aprenderem a cantar – esforço de Sérgio para que os músicos se aproximassem do modelo ideal que ele tinha de banda –, eles entraram finalmente no estúdio RCA, em Copacabana, no final de 1974. Sérgio com sua Fender Stratocaster e uma cítara, Antonio Pedro com seu baixo Fender Precision, Rui com a bateria Premier, Túlio com o Minimoog e o órgão Hammond e todos (menos Túlio) com LSD na

of the greatest songwriters of his generation in the 80's. At the time, he had just been hired by the record company Som Livre, of which his father, João Araújo, was president. Cazuza criticized João's choices, saying that he only hired cheesy artists. The truth is that, at that time, rock – progressive rock even more – was considered a rather alternative genre. However, with this argument from the future band Barão Vermelho's lead singer, Mutantes managed to break the barriers in order to professionalize their new sound. With a great desire to record again, Sérgio quickly accepted Rui Motta's nomination for bass: Antonio Pedro de Medeiros Fortuna, who also played for Veludo Elétrico. Pedro, as he was called by his new bandmates, was also born in Niterói and he was only a few days older than Sérgio. Both Sagittarius, they got on well in the first encounters. The bass player also knew Túlio and it did not take long for the quartet to feel in tune.

After they learned to sing – Sérgio's effort to get the band closer to his ideal model – they finally entered the RCA studio in Copacabana at the end of 1974. Sérgio with his Fender Stratocaster and a sitar, Antonio Pedro with his Fender Precision bass, Rui with his Premier drums, Túlio with the Minimoog and the Hammond organ and all of them (except Túlio) with LSD in their heads. The little time that Som Livre allowed for the recording was not a problem for the four, who had already planned to record the songs as if they were playing live. *Tudo Foi Feito Pelo Sol* was produced in five sessions, one for the instruments, one for Sérgio's voice, one for the backing vocals and two for the mix. When the time came to put the sound

cuca. O pouco tempo que a Som Livre reservou para a gravação não foi um problema para os quatro, que já haviam planejado registrar as canções como se estivessem tocando ao vivo. *Tudo Foi Feito Pelo Sol* foi produzido em cinco sessões, uma para os instrumentos, uma para a voz de Sérgio, uma para os backing vocals e duas para a mixagem. Na hora de combinar os canais de som, os músicos ficaram em volta do técnico Luis Carlos T. Reis para auxiliá-lo nas decisões sobre o resultado final. O repertório mesclou as composições que Sérgio já tinha feito com Liminha – "Desanuviar", "Eu Só Penso Em Te Ajudar" e "Cidadão da Terra" – com as que vieram depois que os novos integrantes passaram a fazer parte da banda. A primeira do disco, "Deixe Entrar Um Pouco D'Água no Quintal", é assinada por Sérgio, Liminha e Rui Motta, cujo nome saiu "Ruy", com "y", nos créditos. "Pitágoras" é de Túlio Mourão, "O Contrário de Nada é Nada" é de Sérgio e Túlio e "Tudo Foi Feito Pelo Sol" foi toda composta pelo guitarrista.

Astista plástico badalado na época, Deco assina a pintura transposta para a capa do álbum, lançado em novembro de 1974. Feita à mão, a ilustração enfoca o ovo como símbolo da vida, sendo iluminado pelo Sol e deixando sua gema escorrer por um buraco no fundo de sua casca. Na contracapa, além dos músicos em fotos de shows na parte superior, há o desenho de um ovo quebrado na parte inferior, com a gema e a clara se espalhando pela terra. A capa do vinil abre como um envelope e, dentro, estão as letras das músicas e os créditos escritos à mão, além de mais fotos. Quando foi convertido para CD pela primeira vez, em 1997, o

channels together, the musicians stayed with technician Luis Carlos T. Reis to assist him in the decisions on the final result. The repertoire merged the tracks Sérgio had already made with Liminha – "Desanuviar" ("Unwind"), "Eu Só Penso em te Ajudar" ("I Only Think of Helping You") and "Cidadão da Terra" ("Citizen of the Earth") – with the ones that came after the new members joined the band. The first song of the album, "Deixe Entrar um Pouco D'Água no Quintal" ("Let Some Water in the Yard"), was written by Sérgio, Liminha and Rui Motta, whose name came out as "Ruy" in the credits. "Pitágoras" ("Pitagoras") is by Túlio Mourão, "O Contrário de Nada é Nada" ("The Opposite of Nothing is Nothing") is by Sérgio and Túlio and "Tudo Foi Feito pelo Sol" was all written by the guitarist.

Trendy artist at the time, Deco did the painting on the album cover, released in November 1974. The handmade illustration focuses on the egg as a symbol of life, illuminated by the sun and with its yolk running through a hole at the bottom of its shell. On the back cover, in addition to the musicians in concert photos on the top, there is the drawing of a broken egg at the bottom, with the yolk and the white spreading across the ground. The vinyl cover opens like an envelope and inside of it, there are handwritten lyrics and credits, plus more photos. When it was first converted to CD in 1997, the album lost the image of the broken egg and the handwritten credits. In 2006, a new edition gathered everything in the booklet. According to Sérgio Dias, the previous albums had not sold more than 15 thousand copies, while the *Tudo Foi Feito Pelo Sol* reached the mark of the 30 thousand copies.

disco perdeu a imagem do ovo quebrado e os créditos manuscritos. Em 2006, uma nova edição reuniu tudo no encarte. Segundo Sérgio Dias, os álbuns anteriores não passaram de 15 mil cópias vendidas, enquanto o *Tudo Foi Feito Pelo Sol* alcançou a marca das 30 mil cópias. No entanto, a resistência da imprensa especializada em dar espaço ao rock progressivo acabou fazendo com que o estilo que tantas bandas já estavam explorando ficasse à margem no cenário brasileiro. A excursão para divulgar *Tudo Foi Feito pelo Sol* durou quase dois anos e foi a mais bem-sucedida e abrangente da banda, até aquele momento, tendo passado por 13 estados. Havia lugares em que as apresentações aconteciam enquanto dezenas de pessoas se amontoavam do lado de fora do teatro porque não conseguiam lugar lá dentro. Faltava criatividade aos empresários, que em vez de marcarem mais de um show nas cidades por onde a banda passava, acabavam perdendo a chance de ganhar mais dinheiro e agradar aos que não compraram ingresso em tempo. Já no show de lançamento da turnê, realizado no Teatro Bandeirantes, em São Paulo, fãs quebraram vidros da entrada principal na tentativa de invadir o auditório. Os Mutantes acabaram tocando em cinco noites e levando mais de oito mil pessoas para vê-los.

However, the specialized press' resistance to giving space to progressive rock ended up marginalizing the style that so many bands were already exploring in the Brazilian scene. *Tudo Foi Feito pelo Sol* tour lasted almost two years and it was the band's most successful and extensive one until then, having gone through 13 states. There were places where concerts took place as dozens of people crowded outside the theater because they could not get a place inside. There was a lack of creativity among the managers, who instead of scheduling seasons (more than one concert) in the cities where the band played, ended up missing out on the chance to earn more money and please those who did not buy tickets in time. In the tour launch concert, held at the Bandeirantes Theater in São Paulo, fans even broke the glass from the main entrance in an attempt to invade the auditorium. Mutantes ended up playing for five nights and gathering more than eight thousand people to watch them.

Tracklist: Tudo Foi Feito Pelo Sol

1 Deixe Entrar um Pouco d'Água no Quintal Sérgio Dias, Liminha, Rui Motta 5:03
2 Pitágoras Túlio Mourão 6:56
3 Desanuviar Liminha e Sérgio Dias 8:13
4 Eu Só Penso em te Ajudar Liminha e Sérgio Dias 4:58
5 Cidadão da Terra Liminha e Sérgio Dias 5:35
6 O Contrário de Nada É Nada Túlio Mourão e Sérgio Dias 2:58
7 Tudo Foi Feito pelo Sol Sérgio Dias 8:46

Tudo Foi Feito Pelo Sol · 1974

PHILIPS
Arnaldo
Loki?
Baptista

Loki?
1975

Depois de chutar o balde, Arnaldo Baptista resolveu fazer uma viagem pela Europa, passando pela Itália. Quem tomou um susto foi Toninho Peticov, que estava trabalhando em um castelo medieval na Toscana e recebeu um telefonema do amigo durante seu expediente. O músico dizia que dali a dois dias chegaria na cidade onde ele estava e perguntou se o artista plástico poderia buscá-lo na estação de trem. Chocado sem saber como ele o encontrou naquele lugar isolado e feliz com a surpresa, Toninho o pegou e o abrigou em casa por uma semana. No entanto, o que parecia se tratar de um período de pura diversão acabou se mostrando dias de fortes emoções. Arnaldo alternava momentos de depressão com surtos criativos. Apesar de não falar coisa com coisa, compunha muito usando o piano da casa de Peticov. Ali surgiram ideias musicais e as primeiras composições de *Loki?*, o álbum que Arnaldo lançaria assim que chegasse ao Brasil. Só que nem ele sabia disso... Naquele momento, o ex-Mutante estava

After throwing everything up in the air, Arnaldo Baptista decided to take a trip through Europe, passing through Italy. Toninho Peticov, who was working in a medieval castle in Tuscany, was completely surprised when he received a call from his friend during his shift. The musician said that in two days' time he would arrive there and asked if the artist could pick him up at the train station. Puzzled as to how he was able to find him in that isolated place yet happy with the surprise, Toninho picked him up and hosted him up at his place for a week. However, what seemed like it would be a period of pure fun ended up being days of intense emotions. Arnaldo alternated moments of depression with interesting creative outbursts. Although he did not make any sense when he spoke, he wrote many songs using the piano at Peticov's house. From there came many musical ideas and the first compositions of *Loki?*, the album that Arnaldo would release as soon as he arrived in Brazil. Except that not even Arnaldo knew

sem banda, sem esposa, sem qualquer perspectiva. O motivo da visita, o primeiro empresário de sua primeira banda profissional só soube no último dia em que passaram juntos: Arnaldo tinha ido lá determinado a contratá-lo para ser o capitão da nave espacial que ele dizia estar construindo. Toninho percebeu, ali, que o músico tinha perdido totalmente sua lucidez.

Curiosamente, o tema da ficção científica tinha permeado um texto publicado no encarte do LP *Atrás do Porto Tem uma Cidade*, que Rita Lee e o Tutti Frutti haviam lançado em junho de 1974. Datado de 18 de março, o chamado "Diário de Bordo" traz uma espécie de reunião de anotações do que rolou em estúdio com uma linguagem sideral: "Partimos para mais uma expedição rumo ao começo de alguma coisa como sempre... Só que, desta vez, nossos equipamentos de viagem nos permitiam maior segurança para encarar situações 'estranhas' que nos seriam programadas diariamente!! Claro que todos nós da tripulação havíamos concordado em nascer (adquirir um corpo) neste planeta e aproveitar ao máximo a temporada relativamente curta, porém de vital importância (o momento!). Era então (agora me lembro) a época do Natal de 1973 – *long time ago, such a weird time ago...* Onde muita coisa começou, mas desta vez também o material humano da tripulação era ainda maior. Contávamos com técnicos especializados em todos os setores", dizia o primeiro parágrafo. Na sequência, os profissionais envolvidos na gravação são citados. O produtor Marco Mazola, por exemplo, virou o "comandante de bordo", dizia o texto, roubando um "z" do nome do produtor, Marco Mazzola.

that at that moment, the ex-Mutante was without a band, without a wife, without any prospects. The first manager of his first professional band would only find out the reason for the visit on the last day they spent together: Arnaldo had gone there determined to hire him to be the captain of the spaceship that he said he was building. Toninho realized that the musician had completely lost his mind.

Curiously, the science fiction theme had permeated a text published on the LP insert for *Atrás do Porto Tem uma Cidade ("Behind the Port There Is a City")*, which Rita Lee and Tutti Frutti had released in June 1974. Dated March 18, the so-called "Diário de Bordo" ("Logbook") gathers notes from what went on in the studio using a "sidereal" language: "We set off for another expedition towards the beginning of something as usual... But this time, our travel equipment allowed us greater security to face 'strange' situations that would be programmed for us daily!! Of course, all of us in the crew had agreed to be born (receive a body) on this planet and make the most of the relatively short, but vitally important stay here (the moment!). It was then (now I remember) the Christmas season of 1973 – *a long time ago, such a weird time ago (this part was written in English)*... Where a lot of things began, but this time the human material of the crew was even greater. We had specialized technicians in all sectors," reads the first paragraph. On the following paragraph, the professionals involved in the recording are cited. Marco Mazola, for example, became the "commander," the text stated, concealing a "z" from the producer's name, Marco Mazzola.

O comentário sobre o início da expedição, que "desta vez" teria equipamentos apropriados, foi feito porque a banda havia realizado uma primeira tentativa de gravação que não deu certo. Negociado com André Midani para ser o terceiro de Rita – e seria o primeiro dos músicos que lhe acompanhavam –, o álbum foi todo gravado sob efeito de LSD. Deu tudo errado, claro. Nada do que aconteceu no estúdio da PolyGram ficou na memória de Rita, que não gostou de ouvir o presidente da gravadora (e também seu *affair*) dizer que o álbum *Tutti Frutti* não sairia. Ao encontrar Tim Maia chateadíssimo porque a foto de seu disco não tinha sido a que ele escolheu, Rita se empoderou e fez uma bagunça enorme na sala do chefe junto ao amigo fã de bauret. Era para a cantora nunca mais ser convidada a entrar em estúdio novamente, mas a paixão de Midani e seu empenho em tornar a mocinha a nova estrela da música brasileira fez com que ele a perdoasse e lhe desse uma nova chance. Só que, desta vez, o nome de Rita teria que ter destaque – o álbum seria um solo dela – e ele daria a Marco Mazzola a incumbência de ser mais linha dura dentro do estúdio. Ao contrário da experiência com os Mutantes na gravação de *Jardim Elétrico*, em que tudo funcionou perfeitamente, com os músicos chegando sabendo o que queriam, com o Tutti Frutti ele viveu um pesadelo.

Mazzola levou um susto ao chegar para a primeira conversa e encontrar a galera vendo estrelas, jogada em uma casa de Santa Teresa, bairro adorado pelos hippies cariocas. Ali mesmo o técnico ficou com medo de aquele trabalho não fluir. E não fluiu. Na segunda tentativa, ele forçou todas as barras para

The comment about the beginning of the expedition and that "this time" they would have appropriate equipment was written because the band had made a first attempt of recording that did not work. Negotiated with André Midani to be Rita's third solo album – and the first with the musicians that accompanied her – it was entirely recorded under the effect of LSD. Everything went wrong, of course. Rita remembers nothing that happened at the PolyGram studio and did not like to hear from the label's president (and her lover as well) that the Tutti Frutti album would not come out. As she bumped into a very upset Tim Maia because the photo of his album was not the one he chose, Rita got hold of herself and made a huge mess in the boss' room with her friend, the "bauret" fan. The case was so extreme that it should have rendered Rita expelled from the studios, but Midani's passion and commitment to making the young lady the new star of Brazilian music made him forgive her and give her another chance. Only, this time, Rita's name would have to stand out – the album would be her solo album – and he would give Marco Mazzola the assignment to be tougher in the studio. Unlike the experience with Mutantes in the recording of *Jardim Elétrico*, in which everything worked out perfectly and the musicians knowing what they wanted, with Tutti Frutti he lived through a nightmare.

Mazzola was startled when he arrived for the first conversation and found the group laid down, seeing stars, lying around in a house in Santa Teresa, a neighborhood whose fame reached its peak as Rio's hippie community. Right there the technician was afraid that

Atrás do Porto Tem uma Cidade – nome dado ao disco – sair. Anos depois, em sua autobiografia, Rita diria que "apesar da boa intenção em tentar salvar minha alma do fogo, o cara acabou me mandando para o inferno". Para ela, a faixa "Menino Bonito" ficou brega com o arranjo de violinos proposto por Mazzola e com os músicos contratados que ele exigiu convidar para a gravação, assumindo o lugar dos membros da banda. No entanto, se não fosse ele, a catástrofe da primeira tentativa poderia ter se repetido. Em seu livro, Rita ainda lamenta ter dado coautoria de "Yo no Creo, Pero...", "Tratos à Bola" e "Círculo Vicioso" aos integrantes do Tutti Frutti Luís Sergio e Lee Marcucci, por eles terem auxiliado nos arranjos. No álbum, Rita assina sozinha "De Pés no Chão", "Menino Bonito", "Pé de Meia", "Mamãe Natureza", "Ando Jururu" e "Eclipse do Cometa".

Enquanto as drogas iam dando a Rita Lee cada vez mais diversão e segurança para seguir em frente com sua nova banda, elas iam deixando Arnaldo cada vez mais lunático. O ex-Mutante voltou da Itália e logo procurou o pessoal da gravadora para tentar emplacar as composições que havia trazido na bagagem. Ao perceber que André Midani estava evitando o encontro, ele procurou Roberto Menescal, então diretor artístico da PolyGram e com quem havia viajado para a França, em 1969, para participar do MIDEM. O expoente da Bossa Nova que virou executivo do mercado fonográfico foi com ele até a Cantareira para, em sua casa, Arnaldo poder lhe mostrar suas novas músicas. Menescal percebeu que, em cada uma delas, havia muito sentimento e uma vontade enorme de extra-

the work would not flow. And it did not. On the second attempt, he did everything he could to make *Atrás do Porto Tem uma Cidade* – name given to the record – take form. Years later, in her autobiography, Rita says that "despite his good intentions in trying to save my soul from the fire, the guy ended up sending me to hell". To her, the track "Menino Bonito" ("Pretty Boy") came out "corny" with the arrangement of violins proposed by Mazzola and with the hired musicians that he demanded to invite to the recording, taking over the members of the band. However, if it were not for him, the catastrophe of the first attempt would have been repeated. In her book, Rita still regrets having given co-author credits to "Yo no Creo, Pero..." ("I Don't Believe It, But..."), "Tratos à Bola" (Portuguese expression meaning "Make an Effort") and "Círculo Vicioso" ("Vicious Circle") to the members of Tutti Frutti Luís Sérgio and Lee Marcucci, since they helped in the arrangements. In the album, Rita has full credit for "De Pés no Chão" ("Feet on the Ground"), "Menino Bonito," "Pé de Meia" ("Nest Egg"), "Mamãe Natureza" ("Mother Nature"), "Ando Jururu" ("I Have Been Feeling Blue") and "Eclipse do Cometa" ("Comet Eclipse").

While drugs were giving Rita Lee more and more fun and self-confidence to move on with her new band, they were making Arnaldo more insane. The former Mutante returned from Italy and soon sought the staff of the record company to try to record the compositions he brought with him. Noticing that André Midani was avoiding him, he sought Roberto Menescal, the PolyGram artistic director at the time and with whom he had traveled to France in 1969 to partici-

vasar a angústia que estava vivendo. Ele ficou tocado com o que ouviu, encontrou Rita em quase todas as palavras daquelas composições, e avisou a Midani que assumiria o projeto e tentaria fazer aquilo funcionar. Empolgado, Arnaldo disse logo que gostaria de chamar os ex-parceiros para gravarem com ele, exceto Sérgio, pois o álbum não teria guitarras. E, no final de 1974, aos 26 anos, Arnaldo entrou no estúdio Eldorado, em São Paulo, com o baterista e o baixista dos Mutantes, Dinho e Liminha, para registrar dez canções em 16 canais. A convidada especial seria Rita, que estava bem resolvida com sua carreira e foi ajudar o ex, emprestando sua voz para duas faixas, "Vou me Afundar na Lingerie" e "Não Estou Nem Aí". A primeira foi inspirada na época em que Rita fazia desfiles para a Rhodia. A outra foi uma espécie de resposta a um senhor que esteve em sua casa para afinar o piano e perguntou se Arnaldo já tinha se dado conta de que um dia iria morrer. Para auxiliar nas bases, ele convidou Rogério Duprat para cuidar dos arranjos de orquestra. O disco é, definitivamente, o primeiro trabalho solo de Arnaldo, mas com toda a essência do Mutante que ele ainda carregava dentro de si.

As gravações não foram fáceis. Dinho e Liminha, que ao serem chamados por Arnaldo acreditaram que iriam tocar algo parecido com o que faziam com os Mutantes, tiveram que se adaptar ao novo tipo de produção. Muitas vezes, Arnaldo queria ficar com o primeiro take da gravação, que eles achavam que não tinha ficado bom. O "líder" batia o pé e não tinha jeito de eles o convencerem de que podiam fazer melhor. Eles registravam o som como se estivessem tocando

pate in MIDEM. The Bossa Nova artist who became an executive of the music industry went with him to Cantareira so Arnaldo would show him his new songs at his house. Menescal realized that in each one of them there was so much feeling and an overwhelming desire to overcome the anguish he was experiencing. He was touched by what he heard, found Rita somewhat present in almost every word of those compositions and told Midani that he would take over the project and try to make it work. Excited, Arnaldo said he would like to call his former bandmates to record with him right away, except for Sérgio, because the album would not have guitars. And, at the end of 1974, at the age of 26, Arnaldo entered the Eldorado studio in São Paulo with the drummer and bass player of Mutantes, Dinho and Liminha, to record ten songs in the 16 channels system. The special guest would be Rita, who was well-adjusted in her career and went to help her ex, lending her voice to two tracks, "Vou me Afundar na Lingerie" ("I'm Going to Sink in Lingerie") and "Não Estou Nem Aí" ("I Don't Even Care"). The first was inspired by the time when Rita Lee was doing fashion music shows for Rhodia. The other was a kind of response to a gentleman who came to his house to tune the piano and asked if Arnaldo had ever realized that he would die one day. To assist in the bases, he invited Rogério Duprat to take care of the orchestra arrangements. The record is definitely Arnaldo's first solo work, but with all the essence of Mutantes that he still carried within himself.

The recordings were not easy. When Dinho and Liminha were invited by Arnaldo, they believed that

ao vivo e, por isso, o tempo no estúdio não foi tão grande. Anos mais tarde, em junho de 2014, o baterista diria em uma entrevista ao jornal O Estado de S. Paulo que passou a compreender a opção pela espontaneidade. O diretor artístico também precisou ter paciência, afinal, havia momentos em que Arnaldo simplesmente pausava o processo vencido pelo cansaço. "A carga emocional dele era grande. Às vezes, ele dizia 'não tô aguentando' e parávamos tudo. Ele fez o disco dele, não o disco que os Mutantes fariam. Isso o valorizou muito", declarou Menescal a Carlos Eduardo Oliveira para o Estadão. *Loki?* saiu em em abril de 1975 com pouco esforço de divulgação ou investimento em marketing. Diz Arnaldo que é porque Midani não ia com a sua cara. Show de lançamento nem foi cogitado. No entanto, uma canção ganhou um videoclipe. "Será Que Eu Vou Virar Bolor?" foi veiculado pelo "Fantástico", programa da TV Globo que exibia o que, na época, era chamado de "vídeo promocional". Vestindo uma jaqueta a la *Sgt. Pepper's Lonely Hearts Club Band* – álbum dos Beatles –, Arnaldo toca um piano azul com estrelas brancas dentro de um caminhão, que roda por uma estrada. Durante a interpretação, quando ele fala que não gosta do Alice Cooper e, depois, do pessoal da Nasa, aparecem imagens do cantor norte-americano e de um foguete decolando.

"Loki" foi uma expressão que ele ouviu de vendedores de uma concessionária quando queriam falar de pessoas que não reparavam nos detalhes dos carros. Daí surgiu a canção "Cê Tá Pensando Que Eu Sou Loki?". Em 2008, "Loki" virou também o nome de um documentário produzido pelo Canal Brasil e dirigido

they would play something similar to what they did with Mutantes, but they had to adapt to the new type of production. Many times, Arnaldo wanted to keep the first take of the recording, even though they did not agree it was good. The "leader" would put his foot down and there was no way of convincing him that they could do better. They recorded the sound as if they were playing live and so the time in the studio was not very long. Years later, in June 2014, the drummer would say in an interview with the newspaper O Estado de S. Paulo that he came to understand the option for spontaneity. The artistic director also had to be patient, after all, there were days when Arnaldo would simply pause the process because he was tired. "The emotional weight he was carrying was huge. Sometimes he would say 'I can't stand it' and stop everything. He made his record, not a record the Mutantes would make. That gave him an energy boost," Menescal told Carlos Eduardo Oliveira for Estadão newspaper. *Loki?* came out in April of 1975 with little promotional effort or investment in marketing. Arnaldo says it was because Midani did not like him. Not even a record launch concert was considered. However, one song got a music video. "Será que Eu Vou Virar Bolor?" ("Am I Going to Turn into Mold?") was aired by "Fantástico," Globo TV's show that featured what was called a "promotional video" at the time. Wearing a jacket similar to one used at *Sgt. Pepper's Lonely Hearts Club Band* – Beatles album – cover Arnaldo plays a blue piano with white stars inside a truck, which runs down a road. During the performance, he says he does not like Alice Cooper nor the people from NASA and there are pictures of

por Paulo Henrique Fontenelle, que Arnaldo Baptista comentou em 2014: "Nem sei se mereci". Além de ser aplaudido por mais de 10 minutos durante sua exibição no Festival de Cinema do Rio de 2008, o filme abocanhou o prêmio de melhor longa-metragem documentário pelo voto popular. Resgatada do repertório do álbum não lançado de 1973, *O A e o Z*, "Uma Pessoa Só" remete à união que os Mutantes tinham e permitiu a entrada do nome de Sérgio Dias nos créditos desse primeiro trabalho solo de Arnaldo. A faixa ganhou arranjo de Rogério Duprat e não descambou para o rock que aparece na leitura dos Mutantes, que só ficou conhecida em 1992, quando o álbum abandonado foi lançado. Apenas tocada ao teclado, "Honky Tonky" tem a ver com dona Clarisse, a mãe pianista clássica dos irmãos Dias Baptista. "Desculpe" é uma espécie de despedida, em que Arnaldo lamenta por estar indo em busca de sua glória. Para "Navegar de Novo", ele disse em entrevista ao Estadão: "Me interesso pela velocidade da luz". "Te Amo Podes Crer", ele conta que tem a ver com reencarnação. Única canção que leva violão no disco, na verdade um de 12 cordas tocado por Arnaldo, "É fácil" tem menos de dois minutos e apenas três versos: "Eu me amo / Como eu amo você / É fácil". O jornalista e pesquisador Bento Araujo, em seu livro "Lindo Sonho Delirante: 100 Discos Psicodélicos do Brasil", define *Loki?* como um disco em que "Arnaldo caminhou pela fina linha que divide o amor e o ódio, a genialidade e a loucura".

Assinada por Leila Sznelwar, que foi namorada de Liminha, a foto da capa mostra Arnaldo apoiado em um pedaço de cerca de madeira. Com o peito nu,

the American singer and a rocket taking off.

"Loki" was an expression he heard from car dealers at a dealership when they wanted to talk about people who did not notice the details of the cars. But it is also a wordplay on the adjective "crazy". Then came the song "Cê Tá Pensando Que Eu Sou Loki?" ("Do You Think I'm Loki?"). In 2008, "Loki" also became the name of a documentary produced by Canal Brasil and directed by Paulo Henrique Fontenelle, which Arnaldo Baptista commented in 2014: "I do not know if I deserved it". In addition to being applauded for more than 10 minutes during its screening at the 2008 Rio Film Festival, the film won the award for Best Feature Documentary by popular vote. Recovered from the repertoire of the unreleased 1973 album, *O A e o Z*, "Uma Pessoa Só" ("One Person Only") refers to the union that Mutantes had and featured Sérgio Dias in the credits of this first solo work by Arnaldo. The track received the arrangement from Rogério Duprat and it did showcase Mutantes' rock style and it only became known in 1992, when the abandoned album was released. Played only on the keyboard, "Honky Tonky" talks about Ms. Clarisse, Dias Baptista brothers' classical pianist mother. "Desculpe" ("Sorry") is a kind of farewell, in which Arnaldo apologizes for going in search of his glory. About "Navegar de Novo" ("Navigate Again"), he commented in an interview to Estado de S. Paulo newspaper: "Me interesso pela velocidade da luz" ("I am interested in the speed of light"). He says that "Te Amo Podes Crer" ("I Love You, You Can Believe It") has to do with reincarnation. The only song that has a guitar on the record, actually a 12-string guitar played by Arnaldo, "É fácil"

ele usa uma calça de couro com um cinto de munição cheio de balas de revólver na cintura e uma arma na mão. No fundo, só aparece seu ombro em um tamanho razoavelmente grande que só não cobre, na parte superior da capa, o fundo roxo e rosa que imita um céu estrelado ou uma aurora boreal. A foto da contracapa sempre foi considerada bizarra: Arnaldo está sentado, com as costas apoiadas em uma estátua de mármore de um anjo, que carregava uma espada, roubada por ele de um cemitério de São Paulo. Certa noite, ele pediu o Jeep Charles de Rita emprestado e saiu da Cantareira. Ela só viu o que ele tinha aprontado no dia seguinte, quando acordou com a notícia de que a escultura de 1,5 metro de altura tirada de um túmulo ficaria plantada em seu jardim. A obra recebeu o apelido de "Anjo exterminador", já que logo após ser levada para o sítio dos músicos, vários episódios estranhos começaram a acontecer na área, como tempestades, vasos se quebrando e o agravamento da saúde do doutor César Dias Baptista, pai de Arnaldo e Sérgio.

Arnaldo nunca escondeu o fato de esse álbum ter sido totalmente influenciado pela tristeza que estava vivendo naquele momento. Na matéria publicada 40 anos depois do lançamento no Estado de S. Paulo, Carlos Eduardo Oliveira reconhece que o disco é "regado a samba, funk, bossa nova, MPB, pitadas de música clássica e muito boogie woogie, com Arnaldo, pianista exímio, martelando o instrumento sem dó. Melancólico, raivoso, introspectivo, lírico ao extremo e, ao mesmo tempo, carregando (não na forma) a fúria de quem tomara diversos 'mata-leões' da vida, sua música é veículo para Arnaldo despir-se

("It's easy"), has less than two minutes and only three verses: "Eu me amo / Como eu amo você / É fácil" ("I love myself / How I love you / It's easy"). The journalist and researcher Bento Araujo, in his book "Lindo Sonho Delirante: 100 Discos Psicodélicos do Brasil" ("Beautiful Delirious Dream: 100 Psychedelic Records from Brazil"), defines *Loki?* as a record in which "Arnaldo walked along the thin line that divides love and hatred, genius and madness".

The cover photo, taken by Leila Sznelwar, Liminha's girlfriend, shows Arnaldo leaning on a piece of wooden fence. With his bare chest, he wears leather pants with an ammunition belt filled with bullets around his waist and a gun in his hand. In the background, only his shoulder appears in a reasonably large size that covers everything except the top, where there is a purple and pink background that mimics a starry sky or northern lights. The photo of the back cover was always considered bizarre: Arnaldo is seated, his back supported on a marble statue of an angel carrying a sword, stolen by him from a graveyard in São Paulo. One night, he borrowed Rita's Jeep Charles and left Cantareira. She only saw what he had done the next day when she woke up with the news that a one-foot-tall sculpture taken from a grave would be planted in her garden. The work was nicknamed "Exterminating Angel," since as soon after it was taken to the musicians' farm, several strange episodes began to happen in the area, such as storms, broken vases, and the worsening of the health of Dr. César Dias Baptista, father of Arnaldo and Sérgio.

e cortar da própria carne, em letras brilhantes". Ao jornalista, Arnaldo comentou a importância que *Loki?* tem em sua história: "Eu precisava saber se podia ter uma carreira solo sem guitarras e sem Mutantes. Me permiti muita experimentação em função da minha solidão. Mas não esperava que fosse dar tão certo". E deixou escapar que a pinimba que tinha com Sérgio pelo fato de o irmão preferir usar guitarras Fender às Gibson influenciou em sua exclusão: "Nos Mutantes, sempre havia um senão. O Sérgio (Dias, seu irmão) usava guitarras Fender e eu prefiro Gibson. Eu não gostava do equipamento por ser transistor, e não valvulado. Tudo isso me incomodava, e foi até um alívio ficar livre do Sérgio". Sem saber, ele ficaria livre também dos outros: *Loki?* marcaria seu último encontro com Rita, Dinho e Liminha em um estúdio.

Arnaldo never hid the fact that this album was totally influenced by the sadness that he was living at that moment. In an article published 40 years after its release in O Estado de S. Paulo newspaper, Carlos Eduardo Oliveira acknowledges that the album is "full of samba, funk, Bossa Nova, MPB, dashes of classical music and a lot of boogie woogie and Arnaldo, a talented pianist, mercilessly 'hammering' the instrument. Melancholic, angry, introspective, lyrical to the extreme and, at the same time, carrying (not in its form) the fury of those who had taken several 'knockouts' from life, his music is a vehicle for Arnaldo to undress and cut off from his own flesh, with brilliant lyrics". To the journalist, Arnaldo commented on the importance that *Loki?* has in his story: "I needed to know if I could have a solo career without guitars and without Mutantes. I allowed myself a lot of experimentation because of my loneliness. But I did not expect it to work out so well". And he let escape the fact that the quarrels he had with Sérgio due to his brother preferring to use Fender guitars to Gibson ones influenced his exclusion: "In Mutantes, there was always this issue. Sérgio (Dias, his brother) used Fender guitars and I prefer Gibson ones. I did not like the equipment because it is transistorized, not valved. All this bothered me and it was actually a relief to be free from Sérgio". Without knowing it, he would also be free of the others: *Loki?* would mark his last meeting with Rita, Dinho and Liminha in a studio.

Tracklist: Loki?

1 Será que Eu Vou Virar Bolor? Arnaldo Baptista 3:50
2 Uma Pessoa Só Arnaldo Baptista, Dinho Leme, Liminha e Sérgio Dias 4:00
3 Não Estou nem Aí Arnaldo Baptista 3:20
4 Vou Me Afundar na Lingerie Arnaldo Baptista 3:25
5 Honky Tonky (Patrulha do Espaço) Arnaldo Baptista 2:15
6 Cê Tá Pensando que Eu Sou Lóki? Arnaldo Baptista 3:25
7 Desculpe Arnaldo Baptista 3:10
8 Navegar de Novo Arnaldo Baptista 5:30
9 Te Amo Podes Crer Arnaldo Baptista 2:50
10 É Fácil Arnaldo Baptista 1:55

Lado 1
SERÁ QUE EU VOU VIRAR BOLOR? 3.50
(Arnaldo Baptista)
UMA PESSOA SÓ 4.00
(Mutantes)
NÃO ESTOU NEM AÍ 3.20
(Arnaldo Baptista)
VOU ME AFUNDAR NA LINGERIE 3.25
(Arnaldo Baptista)
HONKY TONKY 2.15
(Arnaldo Baptista)
Tempo total: 16.50
Lado 2
CÊ TÁ PENSANDO QUE EU SOU LOKI? 3.25
(Arnaldo Baptista)
DESCULPE 3.10
(Arnaldo Baptista)
NAVEGAR DE NOVO 5.30
(Arnaldo Baptista)
TE AMO PODES CRER 2.50
(Arnaldo Baptista)
É FÁCIL 1.55
(Arnaldo Baptista)
Tempo total: 16.50
fontana
STEREO
81034 619
SÉRIE VERDE
81034640
FICHA TÉCNICA
LADO A
1 - SERÁ QUE EU VOU VIRAR BOLOR? (Arnaldo Baptista)
Piano, Vocal: ARNALDO BAPTISTA
Bateria: DINHO
Baixo: LIMINHA
2 - UMA PESSOA SÓ (Mutantes)
Piano, Vocal: ARNALDO BAPTISTA
Bateria: DINHO
Baixo: LIMINHA
Arranjo: ROGERIO DUPRAT
3 - NÃO ESTOU NEM AÍ (Arnaldo Baptista)
Piano, Vocal: ARNALDO BAPTISTA
Bateria: DINHO
Baixo: LIMINHA
Backing Vocals: RITA LEE
4 - VOU ME AFUNDAR NA LINGERIE (Arnaldo Baptista)
Piano, Vocal e Backing Vocals: ARNALDO BAPTISTA
Bateria: DINHO
Baixo: LIMINHA
Backing Vocals: RITA LEE
5 - HONKY TONKY (Arnaldo Baptista)
Piano: ARNALDO BAPTISTA
LADO B
1 - CÊ TÁ PENSANDO QUE EU SOU LOKI? (Arnaldo Baptista)
Piano, Vocal: ARNALDO BAPTISTA
Bateria: DINHO
Baixo: LIMINHA
Arranjo: ROGERIO DUPRAT
2 - DESCULPE (Arnaldo Baptista)
Orgão, Sintetizador Moog, Clavinet: ARNALDO BAPTISTA
Baixo: KAFA
Bateria: DINHO
3 - NAVEGAR DE NOVO (Arnaldo Baptista)
Piano, Vocal: ARNALDO BAPTISTA
4 - TE AMO PODES CRER (Arnaldo Baptista)
Piano, Sintetizador Moog: ARNALDO BAPTISTA
Bateria: DINHO
Baixo: LIMINHA
5 - É FÁCIL (Arnaldo Baptista)
Violão de 12 cordas, Vocal: ARNALDO BAPTISTA
Gravado em 16 canais no Estúdio Eldorado
Técnico: MARCUS VINICIUS
Capa: ALDO LUIS
Foto: LEILA
Direção da Produção: MENESCAL MAZOLA
NOTA: Este disco é para ser ouvido em alto volume.
EXCLUSIVIDADE BARATOS E AFINS
Av. São João n.º 439 — 2.º andar — loja 347
Fone: 223-7771 — SP.
Fabricado e distribuído por Fonobrás,
Distribuidora Fonográfica Brasileira
Ltda., CGC nº 29.010.519/0001-32,
sob licença da Polygram do Brasil Ltda.
Made in Brazil. Disco é cultura ℗ 1985
TAMBÉM EM MUSICASSETE

Loki? · 1975

Mutantes
Ao Vivo
Luciano Alves
Paulo de Castro
Rui Motta
Sergio Dias
SOM LIVRE
ESTÉREO
℗ 1976

Ao Vivo

1976

Ao final da turnê do álbum *Tudo Foi Feito Pelo Sol*, em março de 1976, Os Mutantes lançaram o compacto duplo *Cavaleiros Negros*, com a composição de quase nove minutos de Sérgio Dias, Rui Motta e Antonio Pedro de Medeiros, ocupando um lado, nada usual para os padrões da época – a duração média de três minutos adaptava-se melhor às programações nas rádios. O outro lado do disco trazia as faixas "Tudo Bem", de Sérgio e Pedro, e "Balada do Amigo", de Túlio Mourão. Na época, nem todos os compactos eram lançados com capa. Mas os Mutantes estavam tão bem na fita com a Som Livre que o novo trabalho saiu com uma bela arte de Deco – que desta vez assinou como Wander Claudio Soares – envelopando o disquinho.

Depois do lançamento de *Tudo Foi Feito Pelo Sol*, entre um show e outro da turnê, Túlio Mourão, Rui Motta, Antonio Pedro de Medeiros e Sérgio Dias fizeram viagens aos Estados Unidos para comprar equipamentos. O objetivo era melhorar a performance

At the end of the *Tudo Foi Feito Pelo Sol* tour, in March of 1976, Mutantes released the extended play (EP) *Cavaleiros Negros* ("*Black Cavaliers*"), written by Sérgio Dias, Rui Motta and Antonio Pedro de Medeiros, almost nine minutes long, taking up almost one full side, which was quite unusual for the standards at the time – the average duration of three minutes was better suited to radio airplay). The other side of the EP featured the tracks "Tudo Bem" ("It's All Right"), by Sérgio and Pedro, and "Balada do Amigo" ("Ballad of the Friend") by Túlio Mourão. At the time, not every single was released with a picture sleeve. But Mutantes were so highly regarded by Som Livre that the new record came out with beautiful artwork by Deco – who this time signed as Wander Claudio Soares – enveloping it.

After the release of *Tudo Foi Feito Pelo Sol*, between one show and another of the launch tour, Túlio Mourão, Rui Motta, Antonio Pedro de Medeiros and Sérgio Dias traveled to the United States to buy equip-

dos Mutantes no palco, reproduzindo a cena pela qual estavam fascinados, protagonizada por bandas como Yes e Emerson, Lake & Palmer. Só que, naquela época, era difícil importar um aparelho eletrônico: o valor a ser pago na Alfândega para a entrada de mercadorias no Brasil era altíssimo. No entanto, os músicos tinham um macete que, para um deles, quase não funcionou. Para atravessar a fronteira com um órgão Hammond e um Minimoog, Túlio fez uma declaração na Polícia Federal de que estaria saindo do país com um antigo teclado. Só que ele viajou apenas com o pedaço do instrumento que continha o número de série. Nos Estados Unidos, colou essa placa em sua nova aquisição. Já no Brasil, desconfiado, o fiscal não engoliu o lance e confiscou o material sem dar previsão do que aconteceria. Dias depois, a autoridade ficou com pena e acabou liberando o Hammond e o Minimoog de Túlio. Sérgio também encarou viagens para a América do Norte, de onde trouxe alto-falantes das marcas JBL e Gauss. A ideia era usá-los no PA – abreviação de "Public Address" – que Cláudio César estava construindo para a banda: cada uma das quatro caixas que destinariam o som da banda ao público tinha nada menos que 3 x 1,20 x 1 metros e pesava mais de 200 quilos. Eram necessárias mais de 11 pessoas para tirar o equipamento do caminhão e levar até o palco onde a banda tocaria. A nona edição da revista Rock, A História e A Glória publicou ainda, em 1975, que o técnico Wagner manusearia - no show que a reportagem cobriria no Teatro Tereza Rachel, no Rio de Janeiro - "uma mesa com 20 canais, 20 pontos vermelhos luminosos, 492 botões e alavancas e duas

ment. The objective was to improve the performance of Mutantes onstage, reproducing the scene they were fascinated with, led by bands like Yes and Emerson, Lake & Palmer. However, at that time, it was difficult to import electronic devices: the amount to be paid at customs for the entrance of goods in Brazil was very high. But the musicians had a trick to bypass that, which for one of them almost did not work. In order to cross the border with a Hammond organ and a Minimoog, Túlio declared to the Federal Police that he would be leaving the country with an old keyboard. Except he traveled with only one part of the instrument that contained the serial number. In the United States, he pasted this card onto his new acquisition. Already in Brazil, the customs agent, suspicious about the story, did not buy into it and confiscated the material without saying what would happen. Days later, the authority pitied him and ended up releasing the Hammond and Minimoog. Sérgio also made trips to North America, where he bought JBL and Gauss speakers. The idea was to use them in a PA (Public Address) that Cláudio César was constructing for the band: each of the four speakers that would carry the sound of the band to the public was no less than 3 x 1.20 x 1 meters and weighed more than 200 kilos. It took more than 11 people to take the equipment from the truck and take it to the stage where the band would play. The ninth edition of magazine Rock, A História e A Glória (Rock, The History and The Glory) published in 1975 that sound engineer Wagner would handle - at the show that the report would cover at Teatro Tereza Rachel, in Rio de Janeiro - "a table with 20 channels, 20 bright

luzes verdes, que oscilam com a frequência do som".

Muitas vezes, as caixas esbarravam e quebravam paredes dos ginásios e dos teatros onde os Mutantes se apresentavam. A potência do som era tão forte que, em um dos shows, um fã que estava sentado no interior de uma das caixas foi lançado para fora quando começaram os primeiros acordes no palco. Além do PA gigantesco, eles ainda transportavam um piano de armário, a bateria Premier "aumentada" de Rui (além do básico, ele adicionou mais dois tom-tons, um surdo, um chimbau e vários pratos de condução) e os outros instrumentos. Quase todos tinham algum tipo de customização e os músicos usavam muitos pedais. Sérgio sempre carregava algumas guitarras. Uma delas, da marca Rickenbaker, tinha doze cordas e foi modificada para que ficasse com som de cítara. No palco, ele posicionava o instrumento em um pedestal de microfone e, com o instrumento em pé, o guitarrista conseguia tocá-lo sem precisar movê-lo. Uma vez, durante o Hollywood Rock, festival produzido por Nelson Motta no campo do Botafogo, no Rio, caiu uma chuva torrencial e a lona que cobria o palco não segurou a água. Os Mutantes tiveram que sair carregando o que conseguiam para não ver tudo se afogando na enchente que tomou o palco. Por pouco, eles não perderam parte do equipamento, afinal, na correria, era impossível tirar as peças maiores dali. Logo após o evento, em março de 1975, saiu um álbum com as bandas que chegaram a fazer shows no festival: Rita Lee & Tutti Frutti, Erasmo Carlos, Raul Seixas e O Peso. Mutantes, O Terço e Vímana ficaram de fora do LP lançado pelo selo Philips. O que tornava a banda

red dots, 492 buttons and levers and two green lights, which fluctuate with the frequency of the sound".

The boxes often bumped into each other and broke walls of the gyms and theaters where Mutantes performed. The power of the sound was so strong that at one of the shows, a fan sitting inside one of the boxes was thrown out when the first chords were played onstage. In addition to the gigantic PA, they were still carrying a vertical piano, Rui's "augmented" Premier drums (in addition to the basic drum, he added two more rack toms, a floor-tom, a hi-hat and several riding cymbals) and the other instruments. Almost everyone had some sort of customization and the musicians used many pedals. Sérgio always carried some guitars. One of them, a Rickenbaker, had twelve strings and it had been modified to sound like a sitar. On the stage, he would position the instrument on a microphone stand and with the instrument standing, the guitarist could play it without having to move it. Once, during the Hollywood Rock festival produced by Nelson Motta in the Botafogo football club playing field in Rio, it was pouring and the canvas that covered the stage was not enough to hold the water. Mutantes had to leave carrying what they could so they would not have everything lost due to flood that took the stage. They got close to losing part of the equipment, after all, in the rush, it was impossible to remove the larger pieces from there. Soon after the event, in March 1975, an album recorded live at the festival came out with Rita Lee & Tutti Frutti, Erasmo Carlos, Raul Seixas and O Peso. Mutantes, O Terço and Vímana were left out of the LP released by Philips. What made the band pio-

pioneira e única no país também deixava seus integrantes muito cansados.

Túlio foi o primeiro a desistir. Ao mesmo tempo em que descrevia os shows dos Mutantes como épicos, monumentais, via como quixotesco o esforço de seus companheiros em transpor o que sonhavam para os palcos. Como o personagem Dom Quixote do romance de Miguel de Cervantes, Sérgio tinha as melhores intenções, mas seus ideais afastavam cada vez mais a banda da realidade. Fora isso, para o tecladista, estava ficando complicado conviver com a dobradinha drogas e rock'n'roll que permeava o dia a dia dos músicos. Com Rui, sempre rolava uma *bad trip*, mas o baterista era teimoso e insistia em tomar LSD com Sérgio e Pedro, que viajavam para valer. Com Túlio, não tinha jeito: definitivamente, essa não era a sua praia. E ele ficava muito chateado quando sentia que as drogas causavam algum impacto sobre a banda, mesmo que não fosse em relação à sonoridade. Para tocar, o aditivo até que ajudava muito. No entanto, em tempos de repressão por causa da ditadura militar, era um perigo andar com a droga ou mesmo parecer drogado. Certa vez, todos menos Sérgio estavam passando o som e se preparando para um show que fariam de noite quando a Polícia Federal chegou levando todo mundo em cana. Algum vizinho denunciou que a tenda que iriam inaugurar ao lado da Igreja do Calvário, apelido da Paróquia São Paulo da Cruz, no bairro de Pinheiros, em São Paulo, seria um reduto de hippies drogados. Na época, era forte o movimento Tradição, Família e Propriedade (TFP), organização civil de inspiração católica tradicionalista que era

neer and unique in the country also made its members very tired.

Túlio was the first one to give up. While describing Mutantes' concerts as epic and monumental, he saw the gigantic effort his companions made to translate that onstage. Like Don Quixote's character in the novel by Miguel de Cervantes, Sérgio had the best intentions, but his ideals were increasingly alienating the band from reality. Besides that, for the keyboardist, it was getting complicated to live under this "drugs and rock'n'roll" lifestyle that permeated the everyday lives of the musicians. Rui always had bad trips, but the drummer was stubborn and insisted on taking LSD with Sérgio and Pedro, who really tripped. With Túlio, there was no other way: it was definitely not his thing. And he was very upset when he felt the drugs had an impact on the band, even if it was not about the sound. When playing, the drugs actually did help a lot. Nevertheless, in times of repression due to the military dictatorship, it was dangerous to carry drugs or even to look high. Once, everyone but Sérgio was doing a sound check and getting ready for a performance they would do at night when the Federal Police arrested everyone. A neighbor reported that the large tent set up as a space for concerts that they were going to inaugurate next to the Calvary Church, nickname for the São Paulo da Cruz Parish, in the district of Pinheiros, in São Paulo, would be a place full of drugged hippies. At the time, the Tradition, Family, and Property (TFP) movement was a strong traditional civil Catholic organization that was extremely conservative. Besides this, there was quarrel with the managers – not Samuca

extremamente conservadora. E ainda tinha a questão com os empresários, que não eram mais Samuca e Rolaco, que começaram a ter ideias mirabolantes e não dar o retorno financeiro que os músicos esperavam diante de tudo que estavam passando. Quando descobriu uma úlcera nervosa, Túlio resolveu mudar de vida. Antonio Pedro de Medeiros, que também já estava estressado e andava discutindo muito com Sérgio, resolveu ir junto.

Sérgio fez novos testes, tanto para escolher o novo baixista quanto para encontrar um tecladista à altura dos Mutantes. Ex-integrante de Veludo Elétrico, que frequentava o sítio em Itaipava, Paulo de Castro era guitarrista, mas assumiu o baixo, substituindo Antonio Pedro de Medeiros. Natural de Penápolis, interior de São Paulo, Paulo era chamado de Paul (e, depois, assumiu o apelido como nome artístico), tinha dois anos a mais que Sérgio e oito a mais que Luciano Alves, um mineiro radicado no Rio apaixonado por música clássica, rock e blues, que ele indicou para assumir o lugar de Túlio Mourão. Paul e Luciano se conheceram em um estúdio de ensaio de Copacabana, onde músicos se encontravam para fazerem um som juntos. O teste para os Mutantes foi feito em um estúdio de Niterói e a segunda vez em que Luciano conseguiu mostrar seu talento para Sérgio foi na casa do Lobão, futuro astro de rock dos anos 1980, e naquele momento, ainda um baterista que tinha acabado de entrar na banda Vímana. A empatia foi instantânea e a chance de experimentar a estrutura com que a banda atuava nos palcos seduziu o tecladista. Luciano vinha da banda Flor de Lótus, havia sido diretor musical em

and Rolaco anymore – who started to have overly extravagant ideas and who would not give the financial compensation the musicians expected after everything that was happening. When he found out he had developed a stomach ulcer due to stress, Túlio decided to change his life. Antonio Pedro de Medeiros, who was also stressed out and who had been arguing a lot with Sérgio, decided to go along.

Sérgio held new auditions to choose both new bass and keyboard players that were good enough for Mutantes. Former member of Veludo Elétrico, who often went to the ranch in Itaipava, Paulo de Castro was a guitar player, but took the bass, replacing Antonio Pedro de Medeiros. Born in Penápolis, in the state of São Paulo, Paulo was called Paul (and later took on the nickname as a stage name), was two years older than Sérgio and eight years older than Luciano Alves, a young man who was passionate about classical music, rock and blues, which he indicated to take the place of Túlio Mourão. Paul and Luciano had met in a rehearsal studio in Copacabana, where musicians used to go to make music together. The audition for Mutantes was held in a studio in Niterói and the second time Luciano was able to show his talent to Sérgio was at the house of Lobão, future rock star of the 80's, and at that time, still a drummer who had just entered the band Vímana. There was an instant good chemistry and the chance to experience the structure with which the band had performed onstage seduced the keyboard player. Luciano came from the band Flor de Lótus, he had been musical director in theater plays and had long hair like the others.

peças de teatro e era cabeludo como todos os outros.

A banda mal havia se reorganizado e já tinha show para fazer. Belo Horizonte, Curitiba, São Paulo e outras cidades receberam os Mutantes. No município de Tramandaí, no Rio Grande do Sul, o evento aconteceu em um drive-in. Choveu tanto que as pessoas se abrigaram dentro dos seus próprios carros e ficaram dançando lá mesmo. Do palco, os músicos só viam os veículos sacudindo e os faróis piscando. Como havia acontecido no Hollywood Rock, a lona cedeu e o aguaceiro foi parar em cima do teclado de Luciano. Quando entrou na banda, além do piano acústico de armário, sintetizador Minimoog e órgão Hammond com caixa Leslie, ele acrescentou um piano elétrico Fender Rhodes, um sintetizador Mini Korg e um simulador de cordas Honner Strings. Ainda no papel de engenheiro eletrônico dos Mutantes, Cláudio César criou um mixer de oito canais e um amplificador de 250 watts para os teclados. Cada músico tinha duas caixas de monitoração de palco. Os ensaios e shows já eram muitos decibéis acima do que os das outras bandas e aumentaram mais ainda depois que Sérgio, Rui, Paul e Luciano foram a Londres comprar mais amplificadores, alto-falantes e um mixer de 24 canais.

A sintonia do grupo estava cada vez melhor. No palco, eles estavam afiadíssimos. Fora isso, o novo empresário, Mario Buonfiglio, parecia mais empenhado em aumentar a popularidade da banda. Quando a formação já estava consolidada, surgiu a ideia da gravação de um novo disco. Só que, não tão interessados assim, os executivos da Som Livre disseram que não tinham orçamento para um novo projeto

The band had barely reorganized and it already had concerts scheduled. Belo Horizonte, Curitiba, São Paulo and other cities received Mutantes. In the town of Tramandaí, the event happened at a drive-in. It rained so hard that people took shelter in their own cars and danced there. From the stage, the musicians only saw the vehicles shaking and the headlights flashing. Like at the Hollywood Rock, the canvas collapsed and the downpour fell on Luciano's keyboard. When he joined the band, in addition to the acoustic cabinet piano, Minimoog synthesizer and Hammond organ with Leslie box, he added a Fender Rhodes electric piano, a Mini Korg synthesizer and a Honner Strings string simulator. Still in the role of electronic engineer for Mutantes, Cláudio César created an eight-channel mixer and a 250-watt amplifier for the keyboards. Each musician had two stage monitoring boxes. The rehearsals and concerts were already many decibels higher than those of other bands and increased even more after Sérgio, Rui, Paul and Luciano went to London to buy more amplifiers, speakers and a 24-channel mixer.

The rapport among the group was improving more and more. On stage, they were very sharp. Other than that, the new manager, Mario Buonfiglio, seemed more committed to increasing the popularity of the band. When the line up was already set, the idea of recording a new album came up. Except the executives of Som Livre were not so interested, saying they had no budget for a new project of Mutantes. One option would be to record a live concert, which would greatly reduce production costs. The artistic director of the label, Guto Graça Mello, called Pena Schmidt,

dos Mutantes. Uma opção seria registrar um show ao vivo, o que reduziria bastante os custos da produção. O diretor artístico da gravadora, Guto Graça Mello, ligou para Pena Schmidt, engenheiro de som que não só já havia trabalhado com os Mutantes como morou com a banda na Cantareira, na época do disco *O A e O Z*. Pena, então, sugeriu gravar um show que estivesse bem ensaiado em dois canais, direto do PA. Sem muita opção, os Mutantes toparam e escolheram a sala Corpo-e-Som do Museu de Arte Moderna do Rio de Janeiro (MAM) como locação. Edifício com estruturas vazadas, o MAM foi um projeto bem-sucedido do arquiteto carioca Affonso Eduardo Reidy, inaugurado em 1948. Na década de 1970, os shows lá atraíam todo tipo de público. Os Mutantes ficaram empolgados com a possibilidade de experimentar algo diferente, mas que no mundo da música já vinha sendo moda: as gravações de concertos. Capitaneado pelo ex-Beatle George Harrison e repleto de convidados, *Concerts For Bangladesh* faturou o Grammy de "Álbum do Ano" em 1972. Naquele 1976, o disco duplo *Frampton Comes Alive!*, do guitarrista britânico Peter Frampton, atingiu o patamar das 10 milhões de cópias vendidas.

Um dia antes da gravação, o jornal O Globo publicou uma matéria intitulada "A nova mudança dos Mutantes: Na terceira fase do grupo, a pureza da infância e o conhecimento da maturidade". A jornalista Ana Maria Bahiana descreveu Sérgio Dias como o integrante que mais falava, "vestido de branco, cruz ansata (o símbolo egípcio da vida eterna) no pescoço, adepto da Fraternidade Rosacruz". A entrevista foi concedida pelos músicos no apartamento de

a sound engineer who had not only already worked with Mutantes but who had also lived with the band at Cantareira, at the time of *O A e o Z*. Pena then suggested recording a concert that was well rehearsed on two channels, straight from the PA. Without much choice, Mutantes accepted it and chose the Corpo-e-Som room of the Museum of Modern Art of Rio de Janeiro (MAM) as a location. MAM, a building with emptied structures, was a successful project of Rio de Janeiro architect Affonso Eduardo Reidy, inaugurated in 1948. In the 1970s, the concerts there attracted all types of public. Mutantes were excited about the possibility of experiencing something different, but this was already in fashion in the world of music: the recordings of concerts. Led by former Beatle George Harrison and full of guests, *Concerts For Bangladesh* won the 1972 Grammy for "Album of the Year". In 1976, the *Frampton Comes Alive!* double album by British guitarist Peter Frampton reached the 10 million copies plateau.

The day before the recording, O Globo newspaper published a story entitled "The new change of the Mutantes: In the third phase of the group, the purity of childhood and the knowledge of maturity". The journalist Ana Maria Bahiana described Sérgio Dias as the member who spoke the most, "dressed in white, with an Ankh (the Egyptian symbol of eternal life) around his neck, a member of the Rosicrucian Brotherhood". The interview was given by the musicians at Eunice's apartment in Jardim Botânico where the guitarist had been living. The message they gave was that Mutantes had matured. "In that first phase, with Rita and Arnaldo, we were children. Children and animals

Eunice, no Jardim Botânico, onde o guitarrista estava morando, e a mensagem que passaram foi a de que os Mutantes tinham amadurecido. "Naquela primeira fase, com a Rita e o Arnaldo, nós éramos crianças. As crianças e os animais são seres perfeitos, em sintonia com todo o universo. Não têm consciência, mas são perfeitos. Intuitivamente. Nós éramos assim, crianças, maravilhosas, tudo estava bem. Depois começou a pintar a consciência, os problemas existenciais. Começamos a envelhecer. Apareceram os egos, as caretices de cada um, o grupo inicial se dissolveu. Veio uma segunda etapa. Agora, sim, dá para falar de uma terceira fase. É a da maturidade, que procura unir o conhecimento com a pureza da infância. Daqui pra frente, a gente é o que a gente é", disse Sérgio.

Enquanto os Mutantes amadureciam dessa forma, Arnaldo Baptista aparecia em um palco aqui e outro ali com o repertório de seu primeiro álbum solo, *Loki?*, e Rita Lee colhia os frutos dos dois discos gravados com o Tutti Frutti, *Fruto Proibido* (1975) e *Entradas e Bandeiras* (1976), agora sem Lúcia Turnbull na formação. Em alguns dos shows de lançamento, Arnaldo sentou nas primeiras cadeiras do teatro e ficou fazendo caretas para o palco, como se estivesse reprovando o novo som que a ex estava apresentando. Nesse mesmo ano do lançamento de *Ao Vivo*, Rita ainda viveu um de seus maiores pesadelos: grávida, foi presa por porte de maconha. Arnaldo foi visitá-la e lhe disse que assumiria a paternidade se ela quisesse. Já com Roberto de Carvalho, Rita dispensou o ex e, assim que saiu da cadeia, marcou a data do divórcio. O acerto de contas, Rita iria fazer depois,

are perfect beings, in tune with the whole universe. They are not aware, but they are perfect. Intuitively. We were like this, children, wonderful, everything was fine. Then consciousness, existential problems began to appear. We started to grow old. Then came the egos, each person's narrow-mindedness and the initial group dissolved. A second step came. Now, yes, we can talk about a third phase. It is one of maturity, which seeks to unite knowledge with the purity of childhood. From here on, we are what we are," said Sérgio.

While Mutantes matured this way, Arnaldo Baptista appeared on stage here and there with the repertoire of his first solo album, *Loki?*, and Rita Lee reaped the fruits of the two albums recorded with Tutti Frutti, *Fruto Proibido* (*"Forbidden Fruit"*, 1975) and *Entradas e Bandeiras* (*"Entryways and Flags"*, 1976), now without Lúcia Turnbull in the line up. In some of the launch concerts, Arnaldo sat in the first chairs of the theater and made faces at the stage, as if he were rejecting the new sound that his ex was presenting. The same year of the release of *Ao Vivo*, Rita lived through one of her biggest nightmares: she was arrested while pregnant, for possession of marijuana. Arnaldo went to visit her and told her he would take on the role of the child's father if she wanted. Already with Roberto de Carvalho, Rita dismissed her ex and, as soon as she left jail, filed for divorce. Rita would later settle the score through the song "Mutante" ("Mutant"), which she wrote in a partnership with Roberto and recorded in her album *Saúde* (*"Health"*), 1981: "When I feel a little rejected / It gives me a lump in my throat / I cry until I dry my soul of sorrow / Then I move on / like a mutant

através da canção "Mutante", que compôs em parceria com Roberto e gravou em seu álbum *Saúde*, de 1981: "Quando eu me sinto um pouco rejeitada / Me dá um nó na garganta / Choro até secar a alma de toda mágoa / Depois eu passo pra outra / Como mutante / No fundo sempre sozinho / Seguindo o meu caminho / Ai de mim que sou romântica!"

Depois de muitos ensaios, entre os dias 3 e 9 de agosto de 1976, os Mutantes subiam ao palco do MAM com seus instrumentos, enquanto Pena, com seu fone Koss, manuseava as mesas Peavey e Studium e o gravador Revox A-77. Dias depois, todos ficaram impressionados com o resultado que ouviram no estúdio da Som Livre. A captação tinha sido perfeita. O problema começou quando eles perceberam que aquelas duas horas de show não caberiam em um LP, mídia que suporta até 20 minutos de música em cada lado. Sérgio até que tentou pleitear um álbum duplo, mas Guto Graça Mello se mostrou irredutível. Pena, então, perguntou quais músicas os Mutantes queriam no disco e quem acompanharia a edição. Deprimidos, todos foram embora, deixando a decisão nas mãos do engenheiro. Pena entrou em um dos estúdios com Ieddo, habilidoso na arte de cortar e colar as fitas, e passou duas semanas tentando chegar ao melhor resultado. Em vez de escolher músicas inteiras, ele optou por cortar solos e trechos para caber o máximo no disco. Algumas emendas são imperceptíveis, mas outras não ficaram muito boas e deixaram os músicos muito decepcionados durante a audição do produto final. Rui chegou a levantar a voz de tão chateado que ficou. Sérgio também não acreditou no que ouviu.

/ In the end always alone / Following my path / Woe is me who is romantic!".

After many rehearsals, between August 3rd and 9th, 1976, Mutantes went to MAM stage with their instruments, while Pena, with his Koss earphone, handled the Peavey and Studium tables and the Revox A-77 recorder. A few days later, everyone was impressed by the result they heard at Som Livre studio. The sound was captured perfectly. The problem began when they realized that a two-hour concert would not fit into an LP, a media that supports up to 20 minutes of music on each side. Sérgio tried pleading for a double album, but Guto Graça Mello was unbending. Pena then asked what songs the Mutantes wanted on the album and who would accompany the edition. Depressed, they all left, leaving the decision in the hands of the engineer. Pena entered one of the studios with Ieddo, skilled in the art of cutting and pasting the tapes, and spent two weeks trying to reach the best result. Instead of choosing whole songs, he chose to cut solos and stretches to fit the most he could on the record. Some amendments are unnoticeable, but others were not very good and left the musicians very disappointed when they listened to the final product. Rui was so upset he even raised his voice. Sérgio also did not believe what he heard. Even though he was not to blame and tried to give his best, Pena says they never forgave him.

Ao Vivo reached the stores in late 1976 with a cover illustrated by Deco again. But the new artwork of the illustrator was as bland as the content: there was only a border around the photos of the musicians and he created typographies for the names of the band

Apesar de não ter culpa e de ter tentado dar o melhor de si, Pena conta que eles nunca o perdoaram.

Ao Vivo foi para as lojas no final de 1976 com uma capa ilustrada novamente por Deco. Mas tão sem graça quanto o conteúdo foi o novo trabalho do ilustrador, que produziu apenas uma margem em volta das fotos dos músicos e criou as tipografias dos nomes da banda e do disco. Para Sérgio, a capa parece uma colagem e isso o faz lembrar do "maldito" corte nas músicas. As fotos foram tiradas durante os shows no MAM: a principal não é nítida o suficiente para mostrar que Sérgio tocava baixo e Paul, violino, em um momento de descontração do show. A contracapa é mais característica, com fotos dos músicos recortadas e iluminadas por desenhos já velhos conhecidos de Deco. Estão no alto da imagem o cálice e a ave da capa do compacto duplo *Cavaleiros Negros*, além do ovo derramando a gema da capa de *Tudo Foi Feito Pelo Sol*. As vendas foram um fracasso, mas a banda não deixou isso abater o ânimo que tinham para shows.

O ano de 1977 começou com uma agenda generosa no primeiro semestre. Junto com O Terço, os Mutantes rodaram o Sudeste e o Sul do país com o show "Como nos Velhos Tempos", mesclando o repertório das duas bandas a clássicos dos Beatles. Antes da turnê, ambas foram convidadas a apresentar uma música no programa "Fantástico", da TV Globo. Mutantes & O Terço tocaram "Get Back", dos Beatles. Em junho, eles resolveram aceitar o convite de Toninho Peticov para passarem uma temporada em sua casa, em Milão, com suas respectivas esposas. De cara, o velho amigo de Sérgio arrumou uma

and the record. For Sérgio, the cover looks like a collage and it reminds him of the "damn" cut made on the songs. The photos were taken during the MAM shows: the main one is not clear enough to show that Sérgio played bass and Paul, the violin, in a laid-back moment of the concert. The back cover is much more characteristic, with photos of the musicians cut out and highlighted by old and familiar illustrations by Deco. At the top of the image, there is the chalice and the bird on the cover of the EP *Cavaleiros Negros* ("*Black Cavaliers*") compact, as well as the egg spilling from the cover of *Tudo Foi Feito Pelo Sol*. The sales figures were a failure, but the band did not let that bring down their mood in the concerts.

The year of 1977 began with a generous agenda during the first half. Together with O Terço, Mutantes traveled around the Southeast and South of the country with the tour "Como nos Velhos Tempos" ("Just Like In The Old Times"), mixing the repertoire of the two bands with Beatles classics. Before the tour, both were invited to perform a song on Globo TV's "Fantástico" show. Mutantes and O Terço played The Beatles' "Get Back". In June, they decided to accept Toninho Peticov's invitation to spend some time at his home in Milan with their respective wives. As a matter of fact, Sérgio's old friend scheduled a performance for the band at the Unitá Festival, an event produced by Italian communists. One day before the show, the Mutantes guitarist heard a proposal from Luciano that he considered somewhat inappropriate. The keyboardist suggested the inclusion of the song "Fé Cega, Faca Amolada" ("Blind Faith, Sharpened Knife") by the

apresentação para a banda no Festival Unitá, evento produzido por comunistas italianos. Um dia antes do show, o guitarrista dos Mutantes ouviu uma proposta de Luciano que considerou indecorosa. O tecladista sugeriu a inclusão da canção "Fé Cega, Faca Amolada", de Milton Nascimento, no repertório. Com 21 anos de idade, ele estava tocado pela influência dos brasileiros exilados que conheceu nesta viagem. Lá, ele descobriu um monte de coisas sobre seu próprio país que a censura imposta pela ditadura não lhe permitia ver. Criticado por amigos que fez durante a viagem por valorizar tanto o rock e pouco a própria cultura, acabou começando a ouvir e pesquisar a música brasileira. Sérgio não gostou nem um pouco da ideia. O lado bom de estar na Itália era a facilidade para encontros que ele não teria no Brasil. Por exemplo, ele conheceu John McLaughlin, na época líder do grupo Shakti, do qual Lakshminarayana Shankar fazia parte. Anos depois, o violinista indiano o auxiliaria em sua mudança para os Estados Unidos. Mesmo assim, o guitarrista foi ficando desanimado e passou a não se esforçar para fazer novos contatos ou marcar shows. O clima piorou depois que distribuiu discos para jornalistas locais e foi obrigado a engolir críticas com reclamações pela falta de "brasilidade" nas músicas dos Mutantes. Cansado da prostração dos músicos em sua casa há quatro meses, Peticov mandou todo mundo embora. Esse episódio ajudou o ex-empresário do O'Seis a decidir se afastar definitivamente do meio musical para se dedicar às artes plásticas.

Luciano Alves anunciou sua saída da banda e ficou mais três meses na Itália. Quando chegou

Brazilian composer Milton Nascimento, in the repertoire. At age 21, he was touched by the influence of the exiled Brazilians he met on this trip. There, he discovered a lot of things about his own country that the censorship imposed by the dictatorship did not allow him to see. Criticized by the friends he made during the trip for valuing rock so much and his own culture so little, he ended up beginning to listen to and to research about Brazilian music. Sérgio did not like the idea at all. The good thing about being in Italy was the opportunities of meeting people he would not otherwise in Brazil. For example, he met John McLaughlin, then leader of the Shakti group, of which Lakshminarayana Shankar was a part. Years later, the Indian violinist would help him move to the United States. Even so, the guitarist was getting discouraged and made no effort to make new contacts or to schedule shows. His discouragement worsened after he distributed records to local journalists and he was forced to take on criticism about the lack of "Brazilianness" in Mutantes songs. Tired of the idleness of the musicians at his house for four months already, Peticov became annoyed and sent everyone away. This episode helped the former manager of O'Seis decide to move away from the music world and to dedicate himself to the fine arts for good.

Luciano Alves announced his departure from the band and spent another three months in Italy. When he arrived in Brazil, he heard Paulo de Castro tell him that he would no longer play with the Mutantes. After the trip to Milan, the relationship among the bandmates was extremely worn out. Sérgio tried to invite Arnaldo

ao Brasil, ouviu Paulo de Castro lhe contar que não ia mais tocar com os Mutantes. Depois da viagem a Milão, o relacionamento ficou extremamente desgastado. Sérgio tentou convidar Arnaldo para voltar à banda, mas a cabeça do irmão parecia pior do que antes. Fora isso, ele tinha o objetivo de seguir carreira com uma banda. Depois de *Loki?*, Arnaldo Baptista viveu sua fase hard rock, acompanhado do grupo Patrulha do Espaço, mas não foi bem-sucedido na arte de lançar discos. O álbum gravado com sua nova banda em 1977 só viria a ser conhecido pelo público em 1988, sob o título de *Elo Perdido*, através da gravadora Vinil Urbano Records, do produtor Roberto Takaharu Oka. O mesmo aconteceu com *Faremos uma Noitada Excelente*, registrado durante uma apresentação de Arnaldo Baptista & Patrulha do Espaço em maio de 1978 no Teatro São Pedro, em São Paulo, e lançado pela mesma gravadora dez anos depois. Em 1976, Arnaldo iniciou um romance com a atriz Martha Kardos Mellinger, com quem teve um filho. Daniel nasceu em abril de 1977 e eles se separaram em dezembro. Anos mais tarde, no documentário "Loki", de Paulo Henrique Fontenelle, a ex reconheceria que aquela foi uma fase em que o ex-Mutante estava vivendo um conflito: "Era um artista querendo existir. Ele deixou de ser mito e queria ser gente".

Mesmo depois do fiasco do disco ao vivo gravado em 1976 e do estresse na Itália, Sérgio ainda tentou reformular os Mutantes na virada de 1977 para 1978. Após ter que lidar com a saída de Paulo de Castro do grupo, Sérgio convidou o ex-baixista da banda Veludo Elétrico, Fernando Gama, para a formação que já tinha

back to the band, but his brother's mind seemed worse than before. Besides, he was aiming for a career with a new band. After the album *Loki?*, Arnaldo Baptista lived through his hard-rock phase, backed up by the group Patrulha do Espaço, but was not successful in the albums he tried to release. The album recorded in 1977 was only to be known by the public in 1988, under the title of *Elo Perdido ("Lost Connection")*, through the record label Vinil Urbano Records, by producer Roberto Takaharu Oka. The same thing happened with *Faremos uma Noitada Excelente ("We'll Have An Excellent Night Out")*, recorded live by Arnaldo Baptista and Patrulha do Espaço in May 1978 at São Pedro Theater, in São Paulo, and released by the same record company ten years later. In 1976, Arnaldo started a relationship with the actress Martha Kardos Mellinger, with whom he had a son. Daniel was born in April 1977 and they separated in December. Years later, in the film documentary "Loki," directed by Paulo Henrique Fontenelle, Martha acknowledged that it was a phase where the ex-Mutante was going through a complicated conflict: "He was an artist who wanted to exist. He stopped being a myth and just wanted to be a person".

Even after the live record fiasco in 1976, Sérgio still attempted to reshape the Mutantes in the end of 1977 and beginning of 1978. After returning from Europe and having to deal with Paul de Castro's departure from the band, Sérgio then invited former Veludo Elétrico bass player Fernando Gama to the lineup that already had Rui Motta and, to his luck, he was able to count on Luciano Alves, who returned to the band. In order to complete it, he trained the bass player's wife,

Rui Motta e, para sua sorte, contou com o retorno de Luciano Alves. Para completar, ele treinou a mulher do baixista, Betina, para se tornar a nova vocalista dos Mutantes. Os poucos shows não tiveram quórum e o entrosamento no palco também não permitiu que o projeto fosse adiante. O último deles aconteceu em 1978, em Ribeirão Preto, cidade paulista onde morava a primeira Guitarra de Ouro de Serginho. Assumindo finalmente que os Mutantes tinham chegado ao fim, o guitarrista se permitiu seguir carreira solo.

Quase 40 anos depois, a formação dos Mutantes que gravou o álbum *Tudo Foi Feito Pelo Sol* se reuniu novamente para celebrar o disco mais bem-sucedido da banda, em termos de shows e vendas, e se surpreendeu com a resposta do público. O show aconteceu no festival Psicodália, no Paraná, em 2012, e acabou estimulando o guitarrista Sérgio Dias, o tecladista Túlio Mourão, o baixista Antonio Pedro Fortuna (hoje em dia ele assina assim) e o baterista Rui Motta a fazerem outros. Em algumas apresentações, eles receberam fãs e filhos de fãs, muitos deles com o álbum na mão e emocionados com a possibilidade de ver de perto tanto virtuosismo.

Betina, to become the new singer of Mutantes. The few concerts, which did not have much quorum or rapport on stage, did not allow the project to go forward. The last one happened in 1978, in Ribeirão Preto, city in São Paulo state where Serginho's first Golden Guitar was living. Finally facing the fact that Mutantes had indeed come to an end, Serginho allowed himself to pursue a solo career.

Almost 40 years later, the ***Tudo Foi Feito Pelo Sol'*** Mutantes line up reunited again to celebrate the band's most successful record in terms of shows and sales, and was surprised by the audience's response. The show was held at the Psicodália festival in Paraná in 2012 and ended up stimulating guitarist Sérgio Dias, keyboardist Túlio Mourão, bassist Antonio Pedro Fortuna (nowadays he signs like this) and drummer Rui Motta to make others. In some presentations, they received fans and fans' children, many of them with the album in hand and thrilled with the possibility of seeing so much virtuosity.

Tracklist: Ao Vivo

1 Anjos do Sul Sérgio Dias 2:39
2 Pot-pourri Benvindos / Mistérios Sérgio Dias 4:15
3 Pot-pourri Trem / Dança dos Ventos Paulo de Castro e Mutantes 3:30
4 Sagitarius Sérgio Dias 5:35
5 Esquizofrenia Sérgio Dias 2:55
6 Rio de Janeiro Paulo de Castro e Rui Motta 3:38
7 Loucura Pouca É Bobagem Luciano Alves e Sérgio Dias 4:20
8 Hey Tu Sérgio Dias e Paulo de Castro 2:55
9 Rock 'n' Roll City Sérgio Dias 6:30
10 Tudo Explodindo Rui Motta e Paulo de Castro 4:12
11 Grand Finale Luciano Alves e Sérgio Dias 2:05
12 Anjos do Sul Sérgio Dias 1:50

0552-2
Deco
LADO A LADO B
Anjos do Sul 1 Loucura Pouca é Bobagem
Benvindos 2 Hey Tu
Mistérios
Trem 3 Rock'n Roll City
Dança dos Ventos
Sagitarius 4 Tudo Explodindo
Esquizofrenia 5 Gran Finale
Rio de Janeiro 6 Anjos do Sul

Ao Vivo · 1976

MVTANTES

Mutantes Ao Vivo – Barbican Theatre, Londres

2006

Depois de 1976, ano em que os Mutantes lançaram seu último álbum, muita coisa aconteceu na vida de cada um de seus integrantes. Naquele mesmo ano, grávida de seu primeiro filho, Beto, Rita Lee foi presa por porte de maconha. Já fora da prisão, em 1977, lançou o *Refestança*, álbum ao vivo gravado com o Tutti Frutti e com Gilberto Gil e sua banda Refavela. Curiosamente, no mesmo ano em que Rita foi parar atrás das grades, o mesmo motivo levou Gil para a cadeia: durante a turnê do show "Doces Bárbaros", que dividiu com Caetano Veloso, Gal Costa e Maria Bethânia, o baiano foi pego com maconha e levado à prisão e a julgamento em Florianópolis, capital do estado de Santa Catarina. No ano seguinte, eles riram juntos disso nos bastidores do "Refestança". Em 1978, Rita lançou o álbum *Babilônia* com o Tutti Frutti e, a partir de 1979, engrenou de vez na carreira solo, com o incentivo e apoio do (que seria seu eterno) companheiro Roberto de Carvalho. Depois de *Rita Lee*, que trazia "Arrombou a Festa II" – parceria com

After 1976, the year that the Mutantes released their last album, a lot happened in the life of each one of its members and it seemed that the band would never meet again. That same year, pregnant with her first child, Beto, Rita Lee was arrested for marijuana possession. Already out of prison, in 1977, she recorded *Refestança* ("Repartying"), a live album released with her band Tutti Frutti along with Gilberto Gil and his band Refavela. Curiously, in the same year that Rita ended up arrested, the same reason took Gil to jail: during the tour of "Doces Bárbaros" ("Sweet Barbarians"), the concert shared with Caetano Veloso, Gal Costa and Maria Bethânia, the musician was caught with marijuana and taken to prison and on trial in Florianópolis, capital of the state of Santa Catarina. The following year, they laughed together at the "Refestança" backstage. In 1978, Rita released *Babilônia* ("Babylon") with Tutti Frutti and, from 1979, stayed on with her solo career, with encouragement and support from her current partner

Paulo Coelho, que sonhava virar escritor, mas ainda era letrista e diretor artístico de gravadora, e já tinha composto com ela "Arrombou a Festa", lançada em um compacto em 1976, logo após Rita sair da prisão –, "Chega Mais" e "Mania de Você", entre outros hits, ela lançou mais de 15 álbuns de estúdio, além de cinco ao vivo e cinco DVDs. Fora a discografia, a presença de Rita em programas de TV e em filmes foi marcante. Ela arrasou como apresentadora do hilário "TVLeezão", transmitido em 1991 pela MTV, e como a cantora Lita Ree em "Vamp", novela da TV Globo adorada pelos jovens dos anos. Em 2002, interpretou Tia Julieta no longa-metragem "Durval Discos". Em 2006, foi convidada a dublar a Rê Bordosa em "Wood & Stock: Sexo, Orégano e Rock'n'Roll", animação inspirada nos quadrinhos dos anos 1980. Quatro anos depois, Rita publicou em seu Twitter um segredo sobre a personagem criada pelo cartunista Angeli, uma mulher de aproximadamente 40 anos, alcoólatra, ninfomaníaca, desbocada e desprovida de bom senso, cujas histórias giram em torno de suas manias e desejos: "Quando Rê Bordosa nasceu, Angeli me contou que se inspirou em mim, apenas carregando na tinta".

Na virada de 1979 para 1980, Arnaldo Dias Baptista formou o Unziôtru com Lulu Santos e o ex-Mutante Antonio Pedro Fortuna (que, na época, assinavam como Lulu dos Santos e Antonio Pedro de M. C. Fortuna) durante uma temporada que passou no Rio de Janeiro. Eles fizeram alguns shows acompanhados de Rui Motta na bateria, com canções autorais. Mas Arnaldo não aceitava o gosto pela black music dos outros dois e o projeto acabou não indo pra

then Roberto de Carvalho – which would be her partner for life. After *Rita Lee*, which brought "Arrombou a Festa II" ("The Party Was a Blast II") – a partnership with Paulo Coelho, who dreamed of becoming a writer, but was still a lyricist and artistic diretor of a record company at that time and had already composed with Rita "Arrombou a Festa", released as a compact record in a 1976, right after she left the prison – "Chega Mais" ("Come Closer") and "Mania de Você" ("You Mania") among other hits, she released more than 15 studio albums, plus five live albums and five DVDs. Apart from her discography, Rita's presence on TV shows and movies was remarkable. She was a huge success as the host of the hilarious "TVLeezão", broadcasted in 1991 by MTV, and as the singer Lita Ree in "Vamp", a Globo TV soap opera adored by young people in the 1990s. In 2002 she played Aunt Julieta in the feature film "Durval Discos" ("Durval Records"). In 2006, she was invited to be the voice of Rê Bordosa in "Wood & Stock: Sexo, Orégano e Rock'n'Roll" ("Wood & Stock: Sex, Oregano and Rock'n'Roll"), an animated film inspired by the comic books from the 1980s. Four years later Rita revealed a secret on Twitter about the character created by cartoonist Angeli – 40 year-old woman, who is an alcoholic, nymphomaniac, loudmouth and devoid of common sense – whose stories revolve around her manias and desires: "When Rê Bordosa was born, Angeli told me that she was inspired by me, just exaggerating a little on the ink".

In the turn of 1979 to 1980, Arnaldo still formed Unziôtru (the name of the band in Portuguese is a slang meaning "A few random people") with Lulu Santos and

frente. No final de 1981, deprimido, ele foi internado pela mãe em um hospital psiquiátrico de São Paulo. Não havia sido a primeira vez. Sabendo que, dali pra frente, seria visto com outros olhos pela sociedade, em uma tentativa de resistir à camisa de força, ele se jogou pela janela. Vinte e cinco anos depois, ele explicaria no filme de Paulo Henrique Fontenelle: "Tinha feito tanta coisa e estava lá, perdido, internado cinco vezes. Plenamente consciente e cansado de falar com os médicos, pensei: 'Vou me ver livre'. E me joguei pela janela. Pensei: 'Vou comemorar o aniversário de quem me internou pela primeira vez'".

Arnaldo Baptista levou um tempo para se recuperar da tentativa de suicídio cometida em 31 de dezembro, dia do aniversário de Rita Lee. A queda do terceiro andar do hospital fez com que ele ficasse dois meses em coma e, ao sair, demorasse a retomar a consciência de suas habilidades. Mesmo debilitado, ele dizia à companheira de então, Suzana Braga, que desejava voltar a tocar. Suzana procurou Luiz Calanca, um paulistano que havia ajudado Arnaldo na produção do show "Shining Alone" e tinha acabado de montar o selo Baratos Afins. Calanca se ofereceu para lançar um novo álbum do ex-Mutante. Ele lembrou que havia um disco pronto, gravado em 1981: aficionado pela guitarra Gibson Les Paul e pelo baixo Gibson SG, Arnaldo entrara no estúdio Abertura, em São Paulo, para gravar e tocar todos os instrumentos do disco, inspirado por Paul McCartney em dois de seus álbuns após a saída dos Beatles. Em 1982, então, o Baratos Afins colocou nas ruas o LP *Singin' Alone*. Nesse meio tempo, Arnaldo se separou de Suzana e começou a se

former Mutante Antonio Pedro Fortuna (who at the time signed as Lulu dos Santos and Antonio Pedro de M.C. Fortuna) during the time that he spent in Rio de Janeiro. They played some gigs with Rui Motta backing them up on drums, with their own songs in the repertoire. But Arnaldo Dias Baptista did not accept the other two's taste for black music and the project did not go forward. At the end of 1981, while in depression, he was hospitalized by his mother in a psychiatric hospital in São Paulo. It was not the first time. Knowing that from then on he would be seen differently by society, in an attempt to resist the straightjacket, he threw himself through the window. Twenty-five years later, he would explain it in the film by Paulo Henrique Fontenelle: "I had done so much and I was there, lost, hospitalized five times. Fully conscious of myself and tired of talking to the doctors, I thought, 'I'm going to be free'. And I threw myself out the window. I thought, 'I'm going to celebrate the birthday of the person who first put me in a hospital'".

Arnaldo Baptista took some time to recover from the suicide attempt committed on December 31, New Year's Eve and Rita Lee's birthday. The fall from the third floor of the hospital caused him to spend two months in a coma and when he woke up, it took him a while to regain consciousness of his abilities. Even still weak, he told his then partner, Suzana Braga, that he wanted to play and perform onstage again. Suzana sought Luiz Calanca, a São Paulo producer who had helped Arnaldo in the production of the concert "Shining Alone" and had just put together the label Baratos Afins. Calanca offered to release a new album

relacionar com a comerciante Lucinha Barbosa, que junto à discotecária e produtora Sônia Abreu, convenceu dona Clarisse a permitir que ele fosse morar com elas – além de estar deprimido demais na casa da mãe, ele não tinha o estímulo físico e cultural que as duas fãs vinham lhe oferecendo desde o hospital. Em 1985, já casado com Lucinha, foi levado por ela para viver em um sítio em Juiz de Fora, Minas Gerais.

Em 1987, o selo paulistano lançou outro disco, desta vez uma gravação caseira batizada de *Disco Voador Arnaldo Paz*. Calanca lembra que Arnaldo lhe mandou uma fita K7 gravada em órgão de churrascaria com acompanhamento de baterias e arpejos eletrônicos. O canto parecia triste e cheio de vibrato, o teclado estava distorcido e o registro era bem tosco. O que surpreendeu a todos, no lançamento, foram as versões de "Balada do Louco" que ele fez para o inglês ("Crazy One's Ballad") e para o francês ("Le Foulle Balad"). O álbum é o retrato de uma época em que Arnaldo, ainda em fase de recuperação, propunha-se a experimentar sons e timbres. Em 1993, durante a passagem do Nirvana por São Paulo, por ocasião do show que faria no estádio do Morumbi, o vocalista da banda recebeu, através de Calanca, os álbuns de Arnaldo e dos Mutantes. Impressionado, Kurt Cobain escreveu um bilhete em papel de carta do hotel onde estava hospedado e pediu que os produtores o fizessem chegar até o ex-Mutante. Nele, Cobain dizia para o músico não deixar ninguém desanimá-lo, afinal, ele é um gênio. Em 1996, Arnaldo assinou um contrato com a Virgin, que lançou o álbum no formato CD, contendo uma gravação inédita de "Balada do Louco"

by the former Mutante. He recalled that there was a finished album, recorded in 1981: a Gibson Les Paul guitar and Gibson SG bass aficionado, Arnaldo entered Abertura studio in São Paulo to record and play all the instruments on the album, inspired by Paul McCartney in two of his albums after leaving the Beatles. In 1982, Baratos Afins released the LP *Singin' Alone*. In the meantime, Arnaldo split up with Suzana and began to date businesswoman Lucinha Barbosa, who along with the DJ and producer Sônia Abreu, convinced his mother Clarisse to allow him to move in with them – besides being too depressed in his mother's house, he did not have the physical and cultural stimulus that the two fans had been offering him since he left the hospital. In 1985, already married with Lucinha, he was taken by her to live in a farm in Juiz de Fora, Minas Gerais.

In 1987, the label from São Paulo released another record, this time a homemade recording called *Disco Voador Arnaldo Paz ("Flying Saucer Arnaldo Peace")*. Calanca remembers that Arnaldo sent him a cassette tape recorded in a steakhouse organ accompanied by drums and electronic arpeggios. The singing sounded sad and full of vibrato, the keyboard was distorted and the recording was rather rough. What surprised everyone at the time of the release were the versions of "Balada do Louco" he did in English – "Ballad of the Madman" – and in French – "Le Foulle Balad". The album is the portrait of a time when Arnaldo, still in recovery, decided to experiment with sounds and timbres. In 1993, during the passage of Nirvana through São Paulo, where they performed at Morumbi Stadium, the band's vocalist received, through Calanca, the

especialmente para o disco, com produção de Guto Graça Mello. Em 2004, incentivado pelo guitarrista da banda Pato Fu e produtor John Ulhoa, Arnaldo gravou *Let It Bed* também tocando todos os instrumentos e lançou o CD através da OutraCoisa, revista fundada por Lobão e editada pela L&C Editora, que sempre chegava às bancas com um disco independente.

Sérgio Dias nunca desistiu de ser um Mutante, mas por um bom tempo precisou se acostumar com a ideia de que havia se tornado um artista solo. Em 1980, o guitarrista lançou seu primeiro álbum, *Sérgio Dias*, onde se mostrava bastante eclético, indo do funk ao reggae e do rock progressivo ao samba. Depois de terminar seu relacionamento com Eunice, ele se mudou para os Estados Unidos, onde participou como ator no filme musical "Johnny Love", que também teve músicas de sua autoria. Na volta ao Rio, conheceu Maria de Lourdes Lemos Borges, uma moça que, quando tinha 11 anos, dizia que ia se casar com o guitarrista dos Mutantes a quem ela assistiu no Festival da Canção de 1968. Lourdinha virou produtora e começou a frequentar eventos musicais, mas nunca esbarrou com seu "primeiro amor". Na verdade, os caminhos se cruzavam, ao mesmo tempo que se desviavam. Entre outras coincidências, Lourdinha alugou a casa em Florianópolis, em 1977, onde os Mutantes haviam estado, no dia seguinte da banda sair de lá (e deixar uma bagunça tremenda). Anos depois, ela teve como terapeuta Eunice, sem saber que ela era a esposa de Sérgio. A cliente ligava para remarcar o horário e falava com o ex-Mutante sem notar. Separados de seus respectivos cônjuges desde 1985, os pombinhos

albums of Arnaldo and Mutantes. Impressed by the story of the Brazilian band, Kurt Cobain wrote him a note on the stationary of the hotel he was staying and asked the producers to take it to the former Mutante. In the note, Cobain told the musician not to let anyone discourage him, after all, he remained firm during the dictatorship and he was a genius. In 1996, Arnaldo signed a contract with Virgin, which released the album in CD format, containing an unreleased recording of "Balada do Louco" especially for the album, produced by Guto Graça Mello. In 2004, encouraged by the guitarist of the band Pato Fu and producer John Ulhoa, Arnaldo recorded *Let It Bed* also playing all the instruments and released the CD through OutraCoisa, a magazine founded by the musician Lobão and edited by L & C Publisher, which would hit the newstands with an independent record included in it.

Sérgio Dias never gave up being a Mutante, but for a long time he had to get used to the idea that he had become a solo artist. In 1980, the guitarist released his first album, *Sérgio Dias*, where he was quite eclectic, going from funk to reggae and from progressive rock to samba. After ending his relationship with Eunice, he moved to the United States, where he participated as an actor in the musical film "Johnny Love", which also had songs of his own. Upon his return to Rio de Janeiro, he met Maria de Lourdes Lemos Borges, a girl who, when she was 11 years old, said she was going to marry the Mutantes' guitarist after attending their performance at the 1968 Song Festival. Lourdinha became a producer and started going to musical events, but never bumped into her "first love".

tiveram a ajuda do destino, que armou o encontro dos dois na casa de uma amiga em comum, em 1989. Daquele dia em diante, Serginho e Lourdinha não se desgrudaram mais. Foram morar juntos e oficializaram a união dez anos depois, em 1999, em um cartório. Em 2006, realizaram o sonho de se casar na Igreja em Paris, na Saint Eustache. Virgínia, filha de Lourdinha com o músico Luiz Keller, ganhou um segundo pai aos cinco anos e o definitivo após o falecimento do seu, em 1998, quando ela tinha 15 anos. Ao lado da família que ganhou, Sérgio fez discos em português e em inglês. Com Phil Manzanera, produtor britânico e ex-guitarrista das bandas Quiet Sun e Roxy Music, lançou em 1990 o álbum *Mato Grosso*, voltado para o rock progressivo e inspirado na floresta amazônica. *Mind Over Matter* saiu em 1991. Seis anos depois, Sérgio gravou *Song of the Leopard*. Em 2000, os fãs do ex-Mutante conheceriam *Estação da Luz*, seu disco mais celebrado. *Jazz Mania Live*, de 2003, foi o resultado de uma apresentação na casa de shows carioca Jazz Mania.

Durante todo esse tempo, Sérgio pulou de casa em casa e morou em vários lugares. Do Rio, onde viveu com Eunice, foi para Nova York. Depois, voltou para o Rio de Janeiro e construiu uma casa em Araras, região serrana do estado. Quando se estabeleceu em São Paulo novamente, em 2002, montou ao lado de sua casa, na Granja Viana, um estúdio de 115 metros quadrados com quatro salas, uma delas só para gravar bateria e uma só para registro de voz. O equipamento era de ponta, com direito a uma mesa CCDB 44, construída por Cláudio César, que a essa altura tinha virado escritor e divulgava seu projeto literário mais

In fact, their paths crossed, at the same time that they deviated. Among other coincidences, Lourdinha rented the house in Florianópolis in 1977 where Mutantes had been literally the day after the band had left (leaving a huge mess). Years later, she had Eunice as a therapist, unaware that she was Sérgio's wife. As a client, she had called to reschedule appointments and spoke with the ex-Mutante without knowing it was him. Separated since 1985, fate decided to help the lovebirds, allowing them to meet in the house of a mutual friend, in 1989. From that day on, Serginho and Lourdinha stuck together. They lived together and officialized the union ten years later, in 1999, in a notary's office. In 2006, they made the dream of getting married in a church come true in the Saint Eustache Church in Paris. Virgínia, Lourdinha's daughter with musician Luiz Keller, got a second father at the age of five and he became the only one after Luiz's death in 1998, when she was 15 years old. With his new family by his side, Sérgio released albums in Portuguese and English. In 1990, with Phil Manzanera, British producer and former guitarist of the bands Quiet Sun and Roxy Music, he released the progressive rock album *Mato Grosso*, inspired by the Amazon rainforest. *Mind Over Matter* came out in 1991. Six years later, Sérgio released *Song of the Leopard*. In 2000, fans of the former Mutante would know *Estação da Luz ("Luz Station")*, his most celebrated album. *Jazz Mania Live*, from 2003, was the result of a performance at the Jazz Mania concert venue in Rio de Janeiro.

During all this time, Sérgio moved from house to house and lived in many places. From Rio, where he lived with Eunice, he went to New York. Later, he

ambicioso: uma saga interplanetária intitulada "Géa", em doze volumes, com mais de 1.200 personagens apresentados em mais de 3.000 páginas e com o uso de mais de 30 mil palavras diferentes (para a compreensão, o leitor deve acompanhar o "Livro Treze", um glossário muito extenso). Foi lá, na Granja Viana, que, três anos depois, aconteceu o que ninguém esperava mais: uma nova reunião dos Mutantes, desta vez com Arnaldo Baptista no teclado e Dinho Leme na bateria.

O reencontro se deu por mera obra do acaso. Culpa da falha na comunicação do Barbican Theatre, casa de espetáculo por onde já passaram nomes como Frank Zappa, Ennio Morricone e Donovan. Localizado numa área residencial no centro de Londres – devastada durante a Segunda Guerra Mundial – o Barbican Centre é um complexo cultural inaugurado em 1982. Em 2006, o teatro sediaria um evento de celebração à Tropicália intitulado "Tropicalia: A Revolution in Brazilian Culture". Em uma entrevista, o curador do evento comentou que não havia convidado os Mutantes porque a banda não existia mais. Ninguém sabe como, mas o que saiu na mídia local foi justamente o contrário: que a banda estaria se preparando para voltar. Sérgio foi procurado por um jornalista de Londres e descobriu através dele que havia um movimento a favor dos Mutantes. Conversando com Dinho, que não pegava em uma baqueta desde que saiu da banda, 30 anos atrás, ouviu o baterista dizer que poderia tentar tocar. Sérgio não teve dúvida: fez contato com Arnaldo, Rita e Liminha na tentativa de resgatar a banda dos tempos tropicalistas.

Ainda colhendo frutos do DVD gravado em

returned to Rio de Janeiro and built a house in Araras, in the mountain region of the state. When he settled in São Paulo again in 2002, he set up a 115-square-meter studio with four rooms next to his house in Granja Viana, one of which was only for recording drums and another one just for vocals. The equipment was cutting-edge, with a CCDB 44 table, built by Cláudio César, who by then had become a writer and published his most ambitious literary project: an interplanetary saga entitled "Géa," in twelve volumes, with more than 1,200 characters presented in more than 3,000 pages and with the use of more than 30 thousand different words (for more information on this, the reader must follow "Livro Treze" ("Book Thirteen"), a very extensive glossary). It was there, at Granja Viana, that, three years later, what no one expected happened: a new reunion of Mutantes, this time with Arnaldo Baptista on the keyboard and Dinho Leme on the drums.

The reunion happened purely by chance. It was due to a failure in the communication of the Barbican Theater, a concert venue that had already featured names such as Frank Zappa, Ennio Morricone, Marianne Faithfull and Donovan. Located in a residential area in central London – devastated during World War II – the Barbican Centre is a cultural complex opened in 1982. In 2006, the theater would host an event celebrating Tropicália entitled "Tropicalia: A Revolution in Brazilian Culture". In an interview, the curator of the event commented that he had not invited Mutantes because the band did not exist anymore. Nobody knows how, but what came out in the local media was just the opposite: that the band would be preparing to return. Sérgio

2004, *Rita Lee MTV Ao Vivo*, Rita não quis participar. Envolvido com produções de discos do mundo do pop e do rock desde 1977, ramo no qual se destacou depois que saiu dos Mutantes, Liminha também preferiu ficar de fora. Arnaldo adorou a ideia e aprovou na hora a sugestão de Sérgio de convidar Zélia Duncan, cuja carreira era bem-sucedida desde 1994, quando ela estourou com a canção "Catedral" nas rádios do Brasil. Grande fã dos Mutantes, a cantora nascida em Niterói, antiga capital do Rio de Janeiro, sempre se mostrou uma artista versátil em seus diversos trabalhos. Zélia cantaria sem nenhuma intenção de imitar Rita Lee e tocaria instrumentos de percussão. O convite foi feito, mas, antes de assumir, ela fez questão de entrar em contato com sua musa inspiradora. Zélia sempre admirou Rita e, em 2000, realizou o sonho de compor uma música com ela, o supersucesso "Pagu", que entrou no álbum *3001*, de Rita. Em 2004, foi convidada por Rita para participar da gravação do show da MTV que viraria CD e DVD, dividindo o vocal na canção que virou hino feminista (e, em 2003, foi regravada pela filha de Elis Regina, Maria Rita, em sua estreia em disco). Rita deu seu aval, mas depois, além de não dar mais bola para a parceira, alfinetou o retorno dos Mutantes em entrevista ao jornal O Globo: "Desconfio de revivals, parece um bando de velhinhos espertos tentando descolar grana para pagar seus geriatras". Ao que Sérgio respondeu, meio chateado, mas tentando colocar panos quentes: "Posso, no mínimo, pedir a ela o endereço do geriatra pra gente se recompor tão bem quanto ela... Espero que ela entenda que é brincadeira. E aí, vovó, quando você

was approached by a journalist from London and discovered through him that there was a movement in favor of Mutantes' comeback. While talking to Dinho, who had not picked up a drumstick since leaving the band 30 years before, he heard the drummer say that he could try to play. Then, Sérgio had no doubt: he contacted Arnaldo, Rita and Liminha in an attempt to bring the band from the *tropicalista* times to the event.

Still reaping the fruits from the DVD recorded in 2004, *Rita Lee MTV Ao Vivo ("Rita Lee MTV Live")*, Rita did not want to participate. Liminha also preferred to stay out as he had been involved in pop and rock record production since 1977, an area in which he did well for himself after leaving Mutantes. Arnaldo loved the idea and approved Sérgio's suggestion to invite Zélia Duncan, whose career had been successful since 1994, when she came out with the song "Catedral" ("Cathedral") in Brazilian radio. A big fan of Mutantes, the singer who was born in Niterói, former capital of the state of Rio de Janeiro, has always been a versatile artist in her diverse *oeuvre*. Zélia would sing with no intention of imitating Rita Lee and she would play percussion instruments. The invitation was made, but before she took it, she made a point of contacting her inspiring muse. Zélia has always admired Rita and, in 2000, made the dream of writing a song with her come true, the superhit "Pagu" (the nickname of Patrícia Galvão, a Brazilian journalist and political activist) that entered the album *3001*. In 2004, she was invited to participate in Rita's recording of the MTV show that would become a CD and DVD sharing the vocals in the song that became a feminist anthem (and in 2003 was

vai aparecer e dar uma canja com a gente?", insistiu o guitarrista, que nunca desistiu de ver a formação original novamente reunida.

Nem Sérgio entendeu o comportamento de Rita, afinal, o problema dela sempre foi com Arnaldo e não com ele. No segundo semestre de 1985, ela convidou Serginho para acompanhar sua banda – que contava, claro, com Roberto de Carvalho – em "Vírus do Amor", "On The Rocks" e "Yê-Yê-Yê" durante seu show na terceira eliminatória do Festival dos Festivais, gravado pela TV Globo no Ginásio do Ibirapuera e transmitido pela emissora. O guitarrista ainda participou de algumas faixas do álbum *Rita e Roberto*, lançado naquele mesmo ano. Em 1992, em uma das apresentações da turnê do álbum *Bossa'n'Roll*, de Rita, Sérgio tocou com ela, relembrando os velhos tempos de Mutantes. Arnaldo também participaria deste show, convidado pela ex-mulher. Na véspera, Rita disse ao Jornal da Tarde: "Convidei Sérgio e Arnaldo, mas sem a intenção de fazer os Mutantes voltarem. A intenção é de voltar como amigo, de fazer aquelas brincadeiras todas que a gente fazia. Com o Sérgio, já estou em contato há mais tempo. Já rolou uma choradeira desgraçada. Acho que é uma época boa para reatar os laços de amizade, a espiritualidade da gente". No entanto, o tiro saiu pela culatra. Houve um desentendimento entre a produção e a esposa de Arnaldo, Lucinha, e ele nem chegou a aparecer na casa de shows. Provavelmente, Rita se arrependeu desta tentativa de perdoar o ex pelo sofrimento que ele lhe causou. Em 2007, quando comemorava 40 anos de carreira lançando "Biograffiti", uma caixa com três DVDs docu-

re-recorded by Elis Regina's daughter Maria Rita in her debut album). Rita gave her endorsement, but then, in addition to not paying any more heed to the partner, jibed at the return of Mutantes in an interview to newspaper O Globo: "I am suspicious of revivals, it seems like a bunch of cunning old men trying to make money to pay their geriatricians". To which Sérgio replied, a little annoyed, but trying to smooth the situation over: "Can I at least ask her for her geriatrician's address so that we can recover as well as her... I hope she understands that it's a joke. Will you come and jam with us, grandma?", insisted the guitarist, who never gave up on seeing the original lineup assembled again.

Not even Sérgio understood Rita's behavior, after all, her problem was always with Arnaldo and never with him. In the second half of 1985, she invited Serginho to accompany her band – which had, of course, Roberto de Carvalho – in "Vírus do Amor" ("Virus of Love"), "On The Rocks" and "Yê-Yê-Yê" during their third round show of the Festival dos Festivais ("Festival of the Festivals"), recorded by Globo TV in the Ibirapuera Gymnasium and broadcasted by the station. The guitarist still participated in some tracks of the album *Rita e Roberto*, released that same year. In 1992, in one of the performances of Rita's *Bossa'n'Roll* album, Sérgio played together with her, reminiscing of the old days of Mutantes. Arnaldo was also going to participate in this show, invited by his ex-wife. The day before, Rita told Jornal da Tarde: "I invited Sérgio and Arnaldo, but without the intention of making the Mutantes come back. The intention is to return as friends, to kid around like we used to. With Sérgio, I've been in

mentais, Rita listou os momentos mais marcantes de sua história com a música: "O festival da TV Record de 1967, acompanhando Gilberto Gil em 'Domingo no Parque'; quando fui expulsa dos Mutantes e passei a compor sozinha; a formação do Tutti Frutti; o começo da minha parceria com Roberto de Carvalho; o resto ainda está para acontecer", disse ela a mim, em uma entrevista publicada no jornal Extra. Voltar com os Mutantes não estaria nos seus planos para o futuro.

Sem Rita, a ideia da nova formação dos Mutantes para o show do Barbican era montar um repertório com os sucessos de antigamente, mas reproduzir os arranjos de Duprat no palco seria impossível só com os quatro e um baixista que eles ainda convidariam. Sérgio, então, começou a fazer os convites a uma turma de músicos com os quais já vinha se relacionando. Além de Vinícius Junqueira no baixo, aderiram ao projeto Henrique Peters (teclados, flauta doce, vocal), Vitor Trida (teclados, flautas, viola, cello e vocal), Fábio Recco (vocal e percussão), Simone Soul (percussão) e Esmérya Bulgari (vocal e percussão). Simone chegou à trupe por indicação. Henrique fazia parte de uma banda de Curitiba chamada Black Maria, que teve um disco produzido por Sérgio. Vitor vinha se aproximando do guitarrista, que lhe deu aulas. Fábio fazia parte da banda que acompanhava Sérgio desde 1993. Esméria – que só neste álbum do Barbican trocou uma letra de seu nome – subiu ao palco pela primeira vez com o ex-Mutante na turnê no álbum *Estação da Luz*, em 2001. Vinícius era velho conhecido de Araras. Amigo de Virgínia, filha de Lourdinha, ele impressionou Sérgio ao ensaiar com sua banda

contact for some time. We've already cried over it. I think it's a good time to renew the bonds of friendship, the spirituality among us". However, the shot backfired. There was a misunderstanding between the production and Arnaldo's wife, Lucinha, and he did not show up at the venue. Rita probably regretted this attempt to forgive her ex for the pain he caused her. In 2007, when she celebrated her 40th career anniversary by releasing *Biograffiti*, a box with three documentary DVDs, Rita listed the most remarkable moments of her music history: "The Record TV Festival of 1967, accompanying Gilberto Gil in 'Domingo no Parque'; when I was kicked out of Mutantes and began to write alone; forming Tutti Frutti; the beginning of my partnership with Roberto de Carvalho; the rest is yet to happen," she told me in an interview published at Extra newspaper. Getting back with Mutantes was not among her plans for the future.

Without Rita, the idea of the new Mutantes line-up for the Barbican show was to put together a repertoire of old-time hits, but replicating Duprat's arrangements on stage would be impossible with only four members and they still had to invite a bass player. Sérgio began to make the invitations to musicians with whom he had already been in contact. Besides Vinícius Junqueira on bass, Henrique Peters (keyboards, flute, vocals), Vitor Trida (keyboards, flutes, viola, cello and vocals), Fábio Recco (vocals and percussion), Simone Soul (percussion) and Esmérya Bulgari (vocals and percussion) joined the project. Simone joined the group through an indication. Henrique was part of a Curitiba band called Black Maria, which had a record that was

no estúdio dele. Quando a família se mudou para São Paulo, o baixista foi junto e logo estava tocando com Sérgio. Durante dois meses, a banda de base ensaiou incansavelmente, de domingo a domingo, com Sérgio, Arnaldo e Dinho relembrando tudo na maior empolgação. Como morava no Rio e tinha compromissos de sua carreira para cumprir, Zélia não ia todos os dias, mas dava conta quando aparecia. Dinho chegava sempre quatro horas antes de começar o ensaio para ficar estudando bateria e poder pegar o ritmo novamente. Valeu a pena o esforço. "Eu fiz coisas mais bonitas do que fazia antigamente, coisas que não tinha coragem de fazer ou o arranjo de orquestra (do Duprat) não permitia", conta Dinho. Além de ter ficado satisfeito com a própria atuação, o bateria ainda recebeu um baita elogio de um dos funcionários do Barbican: "Fantastic drums!", exclamou o francês em um inglês meio torto.

Já fazia três meses que o "Tropicalia: A Revolution in Brazilian Culture" vinha celebrando o movimento musical que fez história no Brasil 40 anos antes. Em 22 de maio de 2006, uma segunda-feira, duas mil pessoas lotaram a sala de concerto do Barbican Centre para assistir aos Mutantes apresentando 21 músicas em quase duas horas de show. A expectativa era grande. Muitos dos presentes sabiam que fazia 30 anos que os irmãos Dias Baptista não pisavam no mesmo palco. Os próprios músicos não imaginavam qual seria a reação de Arnaldo – que desde que se recuperou do acidente ficou com um comportamento infantil – a uma plateia tão grandiosa. Fora isso, a escolha de Zélia Duncan como a voz

produced by Sérgio. Vitor had begun to be close to the guitarist, who had given him lessons and ended up thinking that he could complete the team. Fábio was part of the band that backed Sérgio up since 1993. Esméria – who only for this Barbican album changed the "y" for the "i" in her name – first appeared on stage with the former Mutante on the *Estação da Luz* album tour in 2001. Vinícius was old acquaintance from Araras. He was a friend of Virgínia, Lourdinha's daughter, and he impressed Sérgio when rehearsing with his band in his studio. When the family moved to São Paulo, the bass player went along and he was soon playing with Sérgio. For two months, the back up band rehearsed tirelessly, from Sunday to Sunday, and Sérgio, Arnaldo and Dinho reminiscing in the utmost excitement. Since she lived in Rio and had career commitments to fulfill, Zélia did not go every day. Dinho would always arrive four hours before the start of the rehearsal to study drums and to be able to pick up the rhythm again. It was worth the effort. "I did more beautiful things than I used to do, things I did not have the courage to do or that (Duprat's) orchestra arrangement would not allow," says Dinho. In addition to being satisfied with his performance, the drummer still received a compliment from one of the staff of the Barbican: "Fantastic drums!," exclaimed a French in broken English.

It had been three months since the "Tropicalia: A Revolution in Brazilian Culture" had been celebrating the musical movement that made history in Brazil 40 years earlier. On May 22, 2006, a Monday, two thousand people packed the concert hall of the

feminina da banda não era unanimidade entre os fãs dos Mutantes. Com seu timbre grave, a cantora nunca faria o que Rita sempre fez. No entanto, essa não era mesmo a ideia. Enquanto ela cantava do seu jeito, Esmérya ajudava quando os agudos eram necessários. Deu tudo mais do que certo. Segundo uma matéria do correspondente do jornal O Globo em Londres, Fernando Duarte, a plateia fez barulho da hora em que Sérgio entrou para ajustar seus pedais até o momento em que o grupo saiu do palco, com Arnaldo dando uma cambalhota. O show ainda contou com a participação de duas figuras da cena musical norte-americana em "Bat Macumba": o cantor e compositor de ascendência venezuelana Devendra Banhart e o produtor e multiinstrumentista Noah Georgeson emprestaram suas vozes e sua energia, pulando sem parar enquanto cantavam os versos concretistas da canção de Caetano Veloso e Gilberto Gil ou assistiam ao poderoso solo de guitarra de Sérgio Dias.

O show foi fantástico, tanto para os músicos quanto para o público. No dia seguinte, caminhando por Londres, Arnaldo foi abordado por um fã que havia estado na plateia do Barbican: "Eu te vi na noite passada e vocês são maravilhosos! Eu sou dos Estados Unidos e minha família, do México. Escutei a música de vocês através de David Byrne. Um amigo foi ao Brasil e eu disse: 'Por favor, traga discos deles para mim'. E ele trouxe! Eu trouxe tanta gente para ver o show, ontem... Eu disse a eles: 'É música psicodélica do Brasil, mas faz The Byrds parecer banda de garagem. Eles são mais interessantes que The Byrds'". A cena foi captada espontaneamente pelo diretor Paulo

Barbican Centre to watch the Mutantes performing 21 songs in an almost two-hour concert. The expectation was great. Many of those present knew that the Dias Baptista brothers had not stepped on a stage together for 30 years. The musicians themselves did not know what Arnaldo's reaction would be to such a grandiose audience, because since he had recovered from the accident, he was presenting a child-like behavior. Other than that, the choice of Zélia Duncan as the female voice of the band was not unanimous among the fans of Mutantes. With her low timbre, the singer would never do what Rita always did. However, that was not even the idea. While she sang in her own way, Esmérya helped when the high notes were extremely necessary. Everything went more than well. According to a report from the correspondent of the O Globo newspaper in London, Fernando Duarte, the audience cheered from the time Sérgio entered to adjust his pedals until the moment the group left the stage, when Arnaldo did a somersault. The concert also featured two artists from the North American music scene in "Bat Macumba": Venezuelan descendant singer-songwriter Devendra Banhart and producer and multi-instrumentalist Noah Georgeson lent their voices and energy, jumping non-stop as they sang the verses of concretist inspiration of the song by Caetano Veloso and Gilberto Gil or watched Sérgio Dias's powerful guitar solo.

The show was fantastic for both the musicians and the audience. The next day, while walking through London, Arnaldo was approached by a fan who had been in the audience at the Barbican: "I saw you last night and you were amazing! I come from the U.S.A.

Henrique Fontenelle, que filmava Arnaldo quando o fã lhe interceptou. David Byrne foi mencionado por causa do CD *The Best of Mutantes – Everything is Possible!*, uma coletânea de sucessos que o fundador do Talking Heads e pesquisador produziu nos Estados Unidos em 1999 e que, além de ajudar no resgate da banda para a história da música brasileira, apresentou-a aos fãs de rock e psicodelia no exterior. O disco foi lançado pela gravadora de Byrne, Luaka Bop, em parceria com a Universal Music, dentro da coleção *World Psychedelic Classics 1: Brazil.*

Mutantes Ao Vivo – Barbican Theatre, Londres virou um CD e um DVD, que foram lançados no final de 2006 no Brasil através da Sony & BMG, gravadora que nunca teve relação com os Mutantes (o legado ficou todo com a Universal Music), mas entrou em contato com Sérgio assim que um diretor artístico leu a primeira matéria publicada sobre a reunião dos músicos. Zélia Duncan foi "cedida gentilmente pela Universal Music". Idealizada por Sérgio e executava por Luciano Cury, a capa tem todo um significado especial: dois triângulos da Rosa-cruz englobam quatro círculos, que representam Sérgio, Arnaldo, Dinho e Zélia e, entrelaçados, fazem uma intersecção, enquanto a borboleta simboliza a a mutação. A arte foi indicada na categoria "Melhor Capa" da oitava edição do Grammy Latino, realizado em 8 de novembro de 2007, e o disco concorreu ao prêmio de "Melhor Álbum Brasileiro". A disputa tinha ainda as bandas brasileiras Capital Inicial, NX Zero e CPM 22, mas quem levou o troféu foi Lobão com seu *Acústico MTV.* A capa de *Mutantes Ao Vivo – Barbican Theatre, Londres* concorreu com a

and my family is from Mexico. I heard your music from David Byrne. A friend went to Brazil and I said: 'Please, bring some of their records and he brought it to me. I brought so many people to see your show... I told them: 'It's psychedelic music from Brazil, but it makes The Byrds sounds like a garage band'". The scene was spontaneously captured by the director Paulo Henrique Fontenelle, who was filming Arnaldo when the fan intercepted him. David Byrne was mentioned because of the CD *The Best of Mutantes – Everything is Possible!*, a collection of hits that the founder of Talking Heads and researcher produced in the United States in 1999 and, besides helping to recover the band for the history of Brazilian music, also presented it to rock and psychedelia fans abroad. The album was released by Byrne's label, Luaka Bop, in a partnership with Universal Music, in the collection *World Psychedelic Classics 1: Brazil.*

The show became a CD and a DVD, which were released at the end of 2006 in Brazil through Sony & BMG, a label that had never had any relationship with Mutantes (their legacy was all with Universal Music), but had contacted Sérgio when an artistic director read the first published article about the musicians' reunion. Zélia Duncan was "kindly lent by Universal Music". Idealized by Sérgio and executed by Luciano Cury, the cover has a special meaning: two triangles of the Rosicrucian order comprise four circles, representing Sérgio, Arnaldo, Dinho and Zélia and, interlocked, they intersect, while the butterfly represents the mutation. The art cover was nominated for the "Best Recording Package" category of the 8th Annual Latin Grammy Awards, held on November 8, 2007, and the

de Gringo Cardia para o DVD *Biograffiti*, de Rita Lee (que ironia!), e com a de outros nomes latino-americanos. Quem ganhou foi *Los Vallenatos de Andrés*, uma compilação de vários artistas colombianos cuja arte foi assinada por Catalina Díez.

Nos extras do DVD, há um breve documentário sobre a turnê, clipes e uma galeria de fotos. Integrados também durante os meses que se seguiram, os quatro ainda fizeram uma apresentação fechada para convidados da TV Globo, que a registrou e a exibiu no programa "Fantástico". Em 2007, foram a atração principal do show de aniversário de 453 anos de São Paulo no Parque Ibirapuera, onde receberam Tom Zé para participações em "2001" e "Qualquer Bobagem" e foram ovacionados por 50 mil pessoas. No mesmo ano, fizeram outros shows, inclusive um no Circo Voador, no Rio. Juntos, em dezembro de 2006, deram várias entrevistas a diversos veículos de imprensa. Para mim, na época repórter de música do jornal Extra, Arnaldo confessou: "Sempre me perguntam o que aconteceu com Rita e, agora, eu falo: mandei ela ir embora. Disse que não queria mais ela nos Mutantes". Sérgio contemporizou o rompante do irmão: "Rita foi generosa com todos, quando Zélia ligou para ela falando que ia cantar conosco". Zélia reforçou seu papel de convidada e não de substituta: "Já superei as dificuldades nos ensaios e não me sinto imitando a Rita ou em seu lugar. Ela está sempre muito presente aqui. Ela foi criadora disso tudo". A entrevista foi encerrada com uma declaração de amor de Sérgio ao irmão mais velho, com quem não se encontrava há três anos: "Arnaldo é o cara que eu imitava quando era

album competed for the "Best Brazilian Rock Album". The dispute still had the Brazilian bands Capital Inicial, NX Zero and CPM 22, but it was Lobão who got the prize with his *Acústico MTV ("MTV Unplugged")*. The cover of *Mutantes Ao Vivo – Barbican Theatre, Londres ("Mutantes Live – Barbican Theater, London")* competed with Gringo Cardia's DVD *Biograffiti*, by Rita Lee (the irony!), and other Latin American artists. The winner was *Los Vallenatos de Andrés*, a compilation of several Colombian artists whose art was done by Catalina Díez.

In the DVD extras, there is a short documentary about the tour, music videos and a photo gallery. Also integrated during the months that followed, the four still made a closed performance to guests from Globo TV, which filmed and aired it on "Fantástico", the Sunday night TV show. In 2007, they were the main attraction of São Paulo's 453-year anniversary show at Ibirapuera Park, where they received Tom Zé for a participation in "2001" and "Qualquer Bobagem" ("Any Foolishness") and were cheered by 50,000 people. In that same year, they did other shows, including one at Circo Voador in Rio. Together, in December 2006, they gave several interviews to various media outlets. To me (at the time I was music reporter for Extra newspaper), Arnaldo confessed: "They always ask me what happened to Rita and now I say: I told her to leave. I said I did not want her in Mutantes anymore". Sérgio alleviated his brother's outburst: "Rita was generous with everyone, when Zélia called her and said she was going to sing with us". Zélia reinforced her role as a guest and not a substitute: "I have overcome difficulties in rehearsals and I don't feel like I'm imitating Rita

pequeno, é o amor da minha vida. Acho que perdemos muito tempo com bobagens".

A turnê de *Mutantes Ao Vivo – Barbican Theatre, Londres* rodou diversas cidades no Brasil e voltou à Inglaterra, onde a banda começou a se dissolver de novo. Arnaldo Baptista ficou nervoso durante uma discussão com a esposa, Lucinha, e preferiu ir embora com ela a seguir com a banda para Liverpool. Sérgio Dias ficou arrasado, pois sabia que, dali em diante, o irmão voltaria a seu isolamento no sítio de Juiz de Fora e eles passariam a se falar cada vez menos. O show na cidade dos Beatles aconteceu mesmo sem Arnaldo, com Sérgio tendo que correr para ensinar as partes dele para Henrique. Logo depois, Zélia Duncan também precisou se desgarrar dos Mutantes para cuidar de sua carreira e dos projetos que estava tocando paralelamente.

or taking her place. She is always very present here. She was the creator of it all". The interview ended with a declaration of love from Sérgio to his older brother, whom he had not seen for three years: "Arnaldo is the guy I used to imitate when I was little, he's the love of my life. I think we wasted a lot of time with nonsense".

Mutantes Ao Vivo – Barbican Theatre Londres ("Mutantes Live – Barbican Theatre London") tour went to several cities in Brazil and returned to England, where the band began to dissolve again. Arnaldo Baptista got angry during an argument with his wife, Lucinha, and preferred to leave with her than to go on with the band to Liverpool. Sérgio Dias was devastated, for he knew that from then on his brother would return to his isolation in the farm in Juiz de Fora and they would talk less. The concert in the city of the Beatles happened without Arnaldo, with Sérgio having to rush to teach Henrique his part. Soon after, Zélia Duncan also needed to tear herself away from the Mutantes to take care of her own career and parallel projects.

Tracklist: Mutantes Ao Vivo – Barbican Theatre, Londres

CD 1

1 Dom Quixote Arnaldo Baptista e Rita Lee 3:54
2 Caminhante Noturno Arnaldo Baptista e Rita Lee 5:29
3 Ave, Gengis Khan Arnaldo Baptista, Rita Lee Sérgio Dias 4:29
4 Tecnicolor Arnaldo Baptista, Rita Lee e Sérgio Dias 5:22
5 Virgínia Arnaldo Baptista, Rita Lee e Sérgio Dias 3:43
6 Cantor de Mambo Arnaldo Baptista, Rita Lee e Élcio Decário 5:39
7 El Justiciero Arnaldo Baptista, Rita Lee e Sérgio Dias 6:54
8 Baby Caetano Veloso / Versão: Mutantes 3:35
9 I'm Sorry, Baby (Desculpe, Babe) Arnaldo Baptista e Rita Lee 3:18
10 Top Top Liminha, Arnaldo Baptista, Rita Lee e Sérgio Dias 2:56
11 Dia 36 Johnny Dandurand, Arnaldo Baptista, Rita Lee e Sérgio Dias 3:39

CD 2

1 Fuga Nº II Arnaldo Baptista, Rita Lee e Sérgio Dias 3:02
2 Le Premier Bonheur du Jour Jean Renard e Frank Gerald 2:41
3 Dois Mil e Um Rita Lee e Tom Zé 3:58
4 Ave Lúcifer Arnaldo Baptista, Rita Lee, Élcio Decário 2:34
5 Balada do Louco Arnaldo Baptista e Rita Lee 5:36
6 I Feel a Little Spaced Out (Ando Meio Desligado) Arnaldo Baptista, Rita Lee e Sérgio Dias 7:03
7 A Hora e a Vez do Cabelo Nascer (Cabeludo Patriota) Liminha, Arnaldo B., Rita Lee e Sérgio Dias 3:58
8 A Minha Menina Jorge Ben 4:57
9 Bat Macumba Gilberto Gil e Caetano Veloso 5:02
10 Panis et Circenses Gilberto Gil e Caetano Veloso 6:59

Mutantes Ao Vivo – Barbican Theatre, Londres · 2006

Haih...
Or
Amortecedor...
Os
MVTANTES

Haih or Amortecedor
2009

Desde o lançamento do Ao Vivo, em 1976, que não se ouvia falar de um álbum de canções inéditas dos Mutantes quando foi anunciado o lançamento de *Haih or Amortecedor* (que, na contracapa tem a tradução para o português *Haih ou Amortecedor*), em 2009, nos Estados Unidos. Desde que decidiu retomar a banda para o show no Barbican, Sérgio planejava produzir algo inédito. Com garra de um Mutante, não desistiu quando viu seu plano desmoronar com a saída do irmão e de Zélia da banda.

Sérgio pensou em reformular o grupo trazendo de volta a essência de antigamente. Para isso, convidou o ex-baixista dos Mutantes, Liminha, para produzir um novo álbum e convocou todos os outros músicos para um encontro em sua casa, em São Paulo, no final de 2007. Com a saída de Zélia, Sérgio não teve dúvida de que Esméria seria a vocalista perfeita para seguir com ele na banda. No entanto, a paulista de Ribeirão Preto estava exausta e estressada com todos os desgastes da turnê e disse não. Liminha, então,

Since the release of *Ao Vivo* ("Live") in 1976 there was any mention of an album with new songs from Mutantes when the release of *Haih or Amortecedor* (which has the translation to Portuguese, *Haih ou Amortecedor*, on the back cover) was announced in 2009 in the United States. Ever since he decided to return to the Mutantes for the show at the Barbican, Sérgio planned to produce something new. With a Mutante's determination, he did not give up when he saw his plan crumble after his brother and Zélia left the band.

Sérgio thought of reformulating the group, bringing back the essence of the old times. To do so, he invited former Mutantes bass player Liminha to produce a new album and called everyone for a meeting at his home in São Paulo at the end of 2007. With the departure of Zélia, Sérgio had no doubt that Esméria would be the perfect singer to go on with him in the band. However, the singer from Ribeirão Preto, in São Paulo, was exhausted and stressed out

indicou para o posto de cantora Karina Zeviani, uma carioca radicada nos Estados Unidos que cantava com a dupla Thievery Corporation. Karina chegou a frequentar alguns ensaios, mas a química não foi tão perfeita quanto todos imaginaram. Um dia, sem pensar duas vezes, Sérgio ligou para Bia Mendes para convidá-la a gravar a música "Mutantes Depois", que os Mutantes lançariam nas plataformas digitais. A canção seria a primeira inédita depois de mais de três décadas e entraria na trilha sonora da novela "Os Mutantes – Caminhos do Coração", da Rede Record, em 2008. Sérgio nunca havia ouvido a voz da cantora paulistana, mas já tinha escutado falar do potencial da então esposa de Fábio Recco, o percussionista do show no Barbican. Fora isso, Bia já era íntima da trupe desde que viajou com os Mutantes para a Inglaterra. Agora já com as baquetas em forma, Dinho Leme continuou disposto a tocar. A banda estava montada, mas logo Liminha ia perceber que, depois de tantos anos, as diferenças entre ele e Sérgio não permitiriam que trabalhassem juntos novamente. Sérgio, então, assumiu a direção do projeto e a produção do novo disco, que se chamaria *Amortecedor.*

Depois de anos apegado a uma Fender Stratocaster, Sérgio havia resgatado a Régulus II para o show do Barbican e, depois, seguiu se apresentando com ela nos shows da turnê do álbum ao vivo. No entanto, a famosa Guitarra de Ouro já vinha apresentando problemas difíceis de resolver depois que Cláudio César Baptista abandonou a eletrônica para se dedicar somente à saga literária "Géa". Sérgio, então, resolveu criar um novo instrumento para si mesmo

with all the wearing and tearing of the tour and said no. Liminha then nominated Karina Zeviani, a United States-based carioca singer who participated in shows of the duo Thievery Corporation. Karina even went to some rehearsals, but the chemistry was not as perfect as everyone imagined it would be. One day, without thinking twice, Sérgio called Bia Mendes and invited her to record the song "Mutantes Depois" ("Mutantes Later"), which the band would release on digital platforms. The song would be the first unreleased single after more than three decades and it would enter the soundtrack of the Rede Record TV channel soap opera "Os Mutantes – Caminhos do Coração" ("Os Mutantes – Paths of the Heart") in 2008. Sérgio had never heard the voice of the singer from São Paulo, but had already heard of the potential of the then wife of Fabio Recco, the percussionist of the show at the Barbican. Other than that, Bia had been friendly with the group since the trip to England. Now "back on his game" with the drums, Dinho Leme continued to play. The band was set up, but soon Liminha would realize that, after so many years, the differences between him and Sérgio would not allow them to work together again. Sérgio then took over the direction of the project and the production of the new album, which would be called *Amortecedor ("Buffer").*

After years of being attached to a Fender Stratocaster, Sérgio had rescued the Régulus II for the Barbican show and then continued to perform with it on the live album tour concerts. However, the famous Golden Guitar had for some time presented some problems that were difficult to solve after Cláudio

em 2008. Ele fez um desenho e, com a ajuda do engenheiro eletrônico Ernesto Dias Jr., construiu a Kier, uma espécie de atualização da Régulus batizada com o apelido de infância do guitarrista. Quando criança, ele passou a ser chamado pelos irmãos de Hawkinho, diminutivo de Hawk ("falcão" em inglês), por causa de sua idolatria por "O Falcão Negro", herói de capa e espada de uma das primeiras séries brasileiras, exibida pela TV Tupi na segunda metade da década de 1950. Sabe-se lá como, Hawkinho virou Kier. Com ela, Sérgio começou a trabalhar no novo disco de inéditas. Um belo dia, o destino fez com que ele encontrasse Tom Zé. Ao amigo que conheceu naqueles tempos dos festivais da canção, ele contou que havia feito uma música chamada "Amortecedor" e perguntou se o baiano não gostaria de ser seu parceiro nesta composição. A letra virou uma poesia concretista: "A-a-a-a-a-amo amor (...) Tece, tece, tece dor".

Nascido em 1936, Tom Zé é 14 anos mais velho que Serginho e, por causa da diferença de idade, nos tempos de Tropicália, eles se curtiam, mas sem muita intimidade. Quando recebeu uma ligação de Tom com a música pronta, Sérgio ficou feliz ao perceber que a química entre os dois estava perfeita. Parceria firmada, Sérgio e Tom Zé se falavam a toda hora por telefone. Assim, foram surgindo várias músicas novas. "Samba do Fidel" começou em Miami, quando Sérgio ouviu um boato de que o presidente de Cuba havia morrido e começou a pensar em como o Brasil era digno de pena. "Coitado do Brasil! Nós tenemos favelas, cucarachas, las mujeres, las drogas...", canta Sérgio em um arranjo estilo "Cantor de Mambo".

César Baptista had left electronics to dedicate himself exclusively to the literary saga "Géa". Sérgio then decided to create a new instrument for himself in 2008. He designed it and, with the help of electronic engineer Ernesto Dias Jr., built the Kier, a kind of update of the Régulus, named after the guitarist's childhood nickname. As a child, he was called "Hawkinho" ("Little Hawk") by his brothers Arnaldo and Cláudio César, because of his idolatry for "O Falcão Negro" ("The Black Hawk"), a swashbuckling hero from one of the first Brazilian series, shown on Tupi TV in the second half of the 1950s. For some unknown reason, Hawkinho became Kier. With it, Sérgio began to work on the new album of unreleased tracks. One fine day, fate led him to Tom Zé. He said to the friend he met in those times of the song festivals that he had written a song called "Amortecedor" and asked if the *Bahiano* would like to be his partner in this composition. The lyrics became a concrete poem: "A-a-a-a-a-amo amor (...) Tece, tece, tece dor" ("Lo-lo-lo-lo-ve-love... Weave, weave, weave pain," a play on the syllables that compose the word "amortecedor" in Portuguese).

Born in 1936, Tom Zé is 14 years older than Serginho and, because of the age difference, in Tropicália times, even though they liked each other, they did not get very close. When he received a call from Tom with the finished song, Sérgio was happy to discover that the chemistry between them was perfect. With a firm partnership, Sérgio and Tom Zé talked to each other over the phone all the time. "Samba do Fidel" ("Fidel's Samba") began in Miami when Sérgio heard a rumor that the Cuban president had died and start-

"Querida Querida" permite que Bia atinja com seu canto as notas mais altas do disco; "Teclar" faz referência a um clássico dos Mutantes ("Sabe a Virgínia daquele janeiro? Casou-se com um motoqueiro", diz a letra); "2000 e Agarrum" atualiza o "2001" de Tom e Rita Lee com Bia trazendo de volta a moça do interior; interpretada por Sérgio, "Bagdad Blues" anuncia o que os Mutantes pretendiam com o novo trabalho ("De Hollywood, um alaúde / Veio pra misturar / Nós, os mutantes, de hoje e de antes / Com Mohamed ali, aqui, acolá"); e "Anagrama", com os vocais divididos por Sérgio, Bia e o próprio Tom Zé tem uma letra na qual as palavras não são cantadas até o final.

Quando foi avisado de que Serginho voltaria ao estúdio, Jorge Ben Jor enviou três músicas para ele. Os Mutantes ficaram com "O Careca", uma homenagem ao pênis, esquecido pela banda desde a capa do *Jardim Elétrico*. "Neurociência do Amor" é uma parceria de Sérgio Dias e Vitor Trida que também traz elementos dos tempos em que Arnaldo Baptista e Rita Lee eram dos Mutantes. De autoria de Vitor, uma das vozes mais escutadas do disco, "Nada Mudou" tem ares psicodélicos. Com letra e música de Sérgio Dias, "Gopala Krishna Om" é um mantra que mistura dialetos. "O Mensageiro", do guitarrista, cita o corvo que aparece na capa e na contracapa do álbum. Fotografada em Paris, a ave deu uma canseira em Sérgio durante a sessão de fotos não autorizadas que ele fez. Sérgio correu atrás do corvo até ele cansar e olhar para aquele brasileiro esquisito de maneira condescendente.

O corvo apareceu para Sérgio no mesmo filme de onde ele tirou o nome que deu ao álbum. O docu-

ed thinking about how pitiful Brazil was. "Poor Brazil! We have favelas, cockroaches, women, drugs...," Sérgio sings in a "Cantor de Mambo" ("Mambo Singer") arrangement-style. "Querida Querida" ("Honey Honey") allows Bia to reach the highest notes of the album; "Teclar" ("Typing") makes a reference to a Mutantes' classic ("Do you know Virginia from that January? She married a biker"), says the lyrics; "2000 e Agarrum" ("2000 and Grab One") updates "2001" written by Tom and Rita Lee, with Bia bringing back the girl from the countryside; "Bagdad Blues" played by Sérgio, announces what the Mutantes intended with their new work ("From Hollywood, a lute / Came to mix / We, Mutantes, today and before / With Mohamed there, here, there"); and "Anagrama" ("Anagram"), with the vocals divided among Sérgio, Bia and Tom Zé himself has its lyrics in which words are not sung until the end.

Jorge Ben Jor sent Serginho three songs when he heard he would return to the studio. Mutantes had "O Careca" ("The Baldie"), a tribute to the penis, forgotten by the band since the cover of *Jardim Elétrico*. "Neurociência do Amor" ("Neuroscience of Love") is a partnership between Sérgio Dias and Vitor Trida, which also brings elements from the times when Arnaldo Baptista and Rita Lee were part of the band. Also by Vitor, one of the voices most heard on the album, "Nada Mudou" ("Nothing Has Changed") has a psychedelic tune. With lyrics and music by Sérgio Dias, "Gopala Krishna Om" is a mantra that mixes dialects. "O Mensageiro" ("The Messenger"), also from the guitarist, mentions the crow that appears on the front and back cover of the album. Photographed in Paris,

mentário "The Journey of the Corps of Discovery", de Lewis & Clark, tinha uma personagem índia que se chamava Haih (pronuncia-se "Raí"). Ao pesquisar o significado do nome, descobriu que era o animal que ele sempre considerou inteligente. Sérgio lembra de uma história que a mãe contava de quando ela foi para Portugal se apresentar e, no Castelo Alfama, havia um corvo que falava. Todo gravado com os mesmos músicos do disco anterior (menos Esméria), no estúdio de Sérgio, na Granja Viana, o álbum começa com uma gravação em que o presidente da Rússia, Vladimir Putin, dirige-se ao seu exército e termina com uma colagem do hino brasileiro com o dos Estados Unidos e o da Rússia. "Hymns of the World Pt.1 (Intro)" e "Hymns of the World Pt.2 (Final)" foram os nomes dados às vinhetas. Ex-agente da KGB, na antiga União Soviética, Putin desde 1999 vem se revezando entre ser primeiro-ministro e presidente da Rússia, a qual governa com mão de ferro.

Logo depois que *Haih or Amortecedor* ficou pronto, Sérgio comprou uma casa em Las Vegas e se mudou com Lourdinha para lá. Admirador do estilo de vida americano, ele havia morado nos Estados Unidos nos anos 1980 e tinha conseguido o Green Card. Em 2009, o casal achou que seria uma boa ir para lá justamente no momento em que os preços dos imóveis caíram devido à crise financeira que assolava o país. Eles ainda passaram um tempo indo e vindo. Lourdinha achou Vegas meio chato para morar, e os encontros de Sérgio com os Mutantes acabaram ficando mais difíceis. Mesmo assim, logo que o álbum foi lançado, ele ia organizando a logística e a banda ia

the bird tired Serginho out during the unauthorized photo shoot he made. The musician would zoom in on it and it would fly away from him. Sérgio ran after the crow until it got tired and the bird looked at that weird Brazilian in a condescending way.

The crow was also present in the film where Sérgio got the name he decided to give the album. The Lewis & Clark documentary "The Journey of the Corps of Discovery" had an Indian character named Haih (pronounced "ha - ee"). As he searched for the meaning of the name, he discovered that it was the name of the animal he had always admired for its intelligence. Sérgio remembers a story that his mother told him about when she went to Portugal to perform and, at Castelo Alfama, there was a talking crow. Recorded with the same musicians from the previous album in Sérgio's studio at Granja Viana (except Esméria), the album begins with a recording in which President of Russia, Vladimir Putin, addresses the Russian army and ends with a collage of the Brazilian anthem with the United States and Russia. "Hymns of the World Pt.1 (Intro)" and "Hymns of the World Pt.2 (Final)" were the names given to the vignettes. A former KGB agent in the former Soviet Union, Putin has been taking turns from being prime minister and president of Russia since 1999, ruling the country with an iron fist.

Soon after *Haih or Amortecedor* was ready, Sérgio bought a house in Las Vegas and moved there with Lourdinha. A fan of the American lifestyle, he had lived in the United States in the 1980s and he had Green Card. In 2009, the couple thought it would be good to go there when real estate prices fell due to the fi-

se reunindo onde era chamada.

O disco saiu pela gravadora norte-americana ANTI, com 13 faixas, sendo que "Amortecedor" ficou de fora. Outras três canções que, por causa das burocracias, acabaram não entrando no CD foram: "Call Me", um rock de Fábio Recco; a mitológica e cheia de vocais "Zheng He", de Henrique Peters e Sérgio Dias; e "Singin' The Blues", uma parceria de Bia Mendes com Erasmo Carlos. A música foi um pedido de Sérgio Dias ao Tremendão. Sempre muito generoso com qualquer antigo ou futuro parceiro, ele enviou uma melodia para a banda através de Dinho Leme, o baterista. Bia fez a letra e, na hora de escolher o que entraria no álbum da ANTI, a música ficou de fora, deixando Bia e Dinho um pouco desconfortáveis. Ainda bem que, seis meses depois, a gravadora Coqueiro Verde, da qual um dos filhos de Erasmo é sócio, assumiu o lançamento no Brasil e incluiu essas faixas no repertório, além de "Amortecedor". Nesta versão brasileira do CD, não entraram "Nada Mudou" e "Gopala Krishna Om". Quando o álbum foi licenciado para ser lançado pela gravadora e fábrica de discos de vinil Polysom em LP, só couberam 11 das faixas na bolacha. Além das três que só apareceram no CD da Coqueiro Verde, "Amortecedor", "O Careca" e "Nada Mudou" ficaram de fora do vinil, que chegou às lojas em 2016. A faixa que levou Bia à banda, "Mutantes Depois", nunca entrou em disco nenhum dos Mutantes.

Haih or Amortecedor foi indicado na categoria "Melhor Álbum Brasileiro" do 12º Grammy Latino, realizado em 10 de novembro de 2011. A concorrência era forte, com Pitty, Plebe Rude e Fresno dispu-

nancial crisis the country was experiencing. They still spent some time coming and going. Lourdinha found Vegas a bit boring to live in, and Sergio's encounters with Mutantes became more difficult. Even so, as soon as the album was released, he would organize the logistics and the band would get together wherever they were called to.

The album came out as *Haih or Amortecedor*, with 13 tracks, through the American record company ANTI, leaving "Amortecedor" out. Three other songs that did not enter the CD because of paperwork were: "Call Me," a rock song by Fabio Recco; "Zheng He," which was mythological and full of vocals, by Henrique Peters and Sérgio Dias; and "Singin 'The Blues," a partnership between Bia Mendes and Erasmo Carlos. This song was a request by Sérgio Dias to Tremendão (Erasmo Carlos' nickname) who sent a melody to the band through Dinho Leme, the drummer. Bia made the lyrics and when it came to choosing what would go on the ANTI album, the song was left out, which did not sit well with Bia and Dinho. Thankfully, six months later, the Coqueiro Verde label, of which one of Erasmo's sons is a partner, took over in Brazil and included the partnership between Sérgio and Tom Zé in the repertoire, in addition to these other tracks. In this Brazilian version of the CD, "Nada Mudou" and "Gopala Krishna Om" did not enter. When the album was licensed to be released by vinyl record label and manufacturer Polysom on LP, only 11 of the tracks on the record fit. In addition to the three that only appeared on the Coqueiro Verde CD, "Amortecedor," "O Careca" and "Nada Mudou" were left out of the vinyl record, which reached the stores

tando o prêmio, abocanhado por outro tropicalista, Caetano Veloso, com seu *Zii e Zie*. Com Dinho na banda, os Mutantes fizeram um bocado de shows nos Estados Unidos e na Europa para a divulgação do álbum. Em um deles, realizado no Parque Nacional de Yosemite, na Califórnia, durante o Symbiosis Fest, uma fã ofereceu um "bauret" batizado a Sérgio e Lourdinha: o cigarro de maconha tinha algum tipo de ácido que só foi identificado quando o casal já estava totalmente fora de si, com a esposa falando que o marido havia entrado e saído do corpo dela e ele sem entender porque estava demorando tanto a conseguir falar "LSD". Careta desde que passou a sofrer de síndrome do pânico – começou no início dos anos 1990 e só foi estabilizada em 2005 – Sérgio ficou morrendo de medo de ter uma recaída. Mas, com o apoio de Lourdinha, tomou um calmante assim que chegou ao hotel, e se recuperou da onda.

Durante a turnê, em uma entrevista a James Reed, do jornal norte-americano Sun Sentinel, de Fort Lauderdale (Flórida), Sérgio Dias disse que o álbum é a "perfeita visão de como os Mutantes deveriam soar no século 21". A Jeffrey Lee Puckett, do The Courier-Journal, de Louisville (Kentucky), ele comparou o Mutantes daquele momento com o de antes: "Definitivamente, é muito especial poder tocar sob o guarda-chuva dos Mutantes. É a mesma banda, com o mesmo sentimento. É divertido. Você sabe, o tempo é relativo. Acho que Einstein estava certo, pelo menos em termos de sentir isso. Eu não me sinto diferente agora do que me sentia antes. É a mesma brincadeira e a mesma diversão".

in 2016. The track that led Bia to the band, "Mutantes Depois," never entered in any of Mutantes' records.

The album was nominated for the "Best Brazilian Rock Album" category of the 12th Annual Latin Grammy Awards, held on November 10, 2011. It was taken by another *tropicalista*, Caetano Veloso, with his *Zii e Zie*. With Dinho in the band, the Mutantes did a lot of concerts in the United States and Europe for the release of the album. At one of the shows, held at Yosemite National Park, California, during the Symbiosis Fest, a fan offered Sérgio and Lourdinha a spiked "bauret": the marijuana cigarette had some kind of acid that was only identified when the couple was already out of their minds. Sober since beginning to suffer from panic syndrome in the early 1990s which was only stabilized in 2005 – Sérgio was scared to death of having a relapse. But with Lourdinha's support, he took a sedative as soon as he arrived at the hotel and recovered from the trip.

During the tour, Sérgio Dias, in an interview with James Reed of the US newspaper Sun Sentinel of Fort Lauderdale (Florida), said the album is "the perfect vision of what Os Mutantes should sound like in the 21st century". Jeffrey Lee Puckett of The Courier-Journal of Louisville, Kentucky, compared the Mutantes from that moment with the one from before: "It is definitely very special to be playing under the Mutantes umbrella. It is the same band, it is the same feeling. It is a kind of funny thing. You know, time is stretchable. I think Einstein was right, at least in terms of feeling it. I don't feel different now than I felt before. It's the same joke, the same fun".

Tracklist: Haih or Amortecedor

1 Hymns of the World P.1 (Intro) 0:32
2 Amortecedor Sérgio Dias e Tom Zé 4:17 ***
3 Querida Querida Sérgio Dias e Tom Zé 4:13
4 Teclar Sérgio Dias e Tom Zé 3:11
5 2000 e Agarrum Sérgio Dias e Tom Zé 3:21
6 Baghdad Blues Sérgio Dias e Tom Zé 5:17
7 Zheng He Henrique Peters e Sérgio Dias 5:19 ***
8 Singin'The Blues Bia Mendes e Erasmo Carlos 3:54 ***
9 O Mensageiro Sérgio Dias 3:59
10 O Careca Jorge Ben 3:55 ****
11 Anagrama Sérgio Dias e Tom Zé 4:12
12 Samba do Fidel Sérgio Dias e Tom Zé 5:30
13 Neurociência do Amor Sérgio Dias e Vitor Trida 4:09
14 Nada Mudou Vitor Trida 5:15 *
15 Gopala Krishna Om Sérgio Dias 3:38 **
16 Call Me Fábio Recco 3:45 ***
17 Hymns of the World P.2 (Final) 1:50

Todas as faixas estão nas três versões de *Haih or Amortecedor*, exceto:
All tracks are in the three versions of *Haih or Amortecedor* except:
* Essa está apenas no CD lançado pela ANTI / This is only on the CD released by ANTI
** Essa está no CD lançado pela ANTI e no LP da Polysom / This is on the CD released by ANTI and on Polysom LP
*** Essas estão apenas no CD lançado pela Coqueiro Verde / These are only on the CD released by Coqueiro Verde
**** Essa está nos CDs lançados pela ANTI e Coqueiro Verde / This is on CDs released by ANTI and Coqueiro Verde

Haih...
ou
Amortecedor...
Hymns Of The World P.1 (Intro)
Querida Querida
Teclar
2000 e Agarrum
Baghdad Blues
O Mensageiro
Anagrama
Samba do Fidel
Neurociência do Amor
Gopala Krishna Om
Hymns Of The World P.2 (Final)
polysom
STEREO
www.polysom.com.br
Os
MUTANTES

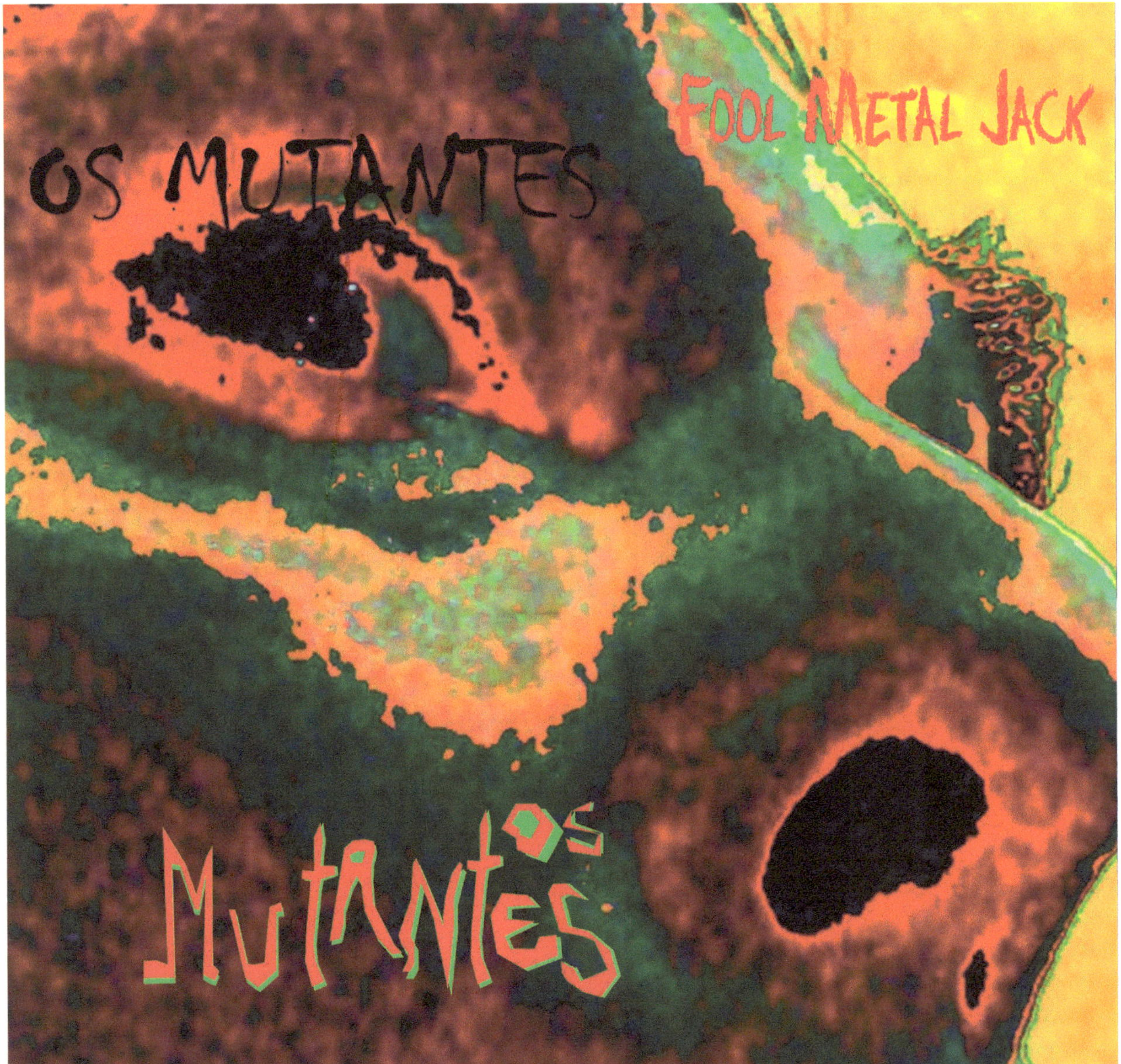
FOOL METAL JACK
OS MUTANTES
OS
MUTANTES

Fool Metal Jack
2013 / 2016

O Brasil só foi conhecer de perto o novo álbum dos Mutantes três anos depois do seu lançamento nos Estados Unidos. *Fool Metal Jack* saiu pela gravadora nova-iorquina Krian Music Group em abril de 2013 e foi amplamente divulgado e vendido nas lojas do exterior. Até a Polysom fazer uma reedição em vinil, em fevereiro de 2016, os fãs brasileiros da banda tiveram que se contentar com o que encontravam nos sites da internet e nas plataformas digitais. E não foi porque Sérgio Dias havia se mudado para Las Vegas e conseguido, em 2015, a cidadania americana que os Mutantes rejeitaram seu país de origem. Pelo contrário. Com os olhos mais voltados para artistas de segmentos extremamente populares, entre eles o sertanejo e o funk, as gravadoras não tiveram nenhum interesse em investir no projeto, embora seu criador carregue no currículo um legado histórico. Os tempos mudaram. Quase 50 anos após Sérgio, Arnaldo Baptista e Rita Lee entrarem no cenário para revolucionar a música brasileira,

Brazil only got to know Mutantes' new album almost three years after its release in the United States. *Fool Metal Jack* came out under the New York label Krian Music Group in April 2013 and was widely advertised and sold overseas. Until Polysom reissued it in vinyl in February 2016, Brazilian fans of the band had to settle for what they found on the Internet and digital platforms. And it was not because Sérgio Dias had moved to Las Vegas and became, by 2015, an American citizen that Mutantes rejected his country of origin. On the contrary. With their eyes turned almost exclusively to artists from extremely popular segments, among them *sertanejo* (Brazilian country music) and Brazilian funk, record companies had no interest in investing in the project, despite the creator's historical legacy. Times have changed. Almost 50 years after Sérgio, Arnaldo Baptista and Rita Lee entered the stage to revolutionize Brazilian music, popularizing rock by mixing it with elements from other rhythms, national pop was in full strength.

popularizando o rock ao misturá-lo a elementos de outros ritmos, o pop nacional estava cheio de força. Em plena era digital, seus expoentes estão focados em lançar singles nas plataformas de streaming e produtores trabalham em álbuns somente depois de garantir o sucesso de mais de uma canção. Sem um hit já rodando pelo país, *Fool Metal Jack* ainda teria que enfrentar uma grande barreira no Brasil: a língua. O disco tem apenas uma música em português.

Quando começou a planejar a produção do novo álbum, Sérgio não pensou no quão difícil seria reunir a banda para ensaiar em outro país. A gravação correu bem em seu estúdio na casa da Granja Viana, em São Paulo, com apenas duas baixas na banda, o que não fez muita diferença para a sonoridade que ele estava buscando. Profissional contratada para os projetos anteriores, a percussionista Simone Soul não participou deste novo disco. Recém-separado de Bia, Fábio Recco saiu da banda logo após o encerramento da turnê de *Haih or Amortecedor*, casou-se, teve uma filha e voltou suas atenções para outros projetos. Com o baterista Dinho Leme, o baixista Vinicius Junqueira, o guitarrista Vitor Trida, o tecladista Henrique Peters e a vocalista Bia Mendes, Sérgio Dias compartilhou tudo o que vinha compondo, inspirado em suas idas aos Estados Unidos. E, como sempre aconteceu com os Mutantes, o resto das composições e arranjos iam saindo nos ensaios. Sérgio quis fazer algo mais pesado, o que não foi muito bem compreendido pela crítica musical. Pegando mais leve do que outros críticos, Felipe Alecrim de Morais Baião, em seu texto, publicado no site Whiplash, diz que "a primeira audi-

In the midst of the digital age, artists are focused on releasing singles on streaming platforms and producers work on albums only after ensuring the success of more than one song. Without a hit already running through the country, *Fool Metal Jack* would still have to face a major barrier in Brazil: the language. The album has only one song in Portuguese.

When he started planning the production of the new album, Sérgio did not think about how difficult it would be to gather the band to rehearse in another country. The recording went well in his studio at Granja Viana in São Paulo, with only two bass guitars in the band, which did not make much of a difference to the sound he was looking for. Percussionist Simone Soul, hired for the previous projects did not participate in this new record. Newly separated from Bia, Fábio Recco left the band shortly after the end of the *Haih or Amortecedor* tour, got married, had a daughter and turned his attention to other projects. With drummer Dinho Leme, bass player Vinicius Junqueira, guitarist Vitor Trida, keyboardist Henrique Peters and singer Bia Mendes, Sérgio Dias shared everything he had written, inspired by his trips to the United States. And, as has always happened with the Mutantes, the rest of the songs and arrangements come out during the rehearsals. Sérgio wanted to do something heavier, which was not very well understood by music critics. More positive than the other critics, Felipe Alecrim de Morais Baião published on the website Whiplash that "the first listening of the album can give an impression of anarchy in a mixture of 'rock'n'roll,' 'folk,' 'progressive rock' and even 'reggae,' without much apparent logic,

ção do disco pode dar impressão de anarquia em uma mistura de 'rock'n'roll', 'folk', 'rock progressivo' e até 'reggae', sem muita lógica aparente, mas um elemento une todas: a psicodelia – não tão inovadora como no passado, mas ainda trazendo boas lembranças a quem viveu a época e mostrando aos mais novos que nem tudo está perdido".

Vinicius Junqueira virou coautor com Sérgio da faixa-título, que fala sobre armas, morte e jovens indo para a guerra. "I'm gonna die / Shot in the gut / My blood is everywhere / My two legs are gone / I don't feel a thing / I won't see my dad no more" (em tradução livre: "Vou morrer / Um tiro no intestino / Meu sangue está por toda parte / Minhas pernas se foram / Não sinto nada / Não verei mais meu pai"), canta Sérgio em primeira pessoa, tossindo no meio da música e assumindo o papel de Jack. "No more war", repete ele, no refrão. O título "Fool Metal Jack" faz um trocadilho com o nome do filme de Stanley Kubrick sobre a guerra do Vietnã lançado em 1987, "Full Metal Jacket". Vitor Trida ofereceu uma composição sua, "Once Upon a Flight", para o repertório. Ao ser sondado pelo guitarrista dos Mutantes, Gilberto Gil sugeriu que gravassem "Eu Descobri", que está no repertório de seu disco de 2012, *Concerto de Cordas & Máquinas de Ritmo.* Única faixa gravada em português, a composição de Gil ganhou um arranjo inspirado na música oriental, com direito a cítara. "Quando a gente mandou para Gil, ele não entendeu nada. Falou: 'Pô, achei que fosse sair um negócio tipo Beatles'", diverte-se Sérgio. O guitarrista fez "Time and Space" junto com Sam Spiegel, que lhe foi apresentado por

but one element unites everything: psychedelia – not as innovative as in the past, but still bringing good memories to those who lived the time and showing the younger generation that not everything is lost".

Vinicius Junqueira became co-author of the title track with Sérgio, which talks about guns, death and young men going to war. "I'm gonna die / Shot in the gut / My blood is everywhere / My two legs are gone / I do not feel a thing / I will not see my dad no more," sings Sérgio in the first person, coughing in the middle of the song and assuming the role of Jack. "No more war," he repeats in the chorus. The title "Fool Metal Jack" is a pun on the name of Stanley Kubrick's 1987 movie "Full Metal Jacket". Vitor Trida offered his song, "Once Upon a Flight," to the repertoire. Gilberto Gil suggested that they record "Eu Descobri" ("I Discovered"), which is in the repertoire of his 2012 CD, *Concerto de Cordas & Máquinas de Ritmo ("String Concert & Rhythm Machines").* The only track the band recorded in Portuguese, Gil's composition gained an arrangement inspired by oriental music, with a sitar. "When we sent it to Gil, he did not understand anything. He said, 'I thought it was going to be something more like the Beatles'," says Sérgio, laughing. The guitarist did "Time and Space" along with Sam Spiegel, who was introduced to him by a mutual friend. This was the only song recorded in another studio, the DJ and the American electronic music producer in Los Angeles, with an electronic touch and Spiegel's voice conducting the song. "Valse LSD" was inspired by the frightening but funny experience Sérgio had with his wife in Yosemite during his previous album tour.

uma amiga em comum, nos Estados Unidos. Essa foi a única música gravada em outro estúdio, no do DJ e produtor norte-americano de música eletrônica, em Los Angeles, com direito a toques eletrônicos e a voz de Spiegel conduzindo a canção. "Valse LSD" foi inspirada na assustadora, porém engraçada experiência que Sérgio viveu junto à esposa em Yosemite, durante a turnê do disco anterior.

As outras músicas, todas de autoria de Sérgio, foram inspiradas por suas vivências na América do Norte, entre elas "Bangladesh" e "Look Out". A que abre o disco, "The Dream is Gone", tem tudo a ver com a crise de 2009 que ele acabou vendo de perto e até se beneficiando, ao comprar uma casa lá. "Picadilly Willie" faz uma crítica à Igreja. "Ganja Man" é um reggae sobre a política americana ou sobre os golpes de estado: "Thomas Jefferson will raise from the dead for a new revolution", canta. Incomodado com o peso das letras, Vitor Trida perturbou tanto Sérgio que ele compôs uma canção otimista. "To Make it Beautiful" é a faixa que reúne mais palavras positivas do álbum: "magically", "wonderful", "love", "powerful" e "miracle" (em tradução livre, "magicamente", "maravilhoso", "amor", "poderoso" e "milagre") estão entre elas. Para ninguém dizer que Sérgio se esqueceu de tudo o que viveu, ele resgatou uma composição do passado nunca antes gravada nem registrada em lugar nenhum que não fosse em sua própria memória. "Into Limbo" foi feita quando seu irmão, Arnaldo, pulou da janela do hospital. "You're gonna tell me, now / You're gonna give it up / You're gonna sell your soul to the devil / You're gonna try to avoid /

The other songs, all written by Sérgio, were inspired by his experiences in North America, including "Bangladesh" and "Look Out". The one that opens the album, "The Dream is Gone," has everything to do with the 2009 crisis that he ended up watching closely and even benefiting from, when he bought a house there. "Picadilly Willie" criticizes the Church. "Ganja Man" is a reggae about American politics or about coups: "Thomas Jefferson will raise from the dead for a new revolution," he sings. Troubled by the heaviness of the lyrics, Vitor Trida badgered Sérgio until he wrote an optimistic song. "To Make It Beautiful" is the track that brings together the most positive words from the album: "magically," "wonderful," "love," "powerful" and "miracle" are among them. So no one says Sérgio forgot what he had been through, he recovered a song from the past that he never recorded – or recorded only in his own memory. "Into Limbo" was written when his brother, Arnaldo, jumped out of the hospital window. "You're gonna tell me, now / You're gonna give it up / You're gonna sell your soul to the devil / You're gonna try to avoid / Into limbo / Goodbye or good night," says the lyrics that Sérgio once sang to Arnaldo and did not know if his brother understood the message.

The cover of *Haih or Amortecedor* caused controversy among the members themselves, who thought that the raven had nothing to do with the Mutantes. This time, Sérgio tried to bring the psychedelic essence back to the band, putting a photo of him treated with various types of filters. His open mouth seems frightened, but it is what he called a "horse face" that once his wife, Lourdinha, made and he burst out laughing.

You almost surrender the light / Told you're soul good night / Into limbo / Goodbye or good night" (em tradução livre: "Você vai me contar / Você vai desistir / Você vai vender sua alma ao diabo / Vai tentar evitar / Você quase se entrega à luz / Disse boa noite à sua alma / No limbo / Adeus ou boa noite"), diz a letra que Sérgio, uma vez, cantou para Arnaldo e ficou sem saber se o irmão entendeu a mensagem.

A capa de *Haih or Amortecedor* causou polêmica entre os próprios integrantes, que achavam que o corvo não tinha nada a ver com os Mutantes. Desta vez, Sérgio tentou trazer os ares psicodélicos de volta à banda, colocando uma foto sua tratada com vários tipos de filtros. A boca aberta parece de susto, mas é a "cara de cavalo" que uma vez viu sua esposa, Lourdinha, fazer e morreu de rir. Com o álbum pronto, Sérgio negociou o lançamento nos Estados Unidos através da Krian e começou a planejar a turnê de shows. Já instalado em Vegas, propôs que os músicos passassem um mês em sua casa, ao velho estilo "comunidade alternativa". No entanto, nem todo mundo tinha disponibilidade para se dedicar exclusivamente ao novo projeto dos Mutantes.

Dinho Leme, por exemplo, estava amando a volta à bateria, mas quando a gravação e o ensaio aconteciam em São Paulo. Desde que saiu dos Mutantes, na década de 1970, o baterista e jornalista se especializou no mundo do automobilismo, seguindo os passos de seu irmão, Reginaldo Leme. Dinho até chegou a escrever sobre música, mas as competições de corridas de automóveis o pegaram de jeito. E, aos poucos, ele foi atuando em diversas frentes dentro do segmento, de

With the album ready, Sérgio negotiated the release in the United States through Krian and began to plan the concert tour. Already installed in Vegas, he proposed that the musicians spend a month in their home, in the old "hippie commune" style. However, not everyone was willing to devote themselves exclusively to the new Mutantes project.

Dinho Leme, for example, loved his return to the drums, but when the recording and rehearsals took place in São Paulo. Since leaving the Mutantes in the 1970s, the drummer and journalist specialized in the world of motorsport, following the footsteps of his brother, Reginaldo Leme. Dinho even went so far as to write about music, but the racing competitions took up all of his time. Little by little, he was doing many jobs within the segment, from photographer and copywriter to press agent. Other than that, Dinho had a wife, children and grandchildren to care for. Faced with the proposal to stay all this time, Dinho gave up his pleasure and told Sérgio that he could not go on with the Mutantes. First, American drummer Ani Cordeiro took over this place. Then Brazilian Claudio Tchernev picked up the drum sticks, followed by Henrique Peters, that had a daughter and had to leave during a period, having been replaced by the American Amy Crawford, but finally returned to Mutantes. With a life totally different from the one she had in the time of *Haih or Amortecedor*, Bia Mendes also could not move forward: with a less than two years old son, it was impossible to leave São Paulo for so long.

During the tour of the previous album, the singer separated from Fábio after 19 years between dating

fotógrafo e redator a assessor de imprensa. Fora isso, Dinho tinha esposa, filhos e netos para cuidar. Diante da proposta de ficar esse tempo todo fora, Dinho abriu mão do prazer e disse a Sérgio que não teria como seguir com os Mutantes. Primeiro, a baterista americana Ani Cordeiro entrou no lugar. Depois, o brasileiro Cláudio Tchernev assumiu as baquetas, seguido de Henrique Peters, que teve uma filha e precisou se ausentar durante um período, tendo sido substituído pela americana Amy Crawford, mas voltou aos Mutantes. Com uma vida totalmente diferente da que tinha na época de *Haih ou Amortecedor*, Bia Mendes também não conseguiu seguir em frente: com um filho de menos de dois anos, era impossível sair de São Paulo por tanto tempo.

Durante a turnê do disco anterior, a cantora se separou de Fábio depois de 19 anos entre namoro e casamento, e iniciou uma relação com Eugenio, um cara que nada tinha a ver com o mundo da música. A gravidez não atrapalhou a turnê de divulgação do disco de 2009 e Bia subiu ao palco até um mês antes de Mario Eugenio nascer. Em outubro de 2010, já com sete meses de gestação, ela chegou a ser elogiada pela Rolling Stone Brasil na cobertura do festival SWU, realizado em Itu, cidade do interior de São Paulo: "'Vida de Cachorro' foi a canção que abriu o show e mostrou que a 'gravidíssima' vocalista Bia Mendes não deixaria a desejar no quesito energia", escreveu Stella Rodrigues para a edição brasileira da revista. No entanto, com o bebê ainda muito pequenininho, era impossível passar um mês longe da família. A cantora acabou saindo da banda. Sérgio, então, con-

and marriage and she started a relationship with Eugenio, a guy who had nothing to do with the world of music. The pregnancy did not disrupt the 2009 album tour and Bia went on stage until a month before Mario Eugenio was born. In October 2010, seven months pregnant, she was praised by Rolling Stone Brasil in the coverage of the SWU festival, held in Itu, a town in the state of São Paulo: "'Vida de Cachorro' ('Dog's Life') was the song that opened the concert and showed that the very pregnant singer Bia Mendes would not disappoint in terms of energy," wrote Stella Rodrigues for the Brazilian edition of the magazine. However, with the baby still very small, it was impossible to spend a month away from the family. The singer ended up leaving the band. Sérgio then invited Esmeria to come back and take the microphone. Right away, he gave her the task of playing Bia in the "Look Out" music video: the voice is Bia's, but the video was recorded with the other pretending to be the singer.

The album was well received by the American critics. "Now living in the U.S., bandleader Sérgio Dias has opened a new chapter in the book of Os Mutantes, the legends of Brazilian rock psychedelia. The group's latest album, *Fool Metal Jack*, is mostly sung in English and 'is all about America'," published the New York Daily News. "Their fearless experimentation remains intact, with echoes of reggae, metal, Queen and even Springsteen coursing through the album," Ben Crandell reported in the Sun Sentinel newspaper in Fort Lauderdale, Florida, referring to the British band with Freddie Mercury and the New Jersey singer Bruce Springsteen. Chuck Eddy also celebrated *Fool Metal Jack*

vidou Esméria para voltar e assumir o microfone. De cara, deu a ela a incumbência de interpretar Bia no clipe de "Look Out": a voz é de uma, mas o vídeo foi gravado com a outra interpretando a cantora.

O álbum foi bem recebido pela crítica norte-americana. "Agora morando nos Estados Unidos, Sérgio Dias abriu um novo capítulo no livro dos Mutantes, lendas do rock psicodélico brasileiro. O último álbum do grupo, *Fool Metal Jack*, é quase todo cantado em inglês e é 'todo sobre a América do Norte'", publicou o jornal New York Daily News. A destemida experimentação permanece intacta, com ecos de reggae, metal, Queen e até Springsteen percorrendo o disco", publicou Ben Crandell no jornal Sun Sentinel, de Fort Lauderdale (Flórida), referindo-se à banda britânica de Freddie Mercury e ao cantor de New Jersey Bruce Springsteen. Chuck Eddy também celebrou *Fool Metal Jack* na Rolling Stone norte-americana: "Quase meio século desde a estreia quase mítica, em 1968, dos brasileiros psicodélicos da Tropicália, Os Mutantes são agora liderados por um integrante original, o guitarrista Sérgio Dias. Mas *Fool Metal Jack* mostra a banda ainda singularmente excêntrica, encontrando beleza e barulho em meio a uma variedade de estilos. Além de seu pop pós-Beatles / bossa-nova, há um toque de metal impulsionado por um órgão, um adorável samba meio Oriente Médio, uma paródia afro-caribenha de Krishna, interjeição de tosse e muito mais".

No Brasil, *Fool Metal Jack* foi lançado em 2016, no período em que as atenções estavam voltadas para o controverso processo de impeachment da Presidenta da República Dilma Rousseff, e acabou pouco divul-

in the North American Rolling Stone: "Nearly half a century since the psychedelic Brazilian Tropicália-rock tricksters' almost mythic 1968 debut, Os Mutantes are now led by one original member, guitarist Sérgio Dias. But *Fool Metal Jack* shows them still singularly eccentric, finding beauty and noise amid an assortment of styles. Beyond their fallback late-Beatles / bossa-nova art pop, there's organ-propelled stoner metal, lovely Middle Eastern-learning samba, Afro-Caribbean-drummer Krishna parody, coughing and more".

In Brazil, *Fool Metal Jack* was released in 2016, when the focus was on President Dilma Rousseff's controversial impeachment process and it was barely mentioned in the press. The album was transposed to the Polysom LP entirely, without any songs being cut out. Those who wrote about it treated it like a record by Sérgio Dias. "Strictly speaking, it's more of a record by guitarist Sérgio Dias Baptista – the only remnant of the group's original line-up, currently a sextet – than of a Mutantes album. Meanwhile, *Fool Metal Jack* is a record – almost entirely in English – that says Mutantes on it because of the strength of the group's name. The record managed to be worse than its predecessor *Haih or Amortecedor* (2009). (...) What bothers me most about it – technically well recorded – is the lack of harmony between its 12 songs. (...) a record in English that will only satisfy (...) the 'gringos' (Portuguese demeaning word for foreigner) who identify in *Fool Metal Jack* some remnants of the Mutantes from the *tropicalista* era. Even those will agree that the dream is over," wrote the music critic Mauro Ferreira in his blog Notas Musicais.

gado pela imprensa. O álbum foi transposto para o LP da Polysom na íntegra, sem corte. Os que escreveram o trataram como um disco de Sérgio Dias. "A rigor, trata-se mais de um disco do guitarrista Sérgio Dias Baptista – único remanescente da formação original do grupo, atualmente um sexteto – do que de um álbum dos Mutantes. Entretanto, *Fool Metal Jack* é disco – quase inteiramente gravado em inglês – assinado pelos Mutantes por conta da força do nome do grupo. Disco que consegue ser pior do que seu antecessor *Haih or Amortecedor* (2009). (...) O que mais incomoda no disco – tecnicamente bem gravado – é a falta de sintonia entre suas 12 músicas. (...) disco em inglês que vai contentar – se contentar... – somente os gringos que identificarem em *Fool Metal Jack* alguns resquícios dos Mutantes na era tropicalista. Mesmo esses hão de convir que o sonho já acabou", escreveu Mauro Ferreira em seu blog Notas Musicais.

Os Mutantes saíram em turnê pelos Estados Unidos e Europa, passando pelo Brasil para poucos shows, sem Vitor Trida – que saiu da banda para investir em sua carreira solo – com Cláudio Tchernev na bateria e, mais tarde, com a britânica Carly Bryant engrossando os vocais. Em novembro de 2017, no dia da apresentação no Três Olhos Music Festival, em São Paulo, Ivan Finotti assinou uma matéria no jornal Folha de S. Paulo, cujo título alfinetava Serginho: "Sérgio Dias, americanizado, e seus Mutantes fazem show único em SP". Sem perder o rebolado típico dos Mutantes, que nunca levavam desaforo para casa, Sérgio Dias respondeu à pergunta sobre o repertório do alto de seus quase 66 anos de vida e 50 de experi-

Mutantes went on tour in the United States and Europe, going to Brazil for a few concerts, without Vitor Trida, who left the band to invest in his solo career, with Cláudio Tchernev on drums and later with British singer Carly Bryant on vocals. In November 2017, on the day of the presentation at the Três Olhos Music Festival in São Paulo, Ivan Finotti wrote a story at Folha de S. Paulo newspaper, whose title poked fun at Serginho: "Sérgio Dias, Americanized, and his Mutantes did a unique concert in SP". Keeping that usual irreverence of the essence of Mutantas, Sérgio Dias answered the question about the repertoire feet down on his 50 years of experience and almost 66 of age: "The list of songs? I don't know. We create it at the spur of the moment. It's not just one hit, they're all so stupendously strong that in any order they'll blow people away".

Sérgio met Carly Bryant through the Internet, when the young singer, songwriter, guitarist and keyboardist sent him a video in which she sang "Balada do Louco" ("Ballad of the Madman"), the success of the album *Mutantes e Seus Cometas no País do Baurets ("Mutantes and their Comets in the Country of Baurets")*. Accompanied by Diogenes Baptisttella on the guitar, she still played the melodica in the chorus, while Diogenes, a Brazilian settled in Paris, sang. Sérgio was delighted, recorded a series of songs with her for an unreleased album, which the duo released on digital platforms in 2018, and invited her to be part of the band. With Sérgio's move to France, where his daughter, Virgínia, went to live, and his wife, Lourdinha, dreamed of staying, the meetings with Carly were

ência: "A lista de músicas? Sei lá. A gente cria na hora. É que não é apenas um hit, todas são tão estupendamente fortes que em qualquer ordem arrebenta".

Sérgio conheceu Carly Bryant pela internet, quando a jovem cantora, compositora, guitarrista e tecladista lhe enviou um vídeo no qual cantava, em português (cheia de sotaque), "Balada do Louco", sucesso do álbum *Mutantes e Seus Cometas no País do Baurets*. Acompanhada de Diogenes Baptisttella ao violão, ela ainda tocava escaleta nos refrões, momentos em que o brasileiro radicado em Paris cantava. Sérgio ficou encantado, gravou uma série de canções com ela para um disco de inéditas, que a dupla lançou nas plataformas digitais em 2018, e a convidou para fazer parte da banda. Com a mudança de Sérgio para a França, onde sua filha, Virgínia, foi morar e sua esposa, Lourdinha, sonhava em ficar, os encontros com Carly ficaram muito mais fáceis. E as reuniões com os Mutantes também, afinal, na Europa, a banda continuava tendo uma demanda enorme de shows. Só no primeiro semestre de 2018, os Mutantes fecharam uma turnê de mais de 20 shows pelo mundo, sendo 14 deles no continente. A passagem pelo festival João Rock, em Ribeirão Preto, em junho, foi antológica, com a banda afinadíssima enfocando os clássicos dos Mutantes, Carly lutando para seu sotaque britânico não destoar tanto do americano do novo patrão e Sérgio tocando um pouquinho com sua Guitarra de Ouro para, mesmo com ela precisando de manutenção, dar um gostinho aos fãs brasileiros.

much easier to schedule. For Mutantes reunions as well, after all, in Europe, the band continues to have a huge demand for shows. It is no wonder that, just in the first half of 2018, Mutantes scheduled a tour of more than 20 shows around the world, 14 of them in Europe. Their concert at João Rock festival in Ribeirão Preto, a city from São Paulo, in June was legendary, the band focused on Mutantes' classics, Carly struggling with her British accent to fit in better with her new boss's American accent, and Sérgio playing his Golden Guitar for a bit, even with it in need of some maintenance, in order to give the Brazilian fans a taste of it.

Tracklist: Fool Metal Jack

1 The Dream Is Gone Sérgio Dias 2:50
2 Fool Metal Jack Sérgio Dias e Vinícius Junqueira 5:23
3 Picadilly Willy Sérgio Dias 4:42
4 Ganja Man Sérgio Dias 3:33
5 Look Out Vitor Trida 3:48
6 Eu Descobri Gilberto Gil 3:05
7 Time and Space Sérgio Dias e Sam Spiegel 3:57
8 To Make It Beautiful Sérgio Dias 3:26
9 Once Upon a Flight Vitor Trida 4:00
10 Into Limbo Sérgio Dias 3:37
11 Bangladesh Sérgio Dias 4:08
12 Valse LSD Sérgio Dias 3:11

THE DREAM IS GONE
FOOL METAL JACK
PICADILLY WILLIE
GANJA MAN
LOOK OUT
EU DESCOBRI
TIME AND SPACE
TO MAKE IT BEAUTIFULL
ONCE UPON A FLIGHT
INTO LIMBO
BANGLADESH
VALSE LSD
FOOL METAL JACK
OS MUTANTES
polysom
STEREO
33 ⅓
7 898324 312076

OS
Mutantes
EXIT 23
Zzyzx Rd
AREA
51

Zzyzx

2020

Em 2017, Mutantes lançou nas plataformas digitais o single "Black and Grey" através da gravadora Kryan Music. Cantada em inglês, a faixa pede para a mulher de Donald Trump, Melania, para salvar os Estados Unidos do atual presidente norte-americano. Em 2020, mais um álbum saiu do forno, só que já totalmente adequado aos novos tempos: *Zzyzx* foi lançado pelo selo Jardim Elétrico apenas nas plataformas digitais, mas alcançando várias partes do mundo com sua distribuição nos mercados do Brasil, dos Estados Unidos, da Europa e do Japão. *Zzyzx* tem ares setentistas, mas a crítica brasileira afirmou que em nada se parece com os anos 1970 dos Mutantes originais. Com Sérgio Dias (guitarra e voz), Camilo Macedo (guitarra e vocal), Claudio Tchernev (bateria), Esméria Bulgari (vocais e percussão), Henrique Peters (teclados) e Vinícius Junqueira (baixo), nove das 11 composições são em inglês. "Beyond" abre o disco com pegada de hit. Também são palatáveis as canções "The Last Silver Bird" e "We Love You".

In 2017, the group released the single "Black and Gray" on the digital platforms through the Kryan Music label. Sung in English, the band asks Donald Trump's wife, Melania, to save the United States from the current US president. In 2020, another album came out fully adapted to the new times: *Zzyzx* was released by the label Jardim Elétrico only on digital platforms, but reaching many countries with its distribution in the markets of Brazil, United States, Europe and Japan. *Zzyzx* has a seventies style, but a Brazilian critic wrote it looks nothing like the 1970s of the original Mutants. With Sérgio Dias (guitar and vocals), Camilo Macedo (guitar and vocals), Claudio Tchernev (drums), Esméria Bulgari (vocals and percussion), Henrique Peters (keyboards) and Vinícius Junqueira (bass), *Zzyzx* has nine of the 11 compositions in English. "Beyond" opens the record with a hit feel. "The Last Silver Bird" and "We Love You" are also palatable as songs. In the new album, in songs like "Mutant's Lonely Night" and "Window Mirrors," it is possible to notice that

No álbum, em canções como "Mutant's Lonely Night" e "Window Mirrors", é possível perceber que Sérgio Dias continua um guitarrista virtuoso.

Com Esméria cantando junto a vocais masculinos, "Candy" poderia estar na trilha sonora do filme "Grease - Nos Tempos da Brilhantina". "Gay Matters" é um doce protesto contra a homofobia e "Void" fala sobre profetas, Deus e bestas. Além de título do álbum, "Zzyzx" é também uma das faixas e o nome de uma estrada que atravessa o deserto da Califórnia e leva à Área 51, uma instalação da Força Aérea dos Estados Unidos na qual, supostamente, o governo do país investiga naves alienígenas. A ilustração da capa traz um ET tocando guitarra enquanto seres são deixados por uma nave na porta da Área 51.

As duas músicas em português, "Por Que Não" e "Tempo e Espaço" carregam apelo pop. Na primeira, Sérgio destila seu protesto no ano em que ficou mais do que claro que, desde as eleições de 2018 (que elegeu Jair Bolsonaro como presidente da República), a capital do Brasil foi tomada por alguns dos piores políticos da história do país: "Se tivesse uma bomba atômica / Meu Deus / Eu jogava em Brasília sem pensar". O final do refrão remete ao "por que não" perguntado repetidamente por Caetano Veloso quando ele canta sua canção "Alegria Alegria". Para as fotos de divulgação do álbum, os músicos vestiram roupas de astronauta da coleção particular de Sérgio Dias.

Provavelmente este não será o último álbum dos Mutantes. A banda não para de fazer shows e Sérgio Dias não cansa de compor e entrar em estúdio para gravar, sempre como se estivesse tocando ao vivo. Seu

Sérgio Dias remains a virtuous on the guitar.

With Esméria singing together with male vocals, "Candy" could be part of the soundtrack of the film "Grease". "Gay Matter" is a sweet protest against homophobia and "Void" talks about prophets, God and beasts. Besides the title of the album "Zzyzx" is also one of the tracks and the name of a road that crosses the California desert and leads to Area 51, a facility of the United States Air Force, where supposedly the government of the country studies aliens. An illustration of the cover brings an E.T. playing guitar while beings are left by a spaceship in front of the door of Area 51.

The two songs in Portuguese, "Por Que Não" ("Why Not") and "Tempo e Espaço" ("Time and Space") carry a pop appeal. In the first one, Sérgio distills his protest in the year in which it became more than clear that, since 2018 (when Jair Bolsonaro was elected as president of the Republic), the capital of Brazil (Brasília) was taken over by some of the worst politicians in the country's history: "If I had an atomic bomb / My God / I would drop in Brasilia without thinking". The end of the chorus refers to "why not" asked repeatedly by Caetano Veloso when he sings his song "Alegria Alegria". For promotional photos of the album, the musicians wore astronaut clothes from Sérgio Dias' private collection.

This will probably not be the last Mutantes album. His invitation to former members is always open, even if sometimes it is accepted and sometimes not. "Anyone that was part of Mutantes is completely welcome at any time. Whenever they want, the door is open," he told James Reed of the Sun Sentinel news-

convite aos antigos remanescentes, ora correspondidos, ora não, está sempre de pé. "Qualquer um que tenha feito parte dos Mutantes é bem-vindo a qualquer momento", disse ele a James Reed do jornal Sun Sentinel, em 2009, durante a turnê de lançamento do *Haih or Amortecedor*. E não é papo furado. Tudo o que Sérgio Dias sempre quis foi manter acesa a chama do que ele sabe que foi uma revolução na música do seu país. Não à toa seus olhos encheram de lágrimas quando lhe contei que ganhei um beijo espontâneo de Arnaldo Baptista depois de dizer que o amava pelo fato de ele ter criado os Mutantes, logo após seu show na Caixa Cultural de São Paulo, em maio de 2018.

Enquanto houver saúde, plateia e fãs como eu e como vocês, que estão acompanhando essa história através deste livro, sairão novos discos e serão marcados novos shows. Afinal, como publicou o site G1, "eles são o grupo brasileiro de rock que mais sucesso fez fora do país e, mesmo depois de mais de 50 anos de estrada, esgotam ingressos por onde passam. Até em países como Estados Unidos e França é possível ver a plateia cantando todas as músicas em português, do começo ao fim". E, como disse Sérgio nessa mesma entrevista a Lucas Nanini, "vou tocar com Os Mutantes até cair morto". Se for assim, quem sabe eu também não sigo atualizando o "Discobiografia Mutante: Álbuns que Revolucionaram a Música Brasileira"?!

paper in 2009. And he is not lying. All Sérgio Dias has always wanted is to keep alive the flame of what he knows was a revolution in the music of his country. No wonder his eyes filled with tears when I told him that I received a spontaneous kiss from Arnaldo Baptista after saying that I loved him because he created Mutantes, shortly after his show at the Caixa Cultural de São Paulo in May 2018.

As long as there is health, an audience and fans like me or like you, who are following this story and reading this book, new albums will be released and new concert dates will be scheduled. After all, as published by the G1 website, "they are the most successful Brazilian rock band outside the country and, even after more than 50 years, they play sold out concerts wherever they go. Even in countries like the United States and France it is possible to see the audience singing all the songs in Portuguese from beginning to end". And, as Sérgio said in the same interview with Lucas Nanini, "I'm going to play with Mutantes until I die". If so, who knows I might have to keep updating "Discobiografia Mutante: Albums that Revolutionized Brazilian Music"!

Tracklist: Zzyzx

1 Beyond Sérgio Dias 4:24
2 Mutant's Lonely Night Sérgio Dias 4:37
3 The Last Silver Bird Sérgio Dias 3:58
4 Candy Esméria Bulgari 2:48
5 Gay Matters Sérgio Dias 2:52
6 We Love You Sérgio Dias, Henrique Peters, Vinícius Junqueira e Claudio Tchernev 3:43
7 Window Mirror Sérgio Dias, Vinícius Junqueira e Henrique Peters 3:50
8 Por Que Não Sérgio Dias 3:20
9 Tempo e Espaço Esméria Bulgari e Vinícius Junqueira 3:41
10 Zzyzx Sérgio Dias e Claudio Tchernev 3:54
11 Void Sérgio Dias 2:50

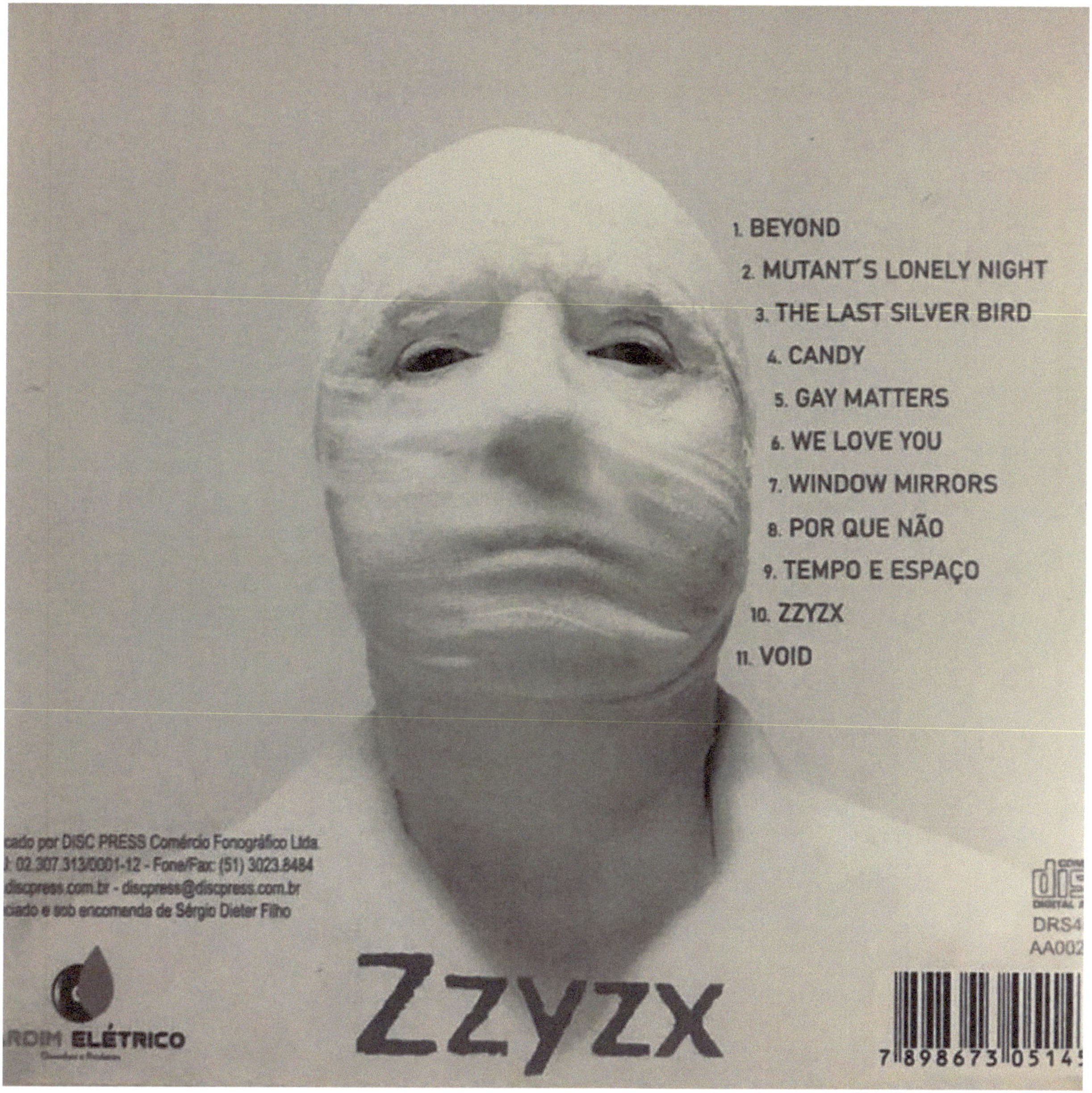
1. BEYOND
2. MUTANT'S LONELY NIGHT
3. THE LAST SILVER BIRD
4. CANDY
5. GAY MATTERS
6. WE LOVE YOU
7. WINDOW MIRRORS
8. POR QUE NÃO
9. TEMPO E ESPAÇO
10. ZZYZX
11. VOID
cado por DISC PRESS Comércio Fonográfico Ltda.
: 02.307.313/0001-12 - Fone/Fax: (51) 3023.8484
discpress.com.br - discpress@discpress.com.br
ciado e sob encomenda de Sérgio Dieter Filho
RDIM ELÉTRICO
Zzyzx
DRS4
AA002
7 898673 05145

Zzyzx

Continental
O'SEIS
SUICIDA
APOCALIPSE
NANA CAYMMI
ALEGRIA, ALEGRIA
O CANTADOR
O PENÚLTIMO CORDÃO
BOM DIA
PHILIPS
GILBERTO GIL
COMPANHIA BRASILEIRA DE DISCOS
PHILIPS
3º Festival da música popular brasileira
14 sucessos do III FESTIVAL DA MUSICA POPULAR BRASILEIRA
VOL. III
III FESTIVAL INTERNACIONAL DA CANÇÃO POPULAR RIO
IV FESTIVAL DA MUSICA POPULAR BRASILEIRA
Lado 1
Dom Quixote
OS MUTANTES
Todas as ruas do mundo
ROSELY
Lado 2
São Paulo, meu amor
MARÍLIA MEDALHA
Rosa da gente
NARA LEÃO E EDU LOBO
IV FESTIVAL DA MÚSICA POPULAR BRASILEIRA
VOL. 1
PHILIPS
UMA REALIZAÇÃO DA TV RECORD DE SÃO PAULO
II FESTIVAL ESTUDANTIL DA MÚSICA POPULAR BRASILEIRA
Uma promoção da TV Globo
PHILIPS
ATENÇÃO
IV Festival Internacional da Canção Popular RIO
"Ao Vivo"
OS GRANDES SUCESSOS DO
FIC 72
fontana
OS MUTANTES
Everything is Possible
de volta ao planeta dos Mutantes
MUTANTES
O TRIÂNGULO SEM BERMUDAS
UMA HOMENAGEM AOS MUTANTES
OS MUTANTES
MANDE UM ABRAÇO PRA VELHA

Discografia / *Discography*

Os Mutantes em álbuns de festivais / The Mutantes in festival albums

1967 – *14 Sucessos do III Festival da Música Popular Brasileira**
Música / Song: "Bom Dia"
Intérpretes / Performers: Nana Caymmi e Os Mutantes
Gravadora / Record company: Discos RGE
* A música é a versão de estúdio, que teve participação dos Mutantes / The song is the studio version, which had participation of The Mutantes.

1967 – *3º Festival da Música Popular Brasileira – Volume 2*
Música / Song: "Domingo no Parque"
Intérpretes / Performers: Gilberto Gil e Os Mutantes
Gravadora / Record company: Philips / CBD

1968 – *IV Festival da Música Popular Brasileira – Volume 1*
Música / Song: "Dom Quixote"
Intérpretes / Performers: Os Mutantes
Gravadora / Record company: Philips / CBD

1968 – *IV Festival da Música Popular Brasileira – Volume 3*
Música / Song: "Dois Mil e Um"
Intérpretes / Performers: Os Mutantes
Gravadora / Record company: Philips / CBD

1968 – *II Festival Estudantil da Música Popular Brasileira*
Música / Song: "Glória ao Rei dos Confins do Além"
Intérpretes / Performers: Os Mutantes
Gravadora / Record company: Philips / CBD

1968 – *III Festival Internacional da Canção Popular – RIO – Volume II*
Música / Song: "É Proibido Proibir"
Intérpretes / Performers: Caetano Veloso e Os Mutantes
Gravadora / Record company: Philips / CBD

1968 – *III Festival Internacional da Canção Popular – RIO – Volume III*
Música / Song: "Caminhante Noturno"
Intérpretes / Performers: Os Mutantes
Gravadora / Record company: Philips / CBD

1969 – *IV Festival Internacional da Canção Popular – RIO "Ao Vivo"*
Música / Song: "Ando Meio Desligado" *
Música / Song: "Ando Meio Desligado / Não faz Marola" *
Intérpretes / Performers: Os Mutantes
Gravadora / Record company: Philips (Cia. Brasileira de Discos)
* Existem dois LPs: A primeira prensagem trouxe um título; em outra, aparece o segundo título / The first pressing brought one title; in another, the second title appears

1972 – *Os Grandes Sucessos do FIC 72*
Música / Song: "Mande Um Abraço Para a Velha"
Intérpretes / Performers: Os Mutantes
Gravadora / Record company: Fontana (Phonogram)

Coletâneas dos Mutantes / The Mutantes compilation albums

1986 (LP, K7 e CD) – *Algo Mais* (Philips)
1994 (LP, K7 e CD) – *Personalidade* (PolyGram)
1994 (CD) – *Minha História* (PolyGram)
1996 (CD) – *Obras-Primas* (PolyGram)
1997 (CD) – *Os Grandes da MPB – Os Mutantes* (Edições Delprado)
1998 (CD) – *Millenium* (PolyGram)
1999 (CD) – *World Psychedelic Classics 1: Brazil – The Best Of Mutantes: Everything is Possible!* (Luaka Bop, EUA)
2005 (CD) – *Novo Millenium* (Universal Music)

2006 (CD) – *A Arte de Os Mutantes* (Universal Music)*
* Lançado com duas capas diferentes em 2006 e em 2015 / Launched with two different covers in 2006 and in 2015
2006 (CD Duplo) – *De Volta ao Planeta dos Mutantes* (Universal)
2014 (Box–set 7 CDs) – 6 CDs + *Mande Um Abraço Pra Velha* (Universal Music)
2015 (Box–set 7 LPs) – 6 LPs + *Mande Um Abraço Pra Velha* (Polysom)

Os Mutantes no exterior / The Mutantes abroad

1968 (LP) – *Os Mutantes* (1968) – (Polydor / Phonogram S.A.I.C.) – Argentina
1968 (LP) – Os Mutantes (1968) – (Polydor) – Uruguay
Data incerta / Unknown date (LP) - *Os Mutantes* (1968) – (Breeder Backtrack Archive Series) – USA
1969 – (CS) – *Caminhante Noturno / Baby* (Philips) – France
1997 (CD) – *Os Mutantes* (1968) – (Bomba Records) – Japan
Data incerta / Unknown date (LP) - *Mutantes* (1969) – (Thantme Foth Music Archives) – South Korea
1997 (CD) – *Mutantes* (1969) – (Bomba Records) – Japan
1998 (CD) – *A Divina Comédia ou Ando Meio Desligado* (1970) – (PolyGram / Mercury Music) – Japan
1999 (CD) – *Os Mutantes* (1968) – (Omplatten / PolyGram Records) – USA
1999 (CD) – *Mutantes* (1969) – (Omplatten / PolyGram) – USA
1999 (CD) – *A Divina Comédia ou Ando Meio Desligado* (1970) – (Omplatten / PolyGram Records) – USA
1999 (CD) – *World Psychedelic Classics 1: Brazil – The Best Of Mutantes: Everything is Possible!* (Luaka Bop) – USA
1999 (CD) – *World Psychedelic Classics 1: Brazil – The Best Of Mutantes: Everything is Possible!* – (Luaka Bop) –European Union and Scandinavia
1999 (CD) – *Tecnicolor* – (Mercury/Universal) – Japan
2000 (CD) – *Jardim Elétrico* (1971) – (Universal Music) – Japan
2000 (CD) – *Mutantes e Seus Cometas no País do Baurets* (1972) – Japan
2006 (CD Promo) – *The Return Of Os Mutantes* – (Universal Music Latino) – USA
2006 (CD) – *Tecnicolor* – (Universal Music Latino) – USA
2006 (CD) – *Os Mutantes* (1968) – (Universal Music Ltd / EmArcy Records) – USA
2006 (CD) – *Mutantes* (1969) – (Universal Music Latino) – USA
2006 (CD) – The Return of Os Mutantes (1968, 1969 & 1970) Mutantes (Universal Music Latino) – USA
2006 (CD) – *Mutantes* (1969) – (Universal Music Ltd / EmArcy Records) – USA
2006 (CD) – A *Divina Comédia ou Ando Meio Desligado* (1970) – (Universal Music Latino) – USA
2006 (CD) – *Mutantes e Seus Cometas no País do Baurets* (1972) – (Universal Music Ltd / EmArcy Records) – USA
2007 (LP) – *Os Mutantes* (1968) – (Lilith Records) – European Union and Russia
2007 (LP) – *Os Mutantes* (1968) – (Lilith Records) – European Union and Russia
2007 (LP) – *Os Mutantes* (1968) – (Lilith Records) – European Union and Russia
2008 (LP) – *Mutantes* (1969) – (Scorpio Music) – France
2008 (LP) – *Mutantes* (1969) – (Vinyl Lovers / Lilith Records) – European Union and Russia
2008 (LP) – A *Divina Comédia ou Ando Meio Desligado* (1970) – (Vinyl Lovers / Lilith Records) – European Union and Russia
2009 (LP) – *Os Mutantes* (1968) – (Scorpio Music) – France
2009 (LP) – *Jardim Elétrico* (1971) – (Scorpio Music) – France
2009 (LP) – *Mutantes e Seus Cometas no País do Baurets* (1972) – (Scorpio Music) – France
2009 (Box–set 3 LPs) – *Dois Mil e Nove – Os Mutantes* – (Lilith Records) – European Union
2010 (LP) – A *Divina Comédia ou Ando Meio Desligado* (1970) – (Scorpio Music) – France
2010 (LP) – *Tecnicolor* – (Scorpio Music) – France
2011 (LP) – *World Psychedelic Classics 1: Brazil – The Best Of Mutantes: Everything is Possible!* – (Luaka Bop) – USA
2018 (CS) – Cause & Effect with Yonatan Gat and Mutantes (Joyful Noise Recordings) – USA

Compactos simples e compactos duplos / Singles and extended players EP

Com O'Seis / With O'Seis
1966 – (CS) – *Suicida / Apocalipse* – (Continental)

Com Rita Lee / With Rita Lee
1968 – (CS) – *A Minha Menina / Maria Fulô* (Polydor)

1968 – (CS) – *Caminhante Noturno* (Philips)
1969 – (CS) – *2001 / Dom Quixote* (Polydor)
1969 – (CS) – *Ando Meio Desligado / Não Vá se Perder Por Aí* (Polydor)
1969 – (CD) – *Mutantes* nº *1* (Polydor)
Músicas / Songs: "Fuga Nº II dos Mutantes", "Adeus, Maria Fulô", "2001" e "Bat Macumba"
1969 – (CS) – *Banho de Lua / Rita Lee* (Polydor)
1970 – (CD) – *A Divina Comédia ou Ando Meio Desligado* (Polydor)
Músicas / Songs: "Hey Boy", "Desculpe, Babe", "Ando Meio Desligado" e "Preciso Urgentemente Encontrar Um Amigo"
1971 – (CS) – *Top Top / It's Very Nice Pra Xuxu"* (Polydor)
1972 – (CS) – *Mande Um Abraço Pra Velha* (Polydor)

Sem Rita Lee / Without Rita Lee
1976 – (CD) – *Cavaleiros Negros*
Músicas / Songs: "Cavaleiros Negros", "Tudo Bem" e "Balada do Amigo"

Tributos aos Mutantes / Tributes to the Mutantes

1996 – *Triângulo Sem Bermudas* – (Vários / Many artists – Natasha Discos)
2007 – *Jardim Elétrico: A Tribute to Os Mutantes* (Vários / Many artists – Sillyboy / Madcap Collective)
2010 – *Tribute to Os Mutantes El Justiciero Cha, Cha, Cha* (Vários / Many artists – Nacional Records)

Álbuns com participação dos Mutantes / Albums with participation of the Mutantes

1967 – *Gilberto Gil*
Músicas / Songs (com / with Gilberto Gil): "Coragem Prá Suportar", "Domingo no Parque", "Domingou", "Ele Falava Nisso Todo Dia", "Frevo Rasgado", "Luzia Luluza", "Marginália II", "Pé da Roseira", "Pega a Voga, Cabeludo" e "Procissão"

1967 – *Nana Caymmi* (compacto simples)
Música / Songs (com / with Nana Caymmi): "Bom Dia"
1967 – *Ronnie Von – Vol. 3*
Músicas / Songs (com / with Ronnie Von): "A Chave", "A Fila do Rei", "A Importância da Flor", "Meu Mundo Azul", "Pra Chatear", "O Homem da Bicicleta", "O Manequim" e "Soneca Contra o Barão Vermelho"

1968 – *Caetano Veloso* (compacto simples)
Músicas / Songs (com / with Caetano Veloso): "É Proibido Proibir" e "Ambiente de Festival"
1968 – *Caetano Veloso e Os Mutantes ao Vivo* (compacto duplo)
Músicas / Songs: "A Voz do Morto", "Baby", "Marcianita" e "Saudosismo"

1968 – *Caetano Veloso*
Música / Song (com / with Caetano Veloso): "Eles"

1968 – *Gilberto Gil*
Música / Songs (com / with Gilberto Gil): "A Luta Contra a Lata ou A Falência do Café"

1968 – *A Banda Tropicalista do Duprat*
Músicas / Songs: "Lady Madonna", "The Rain, The Park and Other Things", "Canção Para Inglês Ver", "Chiquita Bacana" e "Cinderella–Rockfella"

Músicas que citam os Mutantes ou que foram feitas em sua homenagem / Songs that cite Mutantes or that pay homage to the band

"Eduardo e Mônica" – Legião Urbana – 1986
"Como um Mutante" – Sonho de Orfeu – 1989
"Rockers" – Luiz Fernando – 1994
"Made in Brazil" – Lulu Santos – 2000
"Nada Vai Mudar" – Mopho – 2000
"Sem Fim" – Supernova – 2000
"Samba Mutante" – Arnaldos – 2001
"(Pompéia) Liverpool Brasileira" – Turma da Pompéia – 2002
"Cissy Strut" – Pablo (Michael Hunter) – 2004
"Menina Super Brasil" – Júpiter Maçã – 2007
"1000 Volts" – Banda Preto e Branco – 2008
"Ideologia" – Oriente – 2011
"Muda Mutante" – Karina Zeviani – 2013
"Boleto" – Hyldon e Trio Frito – 2020

Artistas ou bandas que regravaram os Mutantes /
Artists or bands that recorded covers of Mutantes

Alê Muniz – "Ando Meio Desligado" – 2000
Álibi de Orfeu – "Fuga nº II" – 2010
Álibi de Orfeu – "Ando Meio Desligado – 2010
Ana Prada (Uruguay) – "Fuga nº II" – 2010
André Abujamra, Lúcia Turnbull e Tom Zé – "2001" – 1996
Andreia Dias – "Glória ao Rei dos Confins do Além" – 2014
Arnaldo Antunes – "Dia 36" – 1996
Arnaldo Baptista – "Balada do Louco" – 1996
Arnaldo Baptista – "Crazy One's Ballad" – 1987
Arnaldo Baptista – "Le Foulle Balad" – 1987
Asdrubal (Colombia) – "Asdrubal e Seus Cometas no País do Baurets" – 2010
Aterciopelados & Sérgio Dias (Colombia / Brazil) – "Vida de Cachorro" – 2010
Bad Girls – "Top Top" – 1994
Barão vermelho – "Beijo Exagerado" – 1995
Beautiful Junkyards feat. Karine Carvalho (Portugal) – "Fuga nº II" – 2013
Bicho de Pé – "Ando Meio Desligado / Ovelha Negra" – 2001
Big Banda do Canecão – "Mande Um Abraço Pra Velha" – 1972
Black Maria – "El Justiciero" – 2000
Boca Livre – "Panis et Circenses" – 1983
Bocato – "Balada do Louco" – 1994
Bois de Gerião – "Virgínia" – 2006
Bootnafat – "Ando Meio Desligado" – 1999
Café Tacvba (Mexico) – "O Relógio" – 2010
Capital Inicial – "2001" – 1989
Captain Murphy (USA) – "Ave Lúcifer" – 2013
Carlos Casacubierta (Uruguay) – "Baby" – 2010
Cássia Eller – "Top Top" – 2001
Celebrare – "Top Top" – 1998
Celso Fonseca e Paulinho Moska – "Panis Et Circenses" – 1996
Chico Science & Nação Zumbi – "O Cidadão do Mundo / Bat Macumba" – 1996
Chico Science & Nação Zumbi – "Macô / A Minha Menina" – 1996
Cida Moreyra – "Balada do Louco" – 1986
Conjunto Explosão do Samba – "Mande Um Abraço Pra Velha" – 1972
Coral Som Livre – "Mande Um Abraço Pra Velha" – 1972
Cut Chemist (USA) – "A Peek in Time" – 2004
Daúde e Toni Garrido – "Desculpe, Babe" – 1996
DJ Marky – "Adeus, Maria Fulô" – 2008
Edgard Scandurra e Taciana – "Ando Meio Desligado" – 1996
Fernando Cabreba (Uruguay) – "Mutantes e Seus Cometas no País do Baurets" – 2010
Fito Paez (Argentina) – "A Minha Menina" – 2010
Gabriel O Pensador – "Filho da Pátria Iludido / Ando Meio Desligado" – 1995
Garganta Profunda – "Ando Meio Desligado" – Data incerta / Unknown date
Gilberto Gil – "2001" – 1969
Gilberto Gil e Jorge Mautner – "Não Vá Se Perder Por Aí" – 1996
Graziela Medori – "Top Top" – 2016
Grupo cata–vento – "Ando Meio Desligado" – 1991
Invoquei o Vocal – "Hey Boy" – 1989
Jica y Turcão – "La Cucaracha / 2001" – 1994
Kid Abelha – "Fuga nº II" – 1991
Kid – "Quem Tem Medo de Brincar de Amor" – 1996
KLB – "Balada do Louco" – 2007
La Chicada (Argentina) – "Balada Del Loco" – 2010
La Manzana Cromática Protoplasmática (Argentina) – "Ave Lúcifer" – 2010
Liliana Herrero & Arnaldo Antunes (Argentina/Brazil) – "Beija–me, Amor" – 2010
Lineker – "El Justiciero" – 2012
Luciana Schneider – "Balada do Louco" – 2001
Lulu Santos – "Ave Lúcifer" – 1996
Lulu Santos – "Ando Meio Desligado" – 1997
Lulu Santos – "Fuga nº II" – 2017
Manuel Onís (Argentina) – "Cualquier Bobada" – 2010
Marcelo Hayena – "Ando Meio Desligado" – 1996
Márcia Novo – "A Minha Menina" – 2014
Maria do Relento – "Virgínia" – 2000
Maria Eliza – "Ando Meio Desligado" – 2006
Maria Eliza – "Virgínia" – 2012
Marina de La Riva – "Adeus, Maria Fulô" – 2007
Marisa Monte – "Ando Meio Desligado" – 1988
Marssal – "A Hora e a Vez do Cabelo Nascer" – 1999
Martín Buscaglia (Uruguay) – "Beijo Exagerado" – 2010
Mata Hari – "El Justiciero" – 1999
Milton Guedes – "Desculpe, Babe" – 1993

Mirage – "Beijo Exagerado" – 1990
Ná Ozzetti – "2001" – 1995
Ná Ozzetti – "Vida de Cachorro" – 1995
Ney Matogrosso – "Ando Meio Desligado" – 1980
Ney Matogrosso – "Balada do Louco" – 1986
Ney Matogrosso & Rafael Rabello – "Balada do Louco" – 1990
Ney Matogrosso – "El Justiciero" – 1996
Ney Matogrosso e Pedro Luís e A Parede – "Balada do Louco" – 2006
O Bando do Velho Jack – "Ando Meio Desligado" – 2000
Omar Giammarco (Argentina) – "El Justiciero" – 2010
Ordinarius – "Balada do Louco / Bicho de Sete Cabeças" – 2012
Orquestra Voadora – "Top Top" – 2013
Os Spokes – "Caminhante Noturno" – 1968
Pablo Dacal (Argentina) – "No Te Vas a Perder Por Ahí" – 2010
Pato Fu – "Ando Meio Desligado" – 2001
Pato Fu – "Qualquer Bobagem" – 1995
Pato Fu – "Vida de Cachorro" – 1996
Paula Morelenbaum – "Desculpe, Babe" – 1992
Paulah Gauss – "Balada do Louco" – 2007
Paulo Miklos – "Superfície do Planeta" – 1989
Pequeña Orquestra Reincidentes (Argentina) – "Panis Et Circenses" – 2010
Pinturas da Alma – "Senhor F" – 1999
Planet Hemp – "Top Top" – 1996
Portastatic (USA) – "Baby" – 2000
Ratos de Porão – "Jardim Elétrico" – 1989
Rebeca Matta – "Balada do Louco" – 2013
Refree (Espanha) – "2001" – 2010
Relespública – "Portugal de Navio" – 2000
Rock Your Babies – "Balada do Louco" – 2013
Rosal (Argentina) – "Hey Boy" – 2010
Roupa Nova – "Top Top" – 1984
Roupa Nova – "Ando Meio Desligado" – 1993
Rui Motta – "Ando Meio Desligado" – 2002
Sepultura – "A Hora e a Vez do Cabelo Nascer" – 1989
Sérgio Dias – "Virgínia" – 2011
Sérgio Dias e Paulinho Moska – "Fuga nº II" – 2011
Sérgio Dias e Paulinho Moska – "El Justiciero" – 2011
Silvia Pérez (Argentina) – "Desculpe, Babe" – 2010
Sublimantes – "Balada do Louco" – 2010
Tânia Maya – "Fuga nº II" – 2003
Tater Totz (USA) – "Bat Macumba" – 1988
The Bees (USA) – "A Minha Menina" – 2001
Tianastácia – "Balada do Louco" – 2009
Tianastácia – "Posso Perder Minha Mulher, Minha Mãe Desde que eu Tenha o Meu Rock'n'Roll" – 2013
Tiburón Caribe – "Cantor de Mambo" – 1996
Tiê – "Ando Meio Desligado" – 2012
Titãs – "Fuga nº II" – 1999
Tom Zé – "Ando Meio Desligado" – 2000
Tomarrock – "Ando Meio Desligado" – 2000
Toni Platão – "Dia 36" – 2006
Três Hombres – "Dia 36" – 2006
Trio Virgulino e Bicho de Pé – "Ando Meio Desligado / Ovelha Negra" – 2000
Vanessa Barum – "Desculpe, Babe" – 1996
Yahoo – "Vida de Cachorro" – 1988
Zanzibar – "Top Top" – 2016
Zeca Baleiro – "Salão de Beleza / Não Vá Se Perder Por Aí" – 1997

Essa lista é uma amostra dos lançamentos dos Mutantes e pode não estar completa. Se você notar ou souber de algum álbum que não esteja nela, entre em contato. Novas alterações poderão ser feitas em uma terceira edição / This list is a sample of the Mutants' releases and may be not complete. If you know about an album that is not in it, contact us. New changes will remain for a third edition.

Fonte / Source: Maurício Pio Ruella

Bibliografia / *Bibliography*

Revistas, jornais, sites e blogs / Magazines, newspapers, websites and blogs

Bizz
Rolling Stone
Rock: A História e a Glória
Poeira Zine
Jornal de Música
Backstage
Veja
O Cruzeiro
O Globo
Jornal do Brasil
Folha de S. Paulo
Estado de S. Paulo
Jornal do Commercio (Pernambuco)
Tribuna Bis
Extra
The New York Times
Sun Sentinel
The Courrier Journal
Dicionário Cravo Albin da MPB
Discogs
All Music
YouTube
Mutantes Live
Whiplash
Senhor F
Mofo
Brazilian Nuggets
Notas Musicais
Tropicalia.com.br
Vogue
G1

Livros / Books

ALIGHIERI, Dante. *Divina Comédia.* São Paulo: Martin Claret, 2002.

ARAUJO, Bento. *Lindo Sonho Delirante – 100 Discos Psicodélicos do Brasil.* São Paulo: Poeira Press, 2016

ARAÚJO, Paulo César de. *Roberto Carlos em Detalhes.* São Paulo: Planeta, 2007.

BAHIANA, Ana Maria. *Nada Será Como Antes.* Rio de Janeiro: Senac, 2006.

BARTSCH, Henrique. *Rita Lee Mora ao Lado.* São Paulo: Panda Books, 2006.

CALADO, Carlos. *A Divina Comédia dos Mutantes.* Rio de Janeiro: Editora 34, 1995.

______________. *Tropicália – A História de uma Revolução Musical.* São Paulo: Editora 34, 1997.

LEE, Rita. Uma Autobiografia. São Paulo: Editora Globo, 2016.

MELLO, Zuza Homem. *A Era dos Festivais – Uma Parábola.* São Paulo: Editora 34, 2003.

VENTURA, Zuenir. *1968 – O Ano que Não Terminou. A aventura de uma geração.* Rio de Janeiro: Editora Nova Fronteira, 1988.

ZAHAR, Jorge (ed.). *Dicionário da TV GLOBO.* Vol. 1. Rio de Janeiro: Globo, 2003.

Agradecimentos / *Acknowledgments*

Agradeço especialmente aos apoiadores que tornaram possível a realização deste livro através do financiamento coletivo e: a Marco Konopacki pelo amor, apoio e compreensão; a Bento Araujo por inspirar minha faceta "escritora independente" e minha paixão pela psicodelia; a Kiti pelo empurrãozinho "astral"; aos Biógrafos Cartesianos por tudo que me ensinam; aos amigos Flávio Ojidos, Viviane Garcia e Fernanda Massa Viterbo pelo suporte em São Paulo; à orientadora da minha monografia da graduação Diana Damasceno; a meu tutor no Jornalismo (e que me emprestou discos dos Mutantes) Jamari França; aos meus primeiros entrevistados (e ídolos), Sérgio Dias e Rita Lee; aos velhos e novos amigos que me ajudaram com o conteúdo, Lourdinha Dias, Paulo César de Araújo, Nelio Rodrigues, Ricardo Schott, Ricardo Carvalheira, Humberto Rmny, Maurício Pio Ruella, Dado Nunes, Simoni Bampi e Carlos Alberto Afonso; à equipe do Catarse, com destaque para Raíssa Pena; aos profissionais envolvidos na campanha de crowdfunding e na produção do livro, Igor Lage, Sergio Farias, Leo Miranda, Bárbara Alves, Debora Albu, Lia Ribeiro e Bruno Ronsini; aos parceiros na campanha Fabricio Bizu, Antonio Peticov, Paulo Henrique Fontenelle, Piky, Andrea Pessoa, Ana Paula Romeiro, Canal Brasil, Polysom, Locomotiva Discos e Sebo Baratos; aos entrevistados; e a todos os que já foram Mutantes, os que ainda são e os que serão.

I would especially like to thank the supporters who made this book possible through collective funding and: Marco Konopacki for the love and understanding; Bento Araujo for inspiring my "independent writer" side and my passion for psychedelia; Kiti for the "astrological" support; the Biógrafos Cartesianos (Cartesian Biographers) for everything they teach me; friends Flávio Ojidos, Viviane Garcia and Fernanda Massa Viterbo for their support in São Paulo; my undergraduate advisor Diana Damasceno; my mentor in Journalism (and the one who lent me the Mutantes albums) Jamari França; my first interviewees (and idols), Sérgio Dias and Rita Lee; the old and new friends who helped me with the content, Lourdinha Dias, Paulo César de Araújo, Nelio Rodrigues, Ricardo Schott, Humberto Rmny, Ricardo Carvalheira, Maurício Pio Ruella, Dado Nunes, Simoni Bampi and Carlos Alberto Afonso; the Catarse team, especially Raíssa Pena; the professionals Igor Lage, Sergio Farias, Leo Miranda, Bárbara Alves, Debora Albu, Lia Ribeiro and Bruno Ronsini, who were involved in the crowdfunding campaign and the production of the book; the partners in the campaign Fabricio Bizu, Antonio Peticov, Paulo Henrique Fontenelle, Piky, Andrea Pessoa, Ana Paula Romeiro, Canal Brasil, Polysom, Locomotiva Discos and Sebo Baratos; the people who I interviewed for this book; and to all who have been Mutantes, those who still are and who will be.